餵雞屋人類學
——迷妳論述 101

謝世忠 著

airiti press

謹以本書

獻給最親愛的姊姊

謝麗容女士及其可愛的一家

目錄

輯一　世界觀

輯二 歷史觀

輯三

族群觀

輯四　原住民觀

輯五　人類學觀

輯六　臺灣觀

輯七　美國觀

輯八　深情觀

輯九　自己觀

浦序——尋常事得真知灼見

由於自己過去文學的背景，後來要面對臺灣原住民族的口傳文學，發現自己原本所學固然有比較、參照的助益，在相對廣泛、深刻的族群文化整體與內涵的梳理、掌握上就顯得有些捉襟見肘，於是在指導教授金榮華的要求下開始認真閱讀有關人類學的重要著作，對於有關於原住民族具體的研究成果，也嘗試深入理解其獲致結論的方法與過程，甚至更學習進入部落，聽取、記錄長者敘述的習俗、故事和吟唱的歌曲，二十餘年來慢慢養成我自稱「接近人類學」的文學研究方式；甚至對於指導的學生，也要求不能只埋首於圖書館，而是要到市井街巷或部落火塘旁聆聽文學真實的聲音，觀察它們運作的模樣，這樣子才能獲得比較務實的成果。為了驗證學生們的行動績效，這些年學位審查，我都特意邀請謝教授到場，親自評定學生們理解文化、進入田野的成果。坦白講，畢竟隔行隔山，學生們挫敗連連，我仍堅持做法，用意是期望這些還有長遠學術願景的年輕人，切莫將文學或作家、作品視為無關於文化的產物，只注意其辭采、內容與結構而遺忘其與人性、群體的連結。

長期閱讀那些卷帙浩繁、理論沉重的人類學理論與研究報告，對於非本學科中人而言真是苦事，但磨練日久，植根於人類文化土壤的文學探討也能日見其回歸真實世界，於我固然是受益良多，而今學生們也樂於上山下海，只為了探訪老者長者或一場難得的祭祀儀式，在文學研究上也漸漸突破僅在故紙堆搜尋或只是重視雕琢技巧的門徑。這是謝教授多年來給我與學生很受用的啟發。

謝教授跟其他人類學者不太相同的是，在臺灣沒有固定族群或部落是屬於他的田野或者地盤，閒談或閱讀他的研究報告，約略知道他調查的足跡到達北美、東南亞、中國西南、日本愛努等，經常是美洲、歐洲、亞洲當作住家鄰居般的來去參加學術會議；至於特色，除開前額微禿、於是以束髮馬尾互補外，過人處有：釣技好——我在臺東達魯馬克魚池見識過、善飲冷冽啤酒——聽說沒醉過、講究美服與美食——穿的體面（還會贈送衣飾期望朋友跟上水平），每次請客的菜都很優、能跑——在臺大教授中算厲害的，我也看過競賽名次證明、高人氣——身邊永遠跟隨俊男美女學生或助理、文學作家——他曾寫過〈公園有蛇〉之類的作品、會講冷笑話——憑他的學術身分誰敢不笑、聽媽媽的話——現在吃飯一定還別上餐巾呢！而原住民老中青少，他都有朋友或粉絲，對於表現不錯的原住民也不吝提攜，這是很多人難以企及的。

多年來跟謝教授早已熟識，在嚴肅的學術場合或輕鬆的朋友聚會也常見面，但是我於二○○六年到臺東國立臺灣史前文化博物館之後，繼續前任臧館長振華已經進行的卑南文物返回臺東工作，就直接跟他並肩做事。在學術研究上，尤其是考古工作及挖掘文物保存，這些事確實有法律、行政程序上難以周全處理的盲點，對於宋院士文薰、連教授照美兩位老人家更是難堪的作法，但政治與民粹經常是臺灣社會解決複雜議題的簡易選擇；在那種裡外不是人的情況，謝教授與我決定讓「民意」滿意，也儘量減少對學術前輩的傷害。但這種事很難兩全，連教授不久就申請退休了，我們知道這絕對跟卑南文物有關。

收到謝教授這本以「餵雞屋」為名的人類學論述書稿，赫然發現這與他過去板起面孔說道論理的著作有別，如果《認同的污名》、《族群人類學的宏觀探索：臺灣原住民論集》之類是教室嚴肅上課，那麼這一本就有如天母忠誠路上啤酒屋內的即興小酌談笑。不過若因此以為這樣的文章是興之所至、隨意抒發，卻又不然，看目錄分明區別「世界觀」、「歷史觀」、「族群觀」、「原住民觀」、「人類學觀」、「臺灣觀」、「美國觀」、「深情觀」、「自己觀」等多輯，足徵這仍然是謝教授旅行、閱讀、調查、研究、教學、寫作、沉思之際對於人類學議題的深刻體會之作，只不過是以較為輕鬆、幽默、驚聳、機鋒的筆調呈現，所以書名仍附上警語——「迷妳論述」，提醒讀者莫因篇幅短小、文筆詼諧而忽略其中真意。

這些文章收錄謝教授二十多年來在觀察國內外不同文化、族群現象或事件現場，或師友、學生創作、著作出版時誌序，或者對於自我形象的反思，上天入地，大大小小，單純複雜皆具，學術議題如一神教帝國、性觀光、山地服務、磁盤美國、寮國田野、賭博人類學、卑南文物，乃而至人物描述如高一生、李文成、孫大川、羅大佑、林豪勳等，盡皆收攏。一〇一篇名、內涵，乍看似乎零散，有如隨意串成的 yakitori（日本烤雞串），惟沉浸其間既久，即可看出謝教授生平治學、處世、行事、待人之嚴謹、有節、負責、誠懇，盡在其間；「餵雞屋」其實是有機組合，物品歸位，各憑其類。這些文作正是他多年來對於學術與生活的清晰註腳，讓我們可以從不同的角度解讀謝教授本身與他的思想、情感與內心廣闊的世界；更可以讓我們看到他觀察人性本質、保持對人群萬物的摯愛、弱勢的尊重與隨遇而安卻有為有守的原則，而亦莊亦諧、似笑非笑、若遠實近、褒貶難判等等謝氏筆法的出神入化，則是仔細閱讀的另一種享受。

作為謝教授的學友、酒友之一，最早閱讀這本內容豐厚的書冊，我內心深感榮幸與感動，受囑咐作序，卻覺愧不敢當！此事恐是某場聚飲我又在昏醉中迷糊承諾，只好善盡粗略導讀之責。在祝賀出版新書之餘，謹祈求阿里山大神哈莫庇祐謝教授與師母身體健康，繼續縱情優游，行跡更遠，視野更廣，多留文字見解給後生小子快樂閱讀，直到永遠。最後以阿里山鄒族語祝福 Pasola umnu na mansonsou ——願每一次呼吸都很順暢！也祝福所有閱讀這本書的朋友。

巴蘇亞・博伊哲努（浦忠成）二〇一〇年九月七日於木柵辦公室。

自序

自一九八九年取得美國西雅圖華盛頓大學人類學博士算起，直至一九九九年的十年之間，筆者大學教師生涯由講師升等至教授，並且開始擔任系主任，「學途」不可謂不順利。前輩師長多次稱讚我的順遂，自己也沾沾自喜好一段時間。然而，學生們不間斷地問及，「人類學到底能為整體人類或社會人群做些什麼？」，從對此一問題無所感，到突然驚覺，倘若終年委身保守學術，那麼，或許這趟人生真的白來了。三千多日子之後的「頓悟喊醒」，實在珍貴，於是，筆者自二〇〇〇年起始，宏願之下，不停地寫寫寫。寫什麼呢？寫非論文非學院非教科非課堂必備。近年常聽到同學表示，「謝老師是難得一見之深具社會實踐力的人類學者」。事實上，受推崇者聞之，總是慚愧，畢竟年輕人有所不知，這位筆下處處彰顯「宅心仁厚」的「先覺」人類學家，真的是晚到二十一世紀，才被他們青年學子喚起寫作人類生活世界小品的「後覺」教授。

不過，事情總算開了頭。一九九九迄今又十年，多位助理同仁協力蒐羅，竟也找著了構成本書的一〇一篇。一〇一篇文章，的確九成寫於新世紀的前十年，足見毅力堅持，必可使績業積累，然後有機會喜悅出書。但是，真的就剛好與超大樓的一〇一量數等同？當然不是。另有六篇瑣碎的自己專書序言，盡是感謝個不停，同事友好無一贊成放入，作者立即割愛。

一個小麻煩就是，將來立傳回憶專錄時刻，還得確定這六文找得回來，以求著述記錄完備。

前面提到同學的「社會實踐力」一語，似乎尚待解析。筆者比一般人類學同事多作的事，就僅是這些短文的十年撰寫吧！但，在部分年輕學生眼中，它的意義已然非凡。也就是說，發表報章小文，闡述人類人群社會文化觀察心得，應該就是實踐人類學者關懷長期研究之與己同類生物前景的具體行動。學生在學，教師嚴格，專業知識因此不斷積累，但，同時總有學習者不停自問，「那我人類學的貢獻到底何在？」相較於同屬社會科學領域的社會學、政治學、經濟學、乃至於心理學，人類學的確很難第一時間簡而有力地向詢問人說清楚她是什麼。弄半天，仍是抽象，索性就以「挖骨頭的『考古』」或「像社會學一樣啦！」等語搪塞躲避。在超過半個世紀以上的時間裡，就這麼糊拖惰推，熬到今天。人類學大抵依是小眾知悉，大眾迷惘。學生也還是焦慮。

臺灣近二十數年，政治經濟社會文化變動劇烈，原來臺灣田野的國際人類學學者，通通跑去「開放」後的中國，大大錯失福爾摩沙精彩民間崛起的觀察機會。本國學者方面，是有曇花偶現二三回，但，多數仍在傳統制式法統裡，堅持小小地方性學問。同樣也未替自己國家的空前人類變化，留下人類學的宏觀記錄。無數次的島嶼與世界對話難解課題，菁英人民共同參與論戰表現，但，往往就獨缺人類學意見領袖加入。此事當然可惜。也難怪在遍讀社會高見，卻找不到自己老師身影之際，人類學學生們的上述疑問，自然就更加具象了。

事實上，縱使八〇、九〇年代間有發表，我的二〇〇〇年開始之撰述兼業，也沒什麼值得美言者，畢竟，足足晚了大老遠時距，二十世紀末段十載，還是幾近交白卷。換句話說，若欲查閱世紀之交臺灣一地的民間啟動文化史或社會史，人類學大眾覽讀資料根本闕如。筆者進入新世紀後，雖是著墨不斷，但對一九八九至一九九九的相對忽略，自己常常懊悔未能多多提筆。人類學是什麼，以及人類學能為整體人類與臺灣人群做些什麼等兩大問，既然正式嚴謹一問一答，在半世紀或更長時間裡，其結果總是難以暢快達陣，還不如短文盡出，潛移默化，自然收效。

準備出版這本林林總總的小文集冊，自累積約在七十上下篇的四年多前，就已有打算，無奈有緣出版家尚未巧遇，及至二〇〇九年初，華藝與筆者兩造方有對談取樂之機，一見如故，就這麼敲定。出版團隊對作者極其尊重，教授受寵若驚，已然下達注意出書之日訓令，不得吝嗇，學生助理眾人於是開始緊縮腰帶，金豬投幣。

講解了半天，還沒提到「餵雞屋」。直至前幾周，還有親近學生在問：「老師在養雞餵雞喔？」書內有篇提及此稱的由來，這裡不再重述。基本上它是屋舍所在地 Wedgwood 的諧音，再加上「人類學」專詞。「餵雞屋人類學」做為書名，有否傳達特定象徵意涵？坦白說，我是有此企圖。回到前段大論人類學小文的重要性。小文如小雞，雞隻生命力旺，成群成長，文章多如鯽，也是篇篇連峰，努力嘗試在一般議題中，帶入人類學精髓。我在西雅圖餵雞屋家中，文思特別高亢，產出密集。訂名「餵雞屋人類學」，代表一名人類學者，在四周大樹林谷環繞的木磚屋內，想像著小雞或小文，隻隻或篇篇，殼破定稿而出。餵雞是農家常務，平民的日子，所以，餵雞屋的人類學，期望是平民的親近，生活的文化分析。

一〇一篇並不全數文字精彩，有些係為當做可能的「歷史文獻」而納用，因為上頭描述著些許關鍵時間點的人事地物。典型的例子之一，原本準備作為《認同的污名：臺灣原住民的族群變遷》一書序言的該文（〈人類學家的淚──《臺灣原住民的族群變遷》原序〉見本書輯八深情觀），自一九八七年塵封到今。當時就在文稿寄出前一刻，抽回重寫，但，原文捨不得扔，現在總算有機會問世。這篇文章煽情激動，怕會引笑，但，為了作者二十數年間投入原住民的心境變化留有實錄，還是以「歷史文獻」思維考量為重，讓它和後來出版的序，並坐照映，讀者也好多一點想像謝教授。

這些文章多曾出版，而且大部分都在《自立早報》、《自立晚報》、《臺灣日報》等本土性報紙刊登。這些媒體告別臺灣多時，我的文章彙集成書，一方面也有緬懷之意。臺灣曾有一段時間亟需本土，但，似又不能太過本土，過了頭，反而危及自己生存。我會在該等報刊寫文章，當然就是一種支持的信念，那段日子多麼美好。

餵雞屋還在，不過，二〇〇四年之後已沒再前往，直至今年七月就重訪西雅圖南面寮國人移民社區田野地之際，快速去瞧了她一眼。不住那，就不像自己的窩，根本待不下一刻鐘，匆匆又走。現在反倒隨遇而安，四處可動筆。當然，餵雞屋的十多年相伴，依是甜蜜回憶。她或許就和那幾分本土報紙一般，階段性成功了，引退休養。來日或許另有一次爆發動力，等著溫馨人類學大寫作時代的來到。

很少自序嘮叨至此。筆者的用意，就是單純的希望，臺灣人類學能有國家話題，甚至世界性言論的意見領袖。我的餵雞屋幫了忙，好像寫了些各類小品，但，它們仍談不上意見領袖的意見，頂多就是初步觀察。比較要緊的是，作者身為人文社會科學領域大學教授，願意調配時間，或許少兩篇正式論文，卻能換來進入生活領域的諸多意見，讓大家在平民心情中，感受一下人類學味道。人類學需要充分參與輿論，也應無處不在。小小雞遍地玩耍，母雞也欣喜；小小文日日讀到，大師亦感同。餵雞屋四季花、綠、紅、雪，活力不息；妳（你）我小品佳作，關心人類人群的春、夏、秋、冬，動筆愉快。大家加油！

筆者研究團隊，多是長期守候人文價值的好青年。從古到今，陸續結緣或參與者有：幸娟、鳳儀、玲珀、珊珊、素玫、慧玉、鵬惠、綺芳、裕玲、韻芳、志興(Agilasay)、賢女(Panei)、鈴慧、振孝、孟芳、浩邦、佩玲、宛書、碧珠、政賢、竹君、盈秀、甫薇、維屏、谷鳴、瑞超、彥亘、欣諭、娥嬝、尤巴斯・瓦旦(Yupas Watan)、倩婷、宜霖、以琳、冠蓉、育綺、帆如、育生、嘉倩、惠琴、以及到今天還在問「老師真的在餵雞喔？」的慧慧(Aho Batu)。她（他）們或多或少均曾給與我創作上的實質協助，尤其教學相長效應作用，啟發思想更是難計，筆者銘心，人人皆知。本書的製作過程，鵬惠、鈴慧、惠琴、瑞超幫忙最大，特此誌謝。

感激的對象，除了各報章出版單位之外，還有兩人，一為餵雞屋女主人李莎莉女士，另一為考試委員浦忠成（Pasuya Boiconu）／巴蘇亞・博伊哲努教授。筆者寫作之外，最喜釣魚外加尋覓綠衣綠襪和綠帽帽。但，屋內規範，餵不了一隻雞，也就是完成不了一篇文章，不准往水邊湖岸跑，更不用提血拼「熬累」。於是，西雅圖餵雞屋，終於好住好筆好寫作。謝謝莎莉照顧！忠成兄是我原住民好友中的經典。他的研究生多是我去口試，然後凶巴巴的對人家，但，學生越是熱鍋螞蟻，浦老師越見高興，下次還是找我。兩人互信百分百。浦兄大部頭著作，邀我寫序，現在輪到我，他也非給餵雞屋賜序不可。謝謝巴蘇亞長篇！

末了，再回到雞身上。十四歲初一，參加高雄大貝湖童子軍露營，無知加上或許自幼失去母親的缺憾，見不得人家好，竟於農庄山坡上虐傷一隻小雞，直到牠動也不動。驚嚇之餘，只有逃離。四十年來，每每回想當時母雞的尋子焦急，午夜夢迴，悔恨不已。餵雞屋讓我想像小雞滿天下的景況，意念中，生物種種都是生命飽滿。錯事無法挽回，轉以象徵自我歷史，同時代表人類學另類精神的實踐，一篇篇小小文章，期待您喜歡。

小雞健朗，人類寧靜！

謝世忠寫於葡萄牙里斯本

二〇一〇年九月十一日 9:33am（臺北 4:33pm）

輯一

世界觀

戲夢人生

「沒太多感覺」的日常生活

我們常說「人生如夢」或「人生如戲」，這夢與戲都可以在字前加同一動詞「作」，來表達它們的操作過程。作夢和作戲都具有形式上真，而內容上假的性質。所謂形式上真的，係指我們在生活過程中，常常能遇上夢的出現與戲的演出，它們被感覺器官紮實地吸收與反應。人類無法拒絕夢入腦海，同樣地，每一社群也都各自有一套戲劇的文化。但是，夢與戲雖然存在，它們在人的理智佔據威權地位之時（如白天工作或日常生活之時），卻又似乎不存在。因為，它們是虛構的，秩序混淆的（如夢幻的模糊或情節的反倫常）。夢與戲很奇怪，人們會或必須要「作」它們，卻又在清醒活動時遠離它們。然而，事實上，真實與虛幻原本就不易截然兩分，它們是互通的，是一體的兩面，共同形成系統的。人生經驗是真實的，而它會自然地連上虛假的夢和戲，卻又不相互矛盾，這直接告訴了我們，後者極可能正是前者的反映，再加上憧憬與理想。人需要設法找尋「反映」，因為很想看看自己到底是什麼；也需要編織理想，以表達對彌全日常缺憾的憧憬。

需要虛假事物，正顯示出對真實事物的不滿意。人們出生時，生物性性別「真實地」定於一；之後，依各文化的規範，「真實地」扮演性別、親族及其他社會風俗的角色。總之，每天在生活領域中「真實地」出門或回家。我們沒太多感覺，因為自己的所作所為很「正確」，很合於社會文化的價值。然而，「沒太多感覺」，並不代表就是滿意完美。內容往往不合或超越慣有價值的夢與戲，彌補了正常生活的不足。事實上，人生過程中，還有許許多多類似的情境，本文就準備在這個議題之下，討論幾個正常與反常互動之顛倒人生的現象。

環境顛倒與觀光朝聖

數百萬年來，人類一步步將自然環境徹底變造，經過近代工業化文明之價值力量的征服，當代世界已明顯地由西方世界（或稱第一世界，包括日本）的都會社群所統治。這些都會菁英，生活在已見不到自然的人為社會文化環境中，制式地上班、開會上課、考試、白天離家、晚上回家、購物買衣、坐下午茶、赴應酬酒、庸俗地變化扮裝，或編織各種抽象的人文理想。然而，這些成功的現代人，再怎麼驕傲於自己對都會的貢獻，或得意於身為菁英的地位，均可能不會忘記都會只為一隅，自然卻遍在世界的事實。何況，人生為自然界的一員，內在的本能，將不斷地驅策自己認同母體——回歸大自然。週末假日，郊區的壅塞，是一個都會人向山水俯首的例子，另外，第一世界的人，遠赴第三世界亞非地區，和統稱第四世界的各部落原住民社區觀光的蓬勃現象，亦是明證。

第三和第四世界是非工業化、西化或都會化之原型，或自然、原始、傳統之狀態的代表。都會菁英在高度工業化的非自然生存空間中，不時會產生反動，批評自身所處的物質環境，繼而有強烈暫離都市刻板生活的動機。於是，他們到第三、第四世界觀光，尋找自我或自然的原型。

觀光的過程，有如進入一個倒置的世界。這個世界是都會人的夢想，一切原來生活的規矩可以拋開。在這裏，不必一分一毛考慮開支，不必套裝領帶，不必看不慣日常的一切。多數觀光客在觀光地點忽然不再嚴肅，不再吝於給孩子買玩具，不再緊張於妻子而性無能。顛倒的情境，也有一套顛倒的原則來配合。而這套原則在想像中的原型或自然氣氛裏，亦盡量發揮其不拘、豪放及反制度的自然氣質。

一個道貌岸然的都會紳士，或以輕裝在亞非城鎮，悠閒地欣賞缺乏秩序的市集街道，或在導遊帶領下，在山邊部落「探險」，或就到急湍的河流上泛舟。這些活動的進行，對紳士而言，有如文明塵埃的洗滌。在追求神聖的傳統或自然的目的中，他們渴望自己能在自然聖地受洗，畢竟，因都會生活而忽略了認同自然之母，總是要不定時主動懺悔的。

鉛塵盡去之後，充足了電，這些菁英準備返回都會，重入結構。這段反結構的「傳統—

自然─原始」之旅，或已為世界政治經濟領袖社群，找回了原初的自我，我仍是人，是自然的一員，而我就是文明傑作─都會的管理人。顛倒的時空再度轉正，制度化的日常生活繼續運作。觀光朝聖讓一個人重新出發，就像夢醒之人或劇終後的現象一樣，再度面對了現實，只是方才的夢或戲，似乎已然為當事人注入了回到現實生活的新泉源。消遣、娛樂、鬆懈、休憩或好夢之後，大家總是都必須回來了。

性別顛倒與兩性整合

永久在都會中生活，或永久在山林中生活，都不夠完美，前者使人類脫離了自然母體，而後者則剝奪了人類創造並享受高度物質文明的機會。同樣地，對人本身而言，身為女人或男人，亦都不夠完美。女人可能嫉妒男人的肌肉力量、政治力量、政治地位、以及性行為的侵略性；而男人也可能嫉妒女人的包容力、生育力、以及性器官與性行為的最後勝利（男性雖為主動或操控者，卻又不得不失去精液；反之，女性在被動或被操控狀態中，仍成為收穫者）。不過，即使性別間的各種競爭，明顯地存在於各個社會裏，人類學的民族誌資料，也發現不少將自我性角色合情合法地穿梭於兩性間，欲求得整合不完美之兩性生物事實的例子。學者們稱之為「性轉換」(transsexualism)。

在阿拉伯半島東端酋長國阿曼(Oman)的沿海城鎮索哈爾(Sohar),有一種被稱為「撒尼斯」(Xanith)的人,他們是生物上男性,而行為上女性化者。據人類學家威坎(Unni Wikan)的觀察,「撒尼斯」有以下六種特質:他們可依情境需要轉回男性角色;他們的言行舉止一切依循女性的標準;他們充當男妓,滿足男同性戀者的需要;他們可在男性止步的女性生活圈中自由進出;他們有自己不同於傳統男女性所穿著的服裝;以及,理論上,每一男性均可能在某個時候變成「撒尼斯」。

生物性之兩性各自的不足,已經讓人類相當遺憾了,如今,文化的要素加進來,更使得這個先天的不完美,愈難以突破。當代的性解放運動,是一種打破文化對兩性關係限制的努力,人們欲藉自由的性,求得「全體人類共同無拘束地整合」。而在阿曼,由於伊斯蘭文化的規範,使得男女界線嚴格,婦女被視為一大「罪惡源頭」。女性世界的被隔離,一方面造成了它愈形神秘而不可知;另一方面,使得兩性無法完滿合一的自然性焦慮更加凸顯。「撒尼斯」在這個時候發揮了它的功能。

首先,「撒尼斯」可以堂而皇之地深入女人生活圈,在每一男性均有充當「撒尼斯」角色潛力的前提下,等於是男人能夠以一「半女人」的轉形,進而探知女人,如此得以消弭於神秘女性世界的不安。其次,男人可以去找「撒尼斯」解決性慾,一方面避免了因嫖妓而違反文化上對女性性尊重的規範,另一方面還可藉此達到同生物性性別,仍可「男女合一」的境地，滿足了人類先天性別兩分的缺陷。

與阿曼的例子類似者，諸如見於許多部落社會的男子，在妻子生產後，生活上有一特定期間之像乳婦臥床的行為（俗稱產翁）；戲曲中之以年輕女子扮演少年的角色；以及巾幗英雄的傳說等均是。男人無法出產一個新生命，他要假裝能；男人無法美如少女，他要幻想成真；另外，居於政治高位的男人，在塑造女人形象時，總無法真正地說服自己，到底女人是否心甘情願接受弱勢或次要角色的安排，於是，女英雄的故事流傳不朽，填足了男性的心虛。

性轉換的形式，依各族群文化的表現而有所不同。上述的例子，大多在說明男性追求性別合一的理想，而在女性方面，也有一些主動進行性角色轉變的現象。通常女子多會以月經來作為兩性社會關係的一重要指標。月經可能被當事人認為是女性的象徵；因此，月事之後，自己強化了女性位置，女子再度精神煥發，知道如何繼續當一個女人。有些社群女性害怕月經，因為它污染了女性的純潔，但也有的族群認為，月經剛好洗滌可能的污穢，重還女性的純潔。無論如何，經血的出現與失去，在社會文化的意義上，首先就是對女性性別角色的認定。

到了更年期，月經不再，女性的象徵特質消失了，從此與男性的界線趨向模糊。英國威爾斯地區的婦人，就直接認定自己在停經後，已於內在變成男人了。「變成男人」往往有其實質上的意義，那就是，她們會設法分享男人的權力或利益。「漢族—中國」文化中的「老權」，就是超越父權至上文化原則的例子。老權的運作過程中，常見年老婦人的主控地位，這時，男性統治女性，或父系至尊的常規不再有效。掌權的老嫗，脫離了過去數十年繫於月經規範的束縛，她進入了男人世界，用男人的辦法管理她的社會世界。

性顛倒如觀光朝聖一樣地在不同程度上，滿足了人類的夢想——夢想也為女人，夢想也為男人。兩個性別永遠對立競爭，然而，也似乎永遠有辦法在某一特定時空上，合起來成為一體。

聖俗顛倒與安全覓得

人類各社群生活在自己認知的宇宙，和所拓展出來的社會世界中。對於後者，社群成員建構了一個世俗秩序，以讓人際間各種關係得以正常運作；而對於宇宙，由於無法認識、瞭解並進而掌控的變數太多，所以，在欲知而又不得知的情況下，人們往往賦予它一種超世俗的神聖性。這種神聖性的認定，常常使人類直接想像該宇宙亦具有世俗世界所沒有的特殊能力。由於不知，所以想像它，而想像的方向又不得不只能選擇「力量」與「神聖」，因為這個未知世界實在太深不可測了。承認未知宇宙的力量與神聖，等於是對它表示了折服之意，畢竟，順服了，才能較安全地不被這個未知力量所「懲罰」。這個力量與神聖的綜合，就是一般所稱的超自然。

人類既建構出一個個力量強大的超自然想像空間，他們就必須在生活領域中，讓這些超自然存在具體化，俾以隨時強化自己在宇宙中的位置，並體認人與超自然的關係。具體化表現，最典型者，就是各類廟宇神壇寺院的設立。人們在這些建築物中，都知道自己應該如何表達對有形有象之超自然力量代表者——神佛或其他象徵物——的順服。

世俗生活再怎麼滿足，都無法消除人類在生命過程中的不安全感，於是亟需要神聖的超自然來相助。其中，與超自然接觸最直接方式，就是設法讓自己也進入神聖領域，浸染聖境，獲得一些世俗世界中所無法提供的力量。在泰國、寮國、雲南南部的西雙版納，以及緬甸北部與雲南西南的撣族等操泰語並信仰南傳佛教的族群中，男孩子必須在七歲至十二歲中的某段時間入寺院當和尚，除了少數之外，其他大部分和尚，均在短期之後（兩星期至數月不等）還俗。人們相信，男子要經歷這段儀式生活，才能真正成為佛陀的子弟，也才能在社會上立足；更重要的，孩子在佛寺中的洗禮，會為家庭帶來福氣，增加世俗生活中的生存力量。

平常在世俗中生活，到了當和尚時，角色轉變，成為一個神聖的個體。神聖的個體有如活菩薩，人們向其膜拜，他自己也直接充任了超自然的化身。與此相似地，在西伯利亞東部、滿洲、朝鮮半島、臺灣、及東南亞大部分地區，均有一種介於天人之間的神媒存在。平常時候，神媒與所有人一樣，但當在社會的要求下，必須與超自然世界連繫時，他的角色就有了轉變。

神媒在作法時，代表某一超自然的神祇，他不只是代言人，更因神已附身，而成了超自然的化身。神聖力量的呈現，說服世俗大眾繼續順服未知的宇宙，也進一步強化神人間的既定關係。理論上，神媒是專職人員，有一定的傳承或訓練系統，但事實上，社群中每一成員都有成為神媒的可能。這也就和基督教信徒人人均可能聖靈充塞，繼而出面見證佈道一樣。

充當短期和尚、神靈附身、及聖靈感召，均是俗人進入神聖領域的典型。在這個特定時刻，新的角色被賦予和超自然一樣的神聖地位。人們等待著從他們身上獲得啟示，也永遠讓這個世俗中的神聖現象，繼續不定期或定期的出現，因為未知的世界縱使仍然未知，而神佛廟堂等所代表的具象化宇宙，卻可拉近天人距離，並減緩人們對浩瀚宇宙的恐懼。

超自然世界亦如夢幻。和尚會還俗，附身之神會離去，天賦聖靈也不是長期佔有你。神聖的一刻總會消失，人仍必須重新面對現實，等待下一次心慌至極時，再去尋找另一在世的聖事。

我們必須過活

人生在世，一方面得意於自己的文明創造，肯定自己的性別角色，以及遵行自己制定的世俗生活規範；另一方面卻又常懊惱文明對自然原始的多重包裹，空虛於兩性的無法自我整合，以及不滿於世俗秩序對解決宇宙問題的無能。於是，反或超文明，反或超自我性別，及反或超世俗慣習的行為，被人們揭而行之。有人到「蠻荒」去想像自我的原型，有人時男時女，享受完美的性結合，也有人親入聖境，企圖以神聖力量來加強自我或社會的生存力量。總之，將自己常軌生活倒轉的各種嘗試，基本上，就是為了彌補人類殘缺的生命過程。

然而，正軌的生活，畢竟才是人們維繫生命的根本依靠。觀光只能短期，都會必須繼續運作，人們終究逃不了冷氣玻璃屋轎車及物化之神的控制。而男就是男，女就是女，雙性交錯演出，雖然效果不錯，但遇上生育的事實時，男性卻又不得不認命。至於神聖自我或進入超自然領域，假設上似乎能夠累積許多應付生命危機的能量，然而，在死亡出現時，世俗對生命完全無法掌控的無奈，依由擰不盡的淚水來告訴大家了。

人生如常，夢幻依然。我們必須過活，也要繼續以戲以夢塑模理想典範。顛倒人生正是戲夢的表現，戲中夢中大家不再受常態約束。這時，城鄉合一，男女合一，聖俗合一；戲後夢後即使要再走入城鄉分離，聖俗區隔的制式結構，那又何妨？頂多再熬一陣，總還可期待下一個夢下一齣戲吧！

——本文原刊於《自立早報》一九九三年六月廿八日。

一神教帝國的故事——福音、恐怖主義及祖先

九一一事件 (September 11th Attack) 即將屆滿週年，籠罩世界尤其是西方國家的恐怖陰影仍在。再度攻擊的情報與警告，不斷由情治機關和媒體發出，搭飛機的人或多或少都有自己或看到他人（尤其是中東裔者），被幾乎剝光身物檢查的經驗。這種焦慮恐慌的日子到底何時了？無人確知。惟從歷史文化的角度來分析，答案說不定可能是「永無寧日」。

「傳統」的忘卻與建構

基本上，基督宗教與伊斯蘭教，均是一種配以積極福音工作的信仰文化。今天兩個宗教之所以有如此大的信仰版圖，就是「美好上帝之國」的福音，在過去千百年傳播教化結果。以人類的歷史來看（從非洲的南猿算起約有三、四百萬年），當今世界各大制度性宗教的出現或定型均相當淺歲。一、二千年相較於三、四百萬年，實不足以相比。不過，人類自身的文化史記憶，顯然上溯有限。換句話說，我們常說基督宗教為西方的傳統，而伊斯蘭為阿拉伯世界的傳統。這項論述基本上不錯，只是它所考量界定的範圍，僅於人類歷史縱深的百分之0.0007時段罷了。現今信仰西方宗教的土地上，在距今兩千多年以前的數百萬年內，必定

存有難以估算的超自然信仰體系類型，但它們幾早已全部從人們文化史記憶庫中褪去。大宗教的信奉者，只堅持成教後的文化傳統，而多數的歷史學者，也很自然地在該架構下理解並確認人類文明。

福音與帝國

前述的「福音」，意指一項由唯一上帝或真主所傳示的信仰訊息，它是真理性的，是最美好的。既是真理，又如此美好，福音宗教的主事者最應做的事，就是設法讓不信者信之。傳教工作過程，可能僅是使命感充塞的個人或少數人行動，也可能耗盡龐大的帝國戰力以刀槍逼就。

福音的背後支柱，就是一神教信仰。早期文化演化論的人類學者，主張一神教是人類宗教文明的最進化階段（亦即，遠較泛靈信仰和多神教進步）。估不論此說後來在學界和哲學思維上，所受到的嚴厲批判，一神教無可妥協的唯一真理（即福音）特質，早於耶穆兩教征服世界的千百年中，被充分實踐了。

無數的傳統宗教，及其環扣相息的文化，在兩教壓力下，被迫隱逸、外移或直接消滅。宗教文化帝國於焉形成。西歐是基督宗教帝國的代表，而從北非、中東、近東、以迄東南亞島嶼區，則為伊斯蘭大版圖的核心。近代世界的形成與兩教的擴張關係密切，當代人類文明的重心之一在此，相對地，文化（即非耶穆的原在地傳統）大盤失落的紀錄，也是他們所寫下的。

質變的福音戰鬥

嚴格來說，近古時代的歐洲十字軍東征，只是耶穆文化對抗的小小啟幕，衝突規模相當有限。換句話說，在西方殖民帝國主義尚未進入伊斯蘭區扮演征服統治者之前，兩教在所屬的帝國版圖上各自為政，距「老死不相往來」之境並不會遠。然三、四百年的西方殖民史，以及稍後的兩次大戰和新興美國式「共和／資本主義／商品消費／科技／軍事」帝國主義等的連續交互作用，卻徹底改變了歷史狀態。

秉持著基督為信仰中唯一真理之福音工作的傳統，美式政、經、社及文化範式，被期望在它國它地複製，因為「它是世俗中唯一真理，它太美好了！」只是不知有多少非西方國家在複製過程中痛苦失神，傳統與進步，兩頭全空。伊斯蘭文化的母根強韌，不易被快速「美化」，但現實上美式帝國版圖迅速擴大，而伊斯蘭卻永遠只在歷史地塊，後者的各個成員更繼續分別被包夾、被分化、被質滲，及被精神瓦解。

問題是伊斯蘭仍是不折不扣的福音宗教，它有一直要宣揚真理的天職。在他們的詮釋下，世仇基督宗教已然全面改裝呈現在以世俗美國的形貌到處現身。今日伊斯蘭與十八、十九世紀被殖民時景況顯然並無二致。因此，形勢上，伊斯蘭是失敗的，真主福音被抹褪。然而，一神教絕難忍異教稱霸，穆斯林必須發起「聖戰」，扳回榮耀。問題是如何戰鬥？現實的軍武政經力量差距懸殊，恐怖活動因此成為新寵，它的熱門正是福音工作質變後的重要積極性策略。

祖先與血仇

今天中國新疆地區各民族，被認為是典型的伊斯蘭信仰群體，然而，包括他們自己本身在內，很少人知道在七、八百年以前，當地是佛教的國度，直到西元第十五世紀才漸次伊斯蘭化。新疆是伊斯蘭宗教福音帝國東進的典例。從伊斯蘭子孫的角度來看，祖先的勇敢成功，是他們的一項驕傲，但從原來新疆佛教子民的比心立場來想像，或許被征服過程，曾經血流成河或家破人亡。多少人在宗教鐵騎下，如同亞非人民在被西方殖民時期一樣，犧牲了性命。今天伊斯蘭版圖上之虔誠信奉者，必定有血液上傳遞自非伊斯蘭時期之祖先者。不過，就如同前文所言，人類普遍不具長遠的文化史意識，他們唯一執著者，只是非常晚近才形成之伊斯蘭的光榮仍在否。

伊斯蘭風光地掌控南半球大半地區近千年，然而，從未有歷史人類學家——去點算這些地域之在地文化的千年失落清冊，也未考察征伐歷史的血腥帳簿。現在，極端伊斯蘭教團（事實上，很難分清楚極端與溫和，每一位阿拉真主信徒，都是潛在之福音聖戰的參與者）宣稱自己過去和今天均被西方或美式帝國主義迫害，故要求消滅美國人、基督宗教信徒及猶太人，在真主的指點下，找回祖先建立帝國的榮耀。聖戰的呼聲與期待，頗為類似半個世紀甚或更早之前，太平洋和美洲印地安人發起之船貨 (cargo) 和鬼舞 (ghost dance) 運動，等待祖先降臨，趕走白人，帶來富裕之國。亦即，真主的庇祐，可使北美西歐白人基督教世界全面滅絕。

恐怖主義的實踐，到底是一種新型戰鬥策略，還是「正面打不過人家，只好用這種不勇步數」的失敗者暮窮途盡？或許見仁見智，看法不一。不過，可以確定的是，當初伊斯蘭祖先的福音進軍，絕對是正面的較量取勝（例如，唐高宗愛將高仙芝就曾被阿拉伯軍隊（黑衣大食）大敗於怛羅斯河）。是不是今天的子孫能力大退，難以維繫祖先的帝國成績？此外，不知伊斯蘭信眾曾否思及，耶穆血仇千年已然，但被兩教征服屠戮的「異端」犧牲者呢？他們的不幸由誰來申訴？無論如何，可以確定的是，一神教之間的敵我滅殲動機一天不消除，流血就一天不可能終止。

文明的現身不過短暫

九一一的夢魇繼續籠罩，妳（你）我都不知明天自己是不是就是犧牲者。伊斯蘭教徒中有不少忿忿不平者和準備戰鬥者。福音傳佈之路受阻已久，選項之一即是傳不了真主之音，就積極消滅對方。再者，對方基督宗教勢力壓境久矣，異端一神教欺凌真神一神教，孰可忍？因此，全力進行恐怖傷害。文明間出現衝突，其實是人類無知表現的活生生證據。如前所言，「文明」的現身，在人類史的視野下，只不過短暫秒刻。具穿破時空之宏觀眼界的人，方不會拘泥於區區千年的「人造真理」。吾人若欲分析甚或解脫九一一，就必須要有百萬年人類史（而非幾千年文物史）的理解基礎。福音、一神教、帝國、戰鬥及恐怖主義等，都可被昇華淡待之，畢竟它們只是人類旅程的小小點綴罷了。

——本文原刊於《臺灣日報》二〇〇二年九月十一日。

再釋「土著」、「原住民」與「本地人」

原住民主體性的議題，一直是顯性的社會論述焦點。正因為如此，誰是原住民，就常被人提及討論。筆者在各種正式非正式場合上，即不時要答覆類似的詢問。

國際學界對 aborigines、indigenes 及 native 等詞彙的定義，已有基本共識。一般來說，aborigines 就是「土著」。例如，白人移至澳洲之前的當地土生人群，即是 Aborigines（按：在澳洲慣以大字A稱之），而其它今第三世界地區的類似群體，亦全應是 aborigines。

到了西方殖民主義勢力控有世界之後，曾被剝削的各地土著群體，凡有經由自主性力量的展現，而意識到自我與土地之「真理性」關係者，即被視為「原住民主義」(indiginism) 的揭示行動。這些標舉原住民主義的族群，其指涉意涵顯然和純粹客觀認定的「土著」不同，一般多以 indigenes 別稱之。中文譯作「原住民」應是合宜的。

今天，雖然傳統殖民主義明顯式微，各種新殖民主義卻正在興起。許多第三世界地區「土著」，紛紛轉以「原住民」態勢，建立起摩登國族—國家 (nation-state)。新的國家是標準的「疆領式邦國」，對領域內的每片地每份資源每一屬人，均欲牢控管有。新統治者脫去了「原住民」外殼，轉成新的類殖民者，而國內各非主體族群（如印尼統治中心爪哇島以外的各島區住民），則淪為新被殖民者。

如果說已然揭櫫「原住民主義」，展現「原住民屬性」的土著群體，才算真正的「原住民」，那麼，處於被削汲之中，卻未生成原住民意識者，則應尚在「土著」階段。所以，今天當新幾內亞西半部資源不斷被來自爪哇的統治政權取用時，除非能證明某一在地群體，正發起抗拒性的原住民主義，否則仍只能以「土著」稱之。

不過，當今世界訊息流動迅速，人來人往更是頻繁，平等人權的普世性價值，經由傳播實踐，早已成了眾知的常識。浸染日深的土著們，因此均成了「原住民候選人」。也就是說，人人都具有突現出原住民主義的潛力。自此，「原住民」開始從寬認定，原住民候選人直接被視為原住民。原住民主義終究很快地湧現於全球，而「第四世界」（即國際原住民世界）亦宣告成立。八〇年代中葉作為臺灣第一個原住民組織（即正式宣告原住民主義於全國）的「臺灣原住民（族）權利促進會」，在當時一切都處於模糊摸索之際，將英文定名為 **Alliance of Taiwan Aborigines**。由於國際社團多以原權會為認識臺灣景況的窗口，因此，看到該會的 **Aborigines** 用字，納悶困惑者眾。影響所及，就是以為臺灣土著好像沒什麼困境，所以，才只單純以 **aborigines** 自稱，而非有如 **indigenes** 的政治宣示。所幸事仍有所彌補，一九九六年成立的行政院「原住民（族）委員會」就聰明地定名為 **Council of Indigenous Affairs**。**Indigenous** 一字的使用，代表國家政府的自省，大家在接受原漢苦痛歷史教訓中，往前邁步。

Aborigines（土著）和 **indigenes**（原住民）的意涵確定了，那 **native**（本地人／在地人）呢？

美國稱印地安原住民為 Native Americans（美利堅本地人），即表示他們為繁衍於美洲大陸的傳統住民群體。Native 著重的是出生的事實，因此，一個生於美國某一城市（如 Chicago）的任何人，不論種族文化為何，均可自稱為該市的 native（如 Chicago native）。不過，非印地安原住民裔的美國人，卻不能以 Native Americans 自稱，畢竟籠統廣泛之美洲大陸的孕生人群，只有原住於此的印地安各族群才是正選。

據此，臺灣原住民當然是 Native Taiwanese（臺灣本地／在地人）。不過，由於多數福佬裔（或亦包括部分客裔成員）遷臺移民，數代之前即已充分內化為臺灣人，他們已合於籠統性被「全臺孕育」（即如美洲印地安人的被「全美孕育」）的人群標準，因此稱其為 Native Taiwanese 應也不為過，只是仍無權與原住民爭 Indigenous Taiwanese 一稱罷了！至於外省人第二代以降以及具泛客屬世界主義意識的客家族裔，若能各以其出生地稱己為如 Native Taipei-ese（臺北本地人）或 Native Mei-nung-ese（美濃本地人）等，即頗合於今天國家的出生地認定原則。其它不具 native 屬性的臺灣住民（如外省第一代），只要認同自己為臺灣人，則應就是 non-native Taiwanese（非本地出生的臺灣人）的類歸範疇。然，或許有一天，只要緣份許可，「全臺孕育」的罩門，應有機會籠統涵進當下的小地區（如臺北與美濃）native 和甚至所有 non-native 的成員。

——本文原刊於《臺灣日報》二〇〇三年七月四日。

用心用力 鑄造和平時代的新世界：二〇〇三年臺灣國際民族誌影展「遷徙故事？ 島外篇」影片評介

楔子

「安土重遷」或許只是中國漢人的觀念傳統，也或許是全體人類甚至所有哺乳類動物的領域本能。換句話說，我家我土供給我最大的安全與福祉期望。然而，家鄉本國往往因時空或環境的意外變動，造成了個體被推往異地或不得不選擇離開的景況。拉高視野，顯微鏡照，吾人可發現特定族裔、社群、家庭或個人，就常常在走進走出，離鄉念鄉。情捨難分之餘，令人稍感窩心者，就是世界多能納我。心力即使早已交瘁，生存希望之光，依然燃耀在彼處。

二〇〇三年臺灣國際民族誌影展入選與遷徙主題相關的臺灣以外八部影片，就溫馨兼帶犀利地直接間接告知上述情事。欣賞它們，心底時而靜沉，又時而騰翻。進入情境，閱讀其中的每一人每一物，熟悉之後，跑出來書寫，妳（你）會發現自己正在穿越界域的脈途上，理解一份遷徙之路的全新價值。

場景非漢中國

兩部中國來的片子，一是《學生村》，一是《阿魯兄弟》，前者是白族、傈僳族的故事，後者則敘述了三位哈尼族兄弟及其家人族人煎熬生活的經過。兩片都以非漢少數民族為主題，足見「移動」個人或群體，以求更有利生機，在當今中國邊地省縣甚為普遍。

美國中西部的大學城每逢暑寒假學生離校，全城即如空域，待假期結束，鎮街四處才又熱鬧。與此類似者，中國雲南大理白族自治州的天登村，每遇學期之中，則全村成了鄰近區域第一大村，因小學生們均由父母從大老遠居家地送來建屋住宿。家長離去後，校長老師成了村中「頭人」，學生們則化為「村民」，在此唸書，教師盡心，孩子盡力，又要顧及生活點滴，書本與找水找吃，共為大家重要的任務。

幾年的學校生涯，學生定期還來，復再移走，以迄結業。少年村子成了容接場域，不僅連結了高山峻嶺間的區塊感情，也顯現出以知識的教與學，來統合多族裔國家的積極目的。

相對於《學生村》的堅毅祥和，《阿魯兄弟》則道出人間慘狀。觀眾會憤慨不平，因為中國內地的騙子惡徒，盡是吃喝少數民族血肉，使得離家討生的主角人物，長期人生無望。問題仍不知解答何處，只是攝製影片的道德勇氣，終能充當哈尼流浪者的心頭依歸。他們逃回，又不敢返家，覓不著工作，一切暗淡，所幸今天影片的出映，已使世界看到了不幸，咸信援手將至，而那一天就是溫暖人間容接悲苦者的時刻。

場景東西方

影展選映兩部日本人與西方關係的片子，的確點到了近現代東西方遭逢的核心方向。《綠茶與櫻桃》(Green Tea and Cherry Ripe) 一片，述及幾則戰後嫁為駐日澳洲軍人妻，繼之隨夫調回而離鄉的日本女人故事。半個世紀之間，有的堅持日語，有的則英語順口；有的念鄉不斷，有的極力適應；有的夫妻鰜鰈，有的離異自立；有的內斂禮佛，有的社交活潑；有的淚洗追憶，有的則喜悅今日。她們見證了自己的人生變遷，也啟動了下一代跨文化認同擇選挑戰之門。

《嘻哈戰爭》(Droppin' Lyrics) 一片，談的雖是美國場域，卻可視作上片接續觀察的典例。年輕的日裔美人 hip hop 流行樂者，以田野、讀史、沉思及創作策略，在樂曲中唱出戰爭、人權、認同、和平、愛國等的新意涵。片中主角侃談自我以日本血源身份，在文化交錯並置之世界各地移動的心情，充分展現了新世代豁達的全球化價值。

相較於日本人的遷移經驗，《從鴉片到菊花》(From Opium To Chrysanthemum) 片中的泰國北部山區 Hmong 族（中國稱為苗族，惟 Hmong 人並不喜用該稱），是另一有異有同的例子。村中頭人勞通 (Lao Tong) 三十年由青壯到老者，帶領族人走過越寮戰爭、泰國剿共、世界反毒、健康失調、生計再生、人口流失、社會歧視、及新和平時代等的內外激烈衝擊和巨大環境變動。他的堅毅勇氣、豐富感情、宅心仁厚，讓村民充分安心，也使移至美國的家人親戚念之不忘。今日的和平，為全村注入了揚棄毒品的意志，而東西世界的人心相連，更使萬里間的祝福力道，天天加強。就是這份福祝，不論是Hmong族還是日本人，旅外的族人及其後代，均能於新世界努力生活，而新一代的主體思想行動（如Hip hop的大聲唱出和Hmong族大女孩的立志服務白宮），更令人眼光久久注目。

場景歐亞

庫德族(Kurds)在俄國、土耳其、伊拉克三國間的顛沛流離故事，人人皆知，反抗與逃難成了族人生活常態。《沈默之歌》(Silent Song)一片的主人翁，是來自伊拉克的英國愛丁堡庫德移民，他是歌唱藝術家，經與朋友的心神交流，唱作了一首名為「Silent Song」的歌。他認為此曲永遠孤寂，因此，畫面上出現的，總是單一歌者對著空蕩劇廳獨白，一切均是無圖無色。無聲之歌象徵對自我族群未來的不知不解。全數空白的聲嘶獨唱，就是最淒厲的控訴。移到靜悄悄的蘇格蘭，陰颼冷風夾織古老澤色，有效地呈現出難民歌唱作曲家，無力實又有力的抗爭生命。

敘述東塞爾維亞小村故事的《消逝的村落》(Vanishing)是影片編製者主動求訴的一項悲劇。都會化工業化的結果，農村青年跑光，家庭外移，整體人口銳減。本片中的前南斯拉夫小村，只剩一名小女孩上學。十幾分鐘的片子，但見女孩穿過老人們古舊農牧工作的片斷。老臉老身滿村，小孩走到屋盡之際，突現一位入時年輕女子，那是老師，也是全片老又老以及漫走女孩之外的唯一青春力量。

農村果真無望？也許只是希望轉移罷了。就和庫德樂者之例一樣，民族不是無望，只是希望可能在將來很久之後，農村居民移入都市尋求希望，那是一種歷練，再次的客觀環境加上人心的雙重深刻變動，就可能村子之光再現，大家陸續回流。總是有地方在容接移民，那是世界之胸襟，也是人們準備重生之地。

《尋找雅各》(Jakub) 一片講盧森納 (Ruthenians) 群體在過去一百年，糾葛於烏克蘭、羅馬尼亞、捷克—斯洛伐克、德國、及俄羅斯等民族國家認同間的難題。他們被征服，被統治，被命名，被捨棄，或被轉置，自我深處底層長期徬徨，出口難覓。直至今日望見內在心屬的捷克自立自強，未來希望方又拾回。

故園新家

影展的片子，帶領我們走入各地主角人物的世界。《學生村》的孩子年年進駐，新家社區成了超乎家庭小社會的「大世界」。「大世界」見證了學生的勤奮求知，也盡數師生在貧困中的無比生活韌力。學期中的長居型「從家還來」一事，對各個小小村民而言，顯然深具人格養成意義。阿魯兄弟四處游離，離家謀生被騙被害，各地皆惡。故園回不得，新家也望無影。中國竟是如此，理應自慚，幸有導演團隊仗義行俠，好片出道，苦命人終得運。哈尼青年新的安全棲身地，在未來的國際關懷下，定能現身。澳洲和美國與日本結緣，從敵轉友，從「監管」變為夫妻，也從不知化成相知。日裔妻子對澳洲人與在地感情的正面建置，過去五十年中，足見成功。就因如此，才使這群來自異鄉的女性，得以平靜生活，喜壽長命。在此一基礎下，念鄉日本，更形溫馨珍貴。年輕 hip hop 樂者的反思自我，美國提供了他充分空間，自由與自在，日美交流，創意中推崇和平，新家園的容接功勞值得肯定。Hmong 族移外者最具自信，不僅努力走向政壇，新世界的光明，更給與在鄉族人家人充分信心，大家一起脫毒重生，老家新家連線合作，建構新和平時代。

庫德樂者、塞爾維亞小村和盧森納人悲情較多。情勢也許真的艱難，但無聲之歌實已聲大傳世，妳（你）知我知，大家都聽到了，同情之心厚厚積累，來日可用。小村小女孩一人用功，情況特殊。但老人校工用心敲鐘，美麗老師準時上班，加上村人各正盡其所司，耕種牧養，大家活力仍足，不怕倒臺。都市接納了大批外來者，但它不一定永遠如此，轉眼間再移出之例，也常常發生。「Vanishing」題標震憾，卻剛好也是「希望在將來」的反向刺激活力。至於國家與民族認同的問題，大家愈講愈公開，世界援手正在湧至，盧森納人的家園沒有理由不見歡笑。

結語

影片自然都有主題，今年的民族誌影展中，與遷徙相關的外國影片，有喜有悲，有樂有苦，有長史相伴有今日當下。遷徙類型繁多，但無一不與人們「安土重遷」原性相違。換句話說，凡遷動自己身體離開老家，必會淚汗隨來。不捨在即，來日如何又不知，當事者情堪心碎，不難想像。只是，離開終成事實。有的定型平穩（如天登小學的來去學生）；有的難見希望，但見堅持（如阿魯夫妻）；有的追憶哭哭笑笑，卻也甘甜味美（如澳洲日裔妻子）；有的信心十足，直搗歷史政治核心（如美國日裔 hip hop 樂手）；有的正在亞美間拴起祝福之線（如泰北 Hmong 族頭人及其家人族人）；有的寄望西北歐的冷靜（如庫德族 silent song 唱者）；有的僅存小孩一人，也努力不懈（如塞爾維亞小村）；有的則集體追求自我認同，永志不餒（如盧森納人）。故事的重點就是，遷出去，一定有地方收容（即是我所稱的「容接」），而收容處往往變成新家園。中國要加油，請多提供落難人落腳處！新家園若能美麗，老家鄉也較有意象中及事實上同等美麗的機會。而這也是新和平時代的真諦。大家同在地球上，用心用力織成有情有義新世界。

——本文原刊於《文化視窗》2003/55:92-95。

以考古學教育人類

人類殺伐無法無天，卻也有法有天。戮紅了眼，炸聲四起，婦人小孩亦成塊屍，從置外的角度來看，的確殘暴至極，無有法天之理。然而，看那零式自殺飛機駕駛，九一一劫機人，哈瑪斯炸彈客，抑或美英澳聯軍的直入阿富汗、伊拉克，所有當事人以及主事的國家組織團體，何一不自認正執大法之務，聖天之理？神教天帝讓人頓成靈體，殺人亦成天大功德。

任何一次戰爭，結束以後，沉澱一段，再回看歷史，無不覺得相殘之事的可笑荒唐，但人類就是不斷上演相同劇碼。其中要因，不外就是，「法」與「天」的支持藉口，永遠強力難倒。查查看，以上帝、阿拉、活佛、及各地天神帝君為名，所換取的刀槍人體犧牲，到底有多少，包準嚇出冷熱雙水。神聖充塞的人們，均是道理十足地以自己正在為歷史負責，以色列人如此，巴勒斯坦人更是，西方各國亦不差多少。但他們的「歷史」是什麼？也不過是口中心中短短數十上百、頂多千年罷了！然而，人類的歷史卻遠遠遙長於此，只是這一份科學事實，一直被世界性短視知識／學術市場與聖帝上天的信眾，反智性地忽略了。

人類遠祖一千八百萬年前下樹行走，雙手（前肢）慢慢解放，到了四、五百萬年前開始製造工具，文化於此有焉。之後，維持舊石器時代數百萬年，一直到一萬年前，進入新石器時代，農業革命、城市興起、文字發明、國家體制、商貿活動、及人口繁盛，接踵而來。今天的人類太自傲於人類物質文明發展史演進曲線至一萬年前，突然呈九十度仰角上揚的創造成就，因此，世界性的知識／學術市場內，幾乎九成全是這一萬年或更晚近於三、五千年內的言說立論。結果，它叫我們通通成了短短目光，並只會感受淺淺歷史的人。

拉上視野，這一萬年算什麼？更遑論只有三、五千年的所謂大文明（如兩河、埃及、黃河、印度、希臘等）開啟時代？人們執著於自己有限眼距和封窄想像的範圍，一直在「文明—歷史—上帝—祖神—國族—真理」的精神中打轉，殊不知它們哪一不是短短百千年的後天產物而已？擁有長長的五百萬乃至一千八百萬年歷史，卻只為百千年的人工鬼神和莫名聖理殺掉千萬人？不怕舊石器時代人有知，竊笑輕視？

考古學或許冷門，也或許只是人們的尋寶浪漫（如電影「法櫃奇兵」中的印第安那・瓊斯博士）。但人類一日不改短薄的歷史觀，就難脫離人造帝神天君的操控，以及據之所立之條律道德的迷脅。考古學（尤其是史前考古學）專研「歷史」（即大文明史）以前的歷史，也就是三、五千年前再之前的人類故事。進入那裏，海闊天空，大文明不可能再自我吹噓，畢竟短短千百年，僅是小童稚，吵吵吵，歷史大人馬上降臨糾正（莫忘，近一萬年物質演進雖然炫麗，但人類遠祖成功地體質超越，完全直立，繼而思維集中，生產出第一份器具，才是真英雄。有了過去百萬、千萬年的細緻努力，大文明才有出現的可能）。科學觀念一旦清晰，假神假帝、淺歷史短文明，均極易解剖。史前的數百萬是真歷史，文明後的數千只能甘拜稱臣，如此，人人轉而謙虛待己待人、待事待物，和平自然來到。

寫於西雅圖餵雞屋 二〇〇三年九月十五日

——本文原刊於《臺灣日報》二〇〇三年十一月廿五日。

參與觀察　拜拜何妨——現身國際會議

筆者自一九八九年於臺大人類學系任教以來，幾乎年年到國外參加各種規模的國際學術會議，數至甫於今天（二〇〇三年七月十二日）結束的義大利翡冷翠 (Firenze/Florence) 第十五屆國際人類學暨民族學科學會議，十四年間，計出國參與國際會議十六次。既養成習慣，尋求更多可能的機會，也因此成了自己常態性的工作項目之一。

什麼是國際學術會議？為什麼要前往參加？來回一趟的實質意義又是什麼？我不清楚是否臺灣的學者們，都想過類似的問題。惟依初步的假設，凡有過深思者，或許即會採取兩種相對的策略，那就是極力設法參加（即認為值得者）或幾乎不為所動（即認為不甚值得者）。筆者自忖屬於前者，因此東南西北見世面，然而，國內人類學界同仁們似乎不少傾向後者，因為會議場合上常只見臺灣來者一、二人孤零零。

有些同事尤對大型會議不具好感，因為它像「大拜拜」，成百上千人聚幾天，場次雖多，大家卻更熱絡於場外的重逢與新識。至於論文本身，不是尚不開放參引使用之草成一半者 (working paper)，就是只來摘要 (abstract) 而未見全文。「大拜拜」論者，顯然重視文章品質，而不喜交際，理由十足學術。不過，許多國際會議，尤其是學術組織的年會，經年盛況，學者來自各方，會議期間真是難得的輕鬆愉快。大家均知曉，來，多半只是「聽聽而已」，卻也都能樂此不倦。為什麼？

原來它本是一項傳統的社交活動形式。國際會議是西方產物。參與者若要在短短三、五天內，全面獲知彼此過去，至少年來，的各項學術「核心發現、發明、詮釋或解釋」，只能簡要，別無它法。再加上智慧財產權的約束，未定稿前，有幸僅見草本或摘要，已算合理。講者大體的表達，與聽者大略的回應，兩方相長，角色輪流扮演，只聞「有趣的」、「重要的」、「令人欣賞的」、及「深具啟發的」等的肯定評論，而不見東方式，尤其是韓臺兩國充滿父權式之剛窄性學術口語殺伐。一切就因大家只來抓「核心觀念」和「宏觀觀點」，有收穫就好。

更重要的是，學者們平時研究出版壓力原已甚大，而學術會議理應嚴肅，卻巧妙地讓它場內場外「相談甚歡」，友誼之體，難得幾天得以呼吸暢快。翡冷翠的會議晚宴，主辦者索性直接稱之為「社交晚餐」(social dinner)。餐會上，舊識和新友總是延續話題，配以調侃玩笑，然後互邀對方，或者規劃日後的合作研究，或者籌劃另一次會議。

社交之後真有好處嗎？答案是肯定的。我一九九六年至泰國參加第六屆泰學研究國際會議，回國後不久，即獲日本某一大學邀往參與另一會議；一九九九年至阿姆斯特丹參加第七屆會議，回臺後亦獲澳洲國立大學會議邀請信函。二〇〇〇年參加加州聖地牙哥美國「亞洲研究學會」年會，當時幾位同好講好每一、二年大家輪組主題討論群，在各大會議上碰面。果然，我們翌年（二〇〇一）又在蒙特婁的美加三大人類學學會聯合年會上同現場次，而二〇〇二年時，筆者也邀來其中幾位到臺北參加臺大主辦的會議。這次在義國大方的"social"之後，美國和澳洲兩所大學人類學系和社會研究中心的主任，均極力邀請筆者下年度務要前往該校演講。完會後，一方面得以整理論文正式出版事宜，另一方面有此社交收穫，心情自然愉快。

同名的國際會議，若是年復一年或定期就能見到，而氣氛又如此歡樂，果真像似拜拜。但，拜拜又何妨？人類學者自己就常在趕民俗拜拜，因為它被當成必須觀察的重要祭儀、慶典或傳統。難道舊的、民間的或據說古時代就有的拜拜，就應被直觀地認定為學術要題，而新的、學院的、菁英的、外國人主辦的「會議拜拜」，就可以不值一提？事實上，人類學者參加國際學術會議，應就是在進行「參與觀察」。會議既源自西方，必依西方人的社會思維安排。因此，要藉此瞭解他們的文化，就要從不求論文有無、場上笑談用兵、及場下「社交晚餐」等諸多觀察面相入手。它是拜拜，我們就充分進入，畢竟臺灣的民間拜拜和學院會議的「類拜拜」，一定均有深刻文化意涵，人類學者理應不會錯過接觸與瞭解的機會。更何況，進入「會議人網絡」(network of conference people) 之後，如我個人的經驗一樣，未來的大小學術活動，就會一一現於眼前年月，而妳（你）也就成了國際學術社群成員。歸結至尾，最重要的仍是，讓臺灣在裏頭發聲，哪怕只是正式的十五分鐘，我們真的需要它。

現身拜拜，十足有味；學問社交，盡在自我！

——本文原刊於《臺灣日報》二〇〇三年九月十二日。

亞洲東南東北跑會議

金邊「泡圈觀光」三日記

筆者專研「觀光人類學」，自然深知第三世界觀光場域「環境泡圈」的道理。但是，道理是一回事，體驗又是另一件事。去年底受柬埔寨皇家學院之邀，前往首都金邊參加東南亞國際學術會議，三天禮遇，場面輝煌，感謝之餘，卻也不時對自己不得不以星級飯店之眼透看在地一事，略感不安。

小孩喜歡吹皂水透明泡泡，空中飛揚，很是美麗。社會科學家以此來形容「先進」國家觀光客至「後進」地區探奇，自以為親臨了現場，事實上卻多在星級酒店和冷氣房車內，有如從圈圈泡泡裏頭看外面，從未真正碰觸到造訪地民眾。但是，這些至異邦國度的「探險家」返回自家之後，卻也能道三說四，有如專家般地講述神奇。

筆者長年研究寮國泰國北部族群文化，每次田野造訪，交通不外三輪機車、腳踏車或走路，居住則一定民宿、簡易招待所或村鎮友人家幾宿。行路間，偶遇駛過的遊覽巴士，裏面張張臉龐望外，對照忙於日常打拚在地人的風塵僕僕，彼此均有對方的想像。一是同情烈日當下黝黑奔勞，另一則是羨慕總是閒閒富貴。不過，在地一方對世界想像，大抵只能小眾存在，而外來一方政經媒體資源巨大，卻往往可以具象虛構，將窗外所見，轉為大眾資訊。

會議於星級飯店舉行，開幕則另在河邊會議中心辦理。筆者自下飛機出關開始，即被專車接往大餐廳午膳，再送至酒店。當夜晚餐飯店豐盛自助餐招待。翌日全員西裝筆挺參加開幕，豪華午餐，再至大會議室開會，晚上當然又是宴會。另日，幾乎同樣行程又一次。再一天，主辦單位安排三部大型遊覽車北往吳哥窟參觀，並擬於當地下榻大飯店。筆者決定不隨去，自己留在金邊一日，外出散心。

如此幾日，全程「遊覽車＋大酒店＋排場＋華麗美食」，典型的大眾「環境泡圈」觀光，我們頂多外加一個「學術會議」名目罷了。酒店隔街就是十幾攤入夜昏暗燭光的小吃。歐式自助餐酒店住客與小攤露天食者，不時互看。酒店經理刻意種了一排樹，企圖擋住「落伍污亂」，但兩方仍是穿縫相望。泡圈飯店與泡圈專車相若，在裏頭根本感受不到地方的空氣味道與人情精神。

自己的最後一天，三十度高溫之下，走走路，問問話，至少稍些擺脫泡圈影響。柬埔寨二十年間換了五次國號，直到一九九三年重回王國體制，才略見穩定。不過，數十年戰亂不是朝夕即可復原。現在城市景像，即是在狂風飛砂，垃圾堆岸，摩托滿街，小販穿梭，餿水潑路，昏天暗地背景下，但見市民揮汗進貨出貨，小車載大物，或賣力組裝產品，完全不受在場環境不佳影響。這個國家經歷苦難，現正於崎嶇道上，向前邁力跨步。不進入實況，不吹砂子，不踩濕油泥地，不在人車亂陣中，就不可能經驗人家的活力毅力與耐力。每位忙碌中的柬國人，均是微笑待人。真正想稍微認識在地社會文化，就必須在喇叭街聲中靜靜體會。

泰寮與柬埔寨環境人情接近，筆者年年進入，沒有特別感覺。此次有機會在柬先當泡圈人，再爭得一天成為田野人，然後想到八十多位與會學者仍在千年古城泡圈觀光，更倍覺自己大太陽間塵拂面頰的珍貴。

韓國正在稱霸區域國際學術

八月上旬筆者又從韓國返回。這是三年來第五次。到韓國做什麼？答案是，受邀參與國際學術會議。想到國際會議，尤其是動身國外，必是英文全程。然而，實情完全不是這回事。五次會議，筆者都是中文上場。不過，讀者不要誤會中文是會議規定語文，事實上，每次會議都僅有二、三篇中文宣讀。那，其餘有哪些？向各位報告，最驚人的一次，全場共聽到了韓、日、泰、寮、越、柬、中國漢語、中國朝鮮族語以及臺灣國語等九種論文演說。會場一邊，排有多間同步翻譯室，每一專業語文譯者，賣力重譯，三譯甚至四譯。從前讀史，唸到西南傲外國度欲與中國皇朝建立關係，竟有高達八、九譯始能溝通者，八斗想像力，都難摸索出那種場景。如今韓國會議經驗，身歷其境，恍然有所體驗。

有趣的是，會議全程，什麼語言都有，就是沒有標準國際活動專用的英文。會場有朋友告訴我，韓國學者英語程度普遍不理想，因此，就不用英文寫文章。但是，筆者另有想法。每次會議，均是地方郡縣出錢，再委由國立大學教授規劃籌辦。即使是自仁川機場還要四小時入山車程的兩萬人口小郡，依是排場講究，禮節周到，款待豐富。會場為各國教授備妥桌牌與掛身名牌，上附包括中華民國在內之每人歸屬的大面國旗。學術會議場面，三分像似聯合國。藉由會議，地方與地方比賽誰的國際成就高，大學則主導議題與邀請對象，整個亞洲，頃刻間，彷如被主辦國囊括入手。郡縣主辦，讓多數仍處於污染困境或經濟後進的亞洲國家，讚嘆地主國的發達建設以及南北漢江的清澈美麗。另一方面，大學規劃單位的多國邀約，則密集地展現扮演東亞與東南亞學術「龍頭」的企圖心。各國學者歡欣之餘，偶會驚覺，為何老是韓國為主？想想自己，沒錢沒郡縣支持，學者社群又缺乏積極動機，一切果然相形見絀。

韓國以去英語化策略（絕不讓歐美專美於前），另在自己地盤上，創立新區域國際學術模式。政府、學界、民間合作無間，優渥地招來貴賓。三五天下來，每人帶著滿足兼或慚愧心情離去，然後等著不久幾月，邀請卡片又至，再走一趟優雅韓國行。一次又一次，十足證明唯有「富強大國」如大韓，方能有此能耐。學術霸權正由朝鮮半島南半為中心，圈圍著四鄰，讓大家永遠喜悅地享受多重翻譯樂趣而來。

高峰迭起？　先住民與工業國首腦較量

約莫一年多之前，部分日本北海道愛努族先住民（按：日語的「先住民」與臺灣華文習用的「原住民」意義接近）成員，在幾位國內外學者的鼓勵下，共同籌劃於北海道洞爺湖八大工業國高峰會議（G8）開幕之前，先行舉辦「二〇〇八年愛努大地先住民族高峰會議」(2008 Indigenous Peoples Summit in Ainu Mosir)，以便形成世界性共識，再向數個尚未簽署聯合國原住民宣言的大國提出要求。

會議如期於七月一日在首府札幌東南一百三十公里的平取町開場，三日下午議程轉至府內會議中心，翌日在四位民意代表支持聲中結束。先住民高峰會出人意料地連四天場場爆滿，每日至少約有四百人出席，邀來的國際先住民代表，分別來自美國、加拿大、澳大利亞、紐西蘭、挪威、瓜地馬拉、尼加拉瓜、菲律賓、孟加拉以及臺灣等十國。包括日本愛努族在內的十一國十七個族群廿九位代表，充分表達一致的立場，閉幕之際，在記者招待會上，提出一份名為「二〇〇八年愛努大地先住民高峰會二風谷宣言」(Nibutani Declaration of the 2008 Indigenous Peoples in Ainu Mosir) 的英日文對照決議文。

日本參眾兩院甫於二〇〇八年六月六日承認愛努為先住民族，相較於他國，時程甚晚。因此，七月初的高峰會，明顯具有紐、澳、美、加、臺等五個「先進的」原住民政策國家成員，教戰「資淺的」愛努同胞之勢。「Summit」臺灣譯成「高峰會」，日本則稱「首腦會」。G8

當然全是國家領袖，所以，「高峰」與「首腦」兩意相通。至於先住民的Summit，既然完成了宣言，國際情誼也已建立，大抵不會有人太在意「高峰」或「首腦」在其間的代表性問題。畢竟，一國之首，對象清楚，G8的建構簡單明瞭，反之，原住民誰能為首，往往抽象難定，能有多國多族多人同聚一堂，已屬不易。

宣言內容廿一款，惟如反核、反污染、反軍事化、反水壩、反開發、維護文化、保障教育權、確定自然主權、重視移民權益等重點，事實上即是過去數十年，各國原住民運動的訴求主軸。我們並非認為宣言內容缺乏新意，只是，同樣話題，必須不斷被提出提醒，它所反映的地球母親長期被剝削事實，萬不容忽視。

無人能確知G8到底如何思考此一「非首腦」組成之先住民「類高峰」會議，當前亦不易估量會後先住民們持續維繫關係的強度。但對剛「起步」的愛努族人來說，活動的圓滿，多少有鼓舞啟發的作用。不過，日本單一「大和民族」的建造，已近兩百年，如今，國家突然加入「愛努民族」，未來兩族共構，血統多元的新面向，仍待政府與人民的戮力調適。

然而，愛努族人所遭逢的關鍵問題，仍不在前述的範圍內。就在先住民高峰會結束後的七月五、六兩日，另一批族人在成立已超過半世紀的「北海道同胞（原稱『愛努』，一九六二年改稱）協會」主催下，舉行一「二〇〇八年國際先住民之日記念事業——愛努民族高峰會」，同樣有數項結論，要求政府做到。國際先住民會議針對G8，愛努高峰會則對話日本，理論上合乎邏輯。不過，從參與兩會人士多不重複，又忌談對方的情況觀之，卻也可能直接道出內部矛盾的存在。即使國際原住民經驗秘方，「先進」有效，難見整合機制的愛努新先住民群體，恐怕連初步開展，都不甚容易。

幾位觀察敏銳的國際代表看到問題，憂心忡忡，卻也不知如何協助。G8和日本政府是否回應，均是後話。目前可以確定的是，世界性經濟開發與原住民權益的問題，總是相對矛盾。國際「先進」原住民友人為愛努族帶來的流血流汗英勇抗爭經驗，似乎太過沉重，而後者自身又如散沙，希望渺遠。原／先住民對上工業國首腦，兩者均有高峰決議，G8結論成了變造世界的準繩，而另方或許終究僅為悲劇英雄增添新裳，曇花小現。北海道今夏高峰迭起，峰峰無奈不相連，其中故事，原來如此。

一會又一會的現身

國際學界常以「Conference People」形容四處飛翔出席國際會議的學者。筆者有類此朋友數名，他們南北半球奔波，同篇文章各地宣讀，多次之後，才在正式期刊出版。臺灣人類學有無這號人物？筆者不知，不過，自己另創一特殊conference people類型，雖與國際版不同，卻也是終年到晚，忙碌於空中與會場之間。本文所述三個會議範疇，均是筆者勤於跑會殊型典例。特殊在哪？那就是，會後必先行完成如前文三大主題的心得文章，再來慢慢思考會中宣讀論文的修改與正式出版事宜。筆者始終認為，富涵人類學思維的心得式短文，可能比正式文章來的迫切。柬埔寨努力向前，邀來國際，卻又焦慮於大旅店豪華招待與待開發金邊真相之間，於是，主辦者戮力操作，不久，學術人業已與泡圈人合一。筆者不得而知眾位學者的感覺，但至少自己天天亟思突圍，最後終能如願與在地一起呼吸。韓國居處中國、日本、俄國等幾個強勢國家或大文明之間，她的努力向前，全為爭得大家的目光，以示小小半島也是強盛進步。韓國學界在求得平起平坐於中、日、俄的東北亞地盤之際，發明了區域國際學術架構，於是官學合作，幾年期間，奠下主導位置，刮目於亞洲各國互覷讚嘆氣氛中。北海道愛努族先住民的兩個高峰會議，筆者只是聽眾，卻也深切體會了在單一國族壓力下，身為原住民的極端難處。愛努民族的困境，或不會因高峰會議而有立即的改變，反而，箇中問題的突顯，才是未來應面對解決的要務。筆者有廿年臺灣原運觀察經驗，如今跨足愛努，兩國比較，感觸尤多。

筆者不否認自己是conference people，多數與會時間，輕鬆嚴肅交織。最近的東南亞、東北亞交參往返，認識了更多亞洲面向，希望趕快和大家分享心情。至於正式論文，亦將一一問世，有待諸君講評。

——本文原刊於《人類學視界》2008 / 2: 26-29。

泰國掃瞄

泰國是大陸東南亞唯一未曾被西方殖民過的國家。當今 Chakri 王朝前四代君主十九世紀末驅走佔有北方的緬甸人，並以早早學得的西歐國族—國家 (nation-state) 形式，在二十世紀初，一統了原與曼谷（或習稱為中央泰／Central Thai）不同皇家、信仰、教派、語言系統的北、東北及南部各邦。第五、六代君主時，國體轉為君主立憲，國號從暹羅 (Siam) 改為泰「人」「之」國 (Thailand)。第七以迄現在的第九世王，則一直維持著國君、國族、佛教三合一的國家最高認同象徵。

一九六〇以迄八〇年代，泰國以政變頻繁聞世。然，政變是一回事，卻無一是以挑戰君憲國體為目的，反之，次次政變，武力相向，參與者均是以保衛至高無上陛下為神聖理由。皇上是現世活佛，神聖無比，而政治是易變短暫汙穢不堪的俗務，俗人爭吵，絕不能觸及皇家聖體。數年前最後一次政變，總理和曼谷市長雙方人馬長期對峙，蒲美蓬國王看不下去了，把兩人叫進宮訓話，只見俗官跪地，人民汗顏於污事竟驚動了聖上，當事人更是羞愧悔身，一切危機至此自然解除。

七〇年代後半葉骨牌效應理論最炙，人人觀望著泰國必為自高、越、寮三國赤化之後的下一個中獎者。自此，軍人干政之勢益張，但政變越烈，國家卻越穩固。為什麼？因為一個比一個有辦法的強人陸續出現，大家無不誓以力量保衛王國。皇室和人民了解之，所以幾乎是全力配合。泰共也就一直撈不到好處。現在棉共已亡，柬埔寨業已恢復王國體制，而越寮兩國的社會主義，更是和中國一樣，不斷在進行「資本主義化」加工，親近國際，發展觀光，努力賺錢是為第一目標。共產理想早已湮散，泰共奧援全無，自動崩離。國家威脅消除，王國安全，政變也就不再有了。

在泰國，人人對當今皇上極為崇拜。對皇室成員非常敬重。皇后、皇姊、皇弟、公主等等經常四處巡視，發表感想評論。他們雖無權直接指揮行政，其言論卻常成政府施政的重要參考原則。因此，皇家出巡，官員辦事，是一種倫理，也是一集體治國的默契關係。

泰國人相當重禮，小販、司機、櫃臺、餐廳，均是笑容可掬，服務親切，對客人更是以接近禮佛之誠，合掌致謝。在臺灣，購物講價常講講變成吵吵，在泰國則講價如吞水談天，能通就通，不成也有趣，極少見雙方不愉快者。泰人國族強盛，為人敦厚，從電視節目也可看出。和臺灣大不同者，泰國影視不哈韓日，不尚西洋，幾全是本土節目。而令人煩躁不安的政論談話和 call-in 節目，以及存心不良的綜藝整人表演，更是絕無僅有。

泰北諸府在共黨威脅已除的近十幾年間，交通建設快速，公車均能安全往返各地，方便民眾。車行沿線多不設站牌，乘客隨招隨停。有點老爺狀的普通車，天天踉踉蹌蹌於馬路，司機望前，車掌則一手扶門，半個人於車外，兩人敬業地眼觀八方，四處找人客，深怕忽略了任一久候多時的旅人（至於臺灣，好像常見過站不停嘛！）筆者多次搭車於鄉鎮路途，感佩異邦人民間相互扶持之情，當下即不止一次對服務人員表示敬意。

泰人的優點還很多，例如不隨地吐痰，低比率的人抽煙，以及幾乎不食檳榔等均是。當然，他們也不是樣樣完美。只是我一向直接看中並欣賞人家的長處，久久享受，終身受用。泰國文化聖（如皇家、佛教）、俗（一般生活）清楚二分，人們常會太花心思於聖方的聖貌（如佛寺內的安靜、乾淨、寬敞、綠蔭），而忽略了俗方的整理（如第三世界典型城市發展中的交通紊亂，違章雜物鐵皮四處等）。然，也就是因有聖方場域在四周，俗世髒亂俗到煩心了，跑進佛寺滌洗一下，出來又是生虎活獅，蹦跳幹活去。至於應弄好世俗環境，才比較不會心煩一事，也就通通給忘了。

泰國的社會文化的確引人入勝，她的學術研究領域，也頗令人著迷。在臺灣，臺北人應要有謙虛自我的「非臺北」觀點；看泰國，臺灣人則應有土著或文化相對論立場的「非臺灣」觀點。當然，進到泰國，或也要學得「非曼谷」觀點，如此，方能壯大視野，親近山山水水茅屋村寨的友善的居民。日後有更多版面機會，筆者樂於再繼續向讀者報告泰國和廣泛的泰人文化。

——本文原刊於《臺灣日報》二〇〇四年五月廿四日。

陌生的失禮——寮國田野心情

隔天就要上飛機，傍晚從臺大下班返家途中，突然莫名的緊張。血糖血壓一定高升，否則不會身體僵直，雙手微顫。說起出國，一年總有數次，根本是常事。但這回不同，生理本能抗拒，車子因此開不快，多麼盼望晚點到家，明天不要來。飛機到底將往何處？答案是寮國，一個夾在越南、柬埔寨、泰國、及中國之間的內陸共產國家。

二〇〇三年九月至二〇〇四年八月，我在西雅圖研究從寮國移住美國二十數載的寮北傣泐人，當時最大的心願目標就是二〇〇五年初，一定要走訪這些族人的寮國原鄉。距二〇〇五年仍遠之時，每每想到有機會到寮國田野，就興奮不已（按：自己研究包括寮族在內的泛泰族文化多年，往返泰國緬甸多次，唯獨寮國始終未有機會），那是一份神秘國度的吸引魅力，更是十足的人類學浪漫想像。神秘與浪漫的趣味，隨著出發時刻的逼近而褪去，必須面對者，轉為對寮國實況的認識，於是開始了出國辦理作業。

作為一名人類學者，面臨著前往陌生異邦，到底應如何做才算妥當？讀很多民族誌學術報告當然必須，但事實上它們對掌握入境實務與進場自我環境適應，並無助益。於是購閱旅遊書刊和上網查詢，以及洽詢旅行社人員，就成了要緊事。只是，書籍提及寮國者寥寥可數，而旅行社方面從經理到外勤同仁，上上下下熱心為我奔波，卻也問不出個寮國所以然。換句話說，臺灣出國觀光能力旺盛，獨對寮國一無所知。終於，助理們幫我找來了幾則曾至該國之臺灣旅人的網上留言心得。這些是珍貴資訊，但內容盡是諸如「天天瀉腹」、「逃離落後」、或「山地阿伴族婦女站著尿尿」等的記述。此外，另有一份好心人整理出的旅遊警訊——「寮國：黃色警戒，土匪為亂，未爆彈一堆，不建議國人前往」。

這些資料原本看了就過，但家人學生好友們可不這麼想。他們替我緊張，我一貫幽默以對。未想，臨界的前一天，告辭了研究室祝福我的優秀年輕同仁，孤身下樓，惶恐突然上身，各種未知可怖景象現在前。

時間還是走到了機場報到的一刻。我告訴航空地勤小姐，請將我的行李直接掛到寮國永珍。幾位服務人員低聲交換意見，我聽到了：「永珍是什麼？不就是金邊嗎？寮國不是柬埔寨喔!?」心頭正冷，對方答覆說，不能直送永珍，請我自己在金邊轉機時洽辦行李事。老天，那是一個什麼荒涼之地呀！世界上還有那種無人知曉的國家啊！

在金邊轉機轉行李至越南航空，果然花了工夫，不過，終能順利抵達永珍。永珍(Vientiane)當地華人習稱萬象(Van Chan)，是寮（老撾）人民民主共和國(Lao P. D. R.)首都。我從該地開始認識這個國家，往後的三星期，永珍—烏洞塞—鑾南塔—芒新—鑾南塔—烏洞塞—永珍，北進再南回。寮國中級公務員月薪才相當於臺幣一千元，以任一有能力前赴觀光的外國人角度來看，生活水準簡直低到不行。

的確，出國前旅行社人員口中喃喃的「落後」評論，以及書刊網路上的「危險」警語和「嘲笑」態度，再加上自己行前發作的焦慮兮兮，對照雙腳落實於此的寮國現地，林林總總的「臺灣觀點」似有它的道理，只是那僅為一種陌生之見，更十足反映資本主義功利都會物質至上的立場。

在寮國，常見西方單槍匹馬型觀光客（此次我至少遇著美國人、比利時人、法國人、德國人、荷蘭人）往來四地，他們維繫著三、四百年來歐洲人地理探險發現的傳統。在漫天飛砂，車路顛簸途中，白膚色大個兒對新的人事地物，總是藍眼張望，微笑和氣，一切甘之如飴。臺灣沒有旅行團體來此，因為該地找不齊臺灣觀光客的必需：雙層冷氣巴士、大間豪華中餐館、五星大飯店、平坦高速路、及拍照行走方便的名勝古蹟。這些臺灣的「必需」，合起來正是觀光人類學所指的「環境泡泡」(environmental bubbles)。觀光客到了異國，卻躲在人工泡泡中隔透明紙牆看外頭，自以為到了新地方，實則與國內的資本功利都會生活區無異。

其實，我可能也會和旅行同業一樣，好心地建議國人不要去寮國觀光。因為，「臺灣觀點」必定難以忍受以下這些：人人果皮垃圾車內拋出，首都城內紅綠燈不出五個，黃土路遍野是，找不著文具店，國際機場永遠保持不超過兩架待發飛機，公車擠坐一起，不見星巴克麥當勞，缺乏投資型銀行，省級機場沒電腦，民宿廁所公家用，家家戶戶砍樹燒柴，中國城太小，計程車沒冷氣，幣值小到不能再小，以及有錢無處花等等。這些「缺點」果真直接使旅行業者從未考慮過推動寮國觀光。在這個講泰語也可通的國家（因為人人長期觀賞毗鄰的泰國電視節目），因此見不到寶島旅團，不過卻早有不少投入伐木的臺灣生意人願意「冒險」賺錢。

商人永遠第一勇敢，其次是傳教士，再次觀光客，最後才輪到人類學家。雖排最末，作為一名人類學教授，我終究去了傳言中不應前往的國度。公路、巷間、公車、學校、小店、旅舍、民宅、佛寺、市場、博物館、車站、研究機構、及未設安檢的小飛機，全部實驗實踐。雖是天天土黃鞋面，外加砂粒滿臉歸來，但對該國各處的印象卻是極佳。

簡單地說，寮國是功利性「臺灣觀點」的不適合觀光之地，也是資本主義標準下的「後進」或甚至「開發極其有限」的國家。但是，她的優點卻正是已開發「先進」國所望其項背的。優點有哪些呢？歸納至少有六：1.族群數十，卻相處和諧穩定，2.治安良好，未聞搶盜之事，3.幾無媒體噪音污染，4.表面共產，但沒有警察擾人生活，5.政治少有黨爭私鬥，以及6.最重要的，人民友善熱情有禮。從臺灣來到此地，物質享受突降九成，惟卻能換得輕鬆自在，開心喜悅。

經驗了三週好時光，搭著老舊俄製寮國航空飛機離境，駕駛員穩健地操作，一路舒適平安。二小時抵達忙碌曼谷機場，見著無數大型飛機移動起降，知道自己回到現實。憶起過去二十天的溫馨造訪，想及臺灣對寮國幾近無知的刻板印象，頓時羞愧。臺灣人未曾好好認識這個寧靜國家，卻已惡評一堆。我臨行前的緊張，是惡評文字閱後的副產品。家人友人的極度關切，當是受了不實在資訊左右的情緒反應。返國的前幾天，一直想著務要快點寫就本文。長久以來，我們因陌生而失禮，因不認識而胡亂想像。寮國臺灣地理不遠，心理距離卻如遙天之隔。學理上人類學者負責分析文化，倫理上則更要澄清異邦家園圖像。畢竟，「先進」或「已開發」國家人民的第一特徵，應是懂得自內在欣賞他人（而不是誇耀物質優越），不陌生才不致失禮。我隨時會再至寮國走動，歡迎妳（你）也有興趣前往品味新友誼。

寫於二〇〇五年二月十五日 11:24 pm

——本文原刊於《臺灣日報》二〇〇五年三月十七至十八日。

雞鵝喔喔　國家傳聲——寮國的「真鄉情」與「不政治」

寒假期間，再度踏上寮國（或稱老撾）田野之旅。一分經驗，一分熟悉，年年造訪，成了家常習慣，一段時間不去看看這個湄公河國度，就開始陷入思念。一個多數臺灣人都還將其與柬埔寨／高棉混淆不清的共產國家，哪裏好想念？告訴了妳（你），妳（你）可能錯愕，因為答案竟是那裏的「自由」！自由何來？很簡單，就來自人人真鄉情，國家不政治。

寮國五百萬人口，八成五為農民，全境約由一萬個村落構成，平均每村五百人，以一戶五人計，一村就是一百戶。除了甫開張的一處馬來西亞華人投資飯店之外，全國沒有高過十層的房子。萬村之國南北走，四處標示著妳（你）已至哪一村的藍色英寮文對照牌子。就連首都永珍（或稱萬象），也是一集合村的擴大組合。

既是村，可以想到者就是鄉情。鄉情可以是鄉野的情景，也可以是鄉民的濃情味。住在大多數寮國村落裏，早上天剛亮，妳（你）就睡不得懶覺，因為眾聲齊鳴，它們是公雞喔喔，母雞喀喀，小雞啾啾，鵝鴨噗噗，豬隻嚕嚕，狗兒汪汪，羊牛咩哞。主人下竹樓餵早餐，家畜家禽們吵擠成一團。當代高度都市化的臺灣人，大概已想像不出家中有豬牛羊外加雞鴨鵝的景況。在寶島上，「家畜」與「家禽」早成絕響。今天，所有人類傳統豢養的動物，全被送進擁擠難熬的大飼養場，二、三個月就快速長大屠戮，以供都會妳（你）我永不臉紅的貪慾腸胃。

寮國人杆欄式家屋，人住上面，畜禽夥伴活動於下，牠們平時更可大方行走外頭馬路田間，黃昏再自動回家就眠。鄉情之一，母鴨帶小鴨，母豬逗小豬，動物們自由自在，構成雞犬相聞的浪漫田園。

寮國國家博物館寫有全國五十個族群，各族村寨交雜，信佛教信精靈，大家同為鄰坊好友，幾未見族群衝突事件。人類學家進入村內找人聊天，一坐下，二分鐘內，不知哪裏冒出十幾二十人，一齊瞪望著你，然後就親切問「Sabaidee」（你好呀！）。不久，即有數人搶著邀你去家裏用餐，即使食物只見糯米飯團和包心菜沾酸辣醬。我曾告訴幾位朋友，寮國根本不需警察。和善的人，總是友愛村內村外，看你孤單一人，常會表示關心。國家電力不足，路燈系統尚未完全建置，多數村鎮入夜就大片漆黑，但行走絕對安全，未曾聞有劫搶之事。因此，鄉情之二，人情溫馨，微笑禮貌，寮國人慷慨地讓每個人自由自在。

然而，畢竟是個國家，更是那由一九七五年推翻國王之人民革命黨專政的寮人民民主共和國。她多少要在萬村之中，設法展現國家和共產黨的存在或特色。在僅有三家平面媒體和一個電視頻道，同時閱看率又極低的情形下，政府採取每天上午七點至七點半，夜間六點至七點半，在除永珍之外的各較大城鎮以擴音機廣播方式，報告一些行政事務與主要新聞。政府必須形式上如此傳聲，而鎮民也習常不怪，只是一來大多時候人們仍只看小耳朵傳來的中泰兩國娛樂節目，二來城鎮外各村，事實上連政宣廣播也闕如，結果因而是大家對國家依然陌生。

既沒大地主，也無資本家，實不知三十年前為何要革命？改成了共產，卻找不到剝削階級，鬥完了舊王室，就不曉得下一步的方向，於是，「順其自然」成了主流。在寮國，很少看到各類公務人員車輛在執行勤務，政府宛如消失。大家既早已相安，根本不需勞動公部門費心。永珍湄公河岸傍晚看落日喝啤酒，踢球玩沙灘，這是真景象。即使常見滿街黃土飛揚，吹過了就好，不必在意；輕鬆心，快樂情，壓力果真少到不行。

在寮國，家畜家禽自由行，村民友善和平，國人旅客自在走，它們構成了真鄉情故事。政府天天有限廣播，卻聽聽後就忘情於外國節目，農村更數十年未曉國內新聞。而首都公務休眠，不惹人民，家家享有無壓力空間。這些種種，在在傳達出寮國的不政治特質。「真鄉情」與「不政治」，使來自發達國家的觀光客著迷，也讓人類學家相見恨晚，心情低潮時，尤其想念她。我們或可說，一萬農村，氣結了共黨，感化了專制，壓迫消失於無形。寮國百姓喜歡的仍是一早讓雞鵝吃飽飽，然後對每個人說「Sabaidee」！

——寫於二〇〇六年二月十九日

「兄弟」如此——記兩個泰寮研究國際會議

去年（二〇〇四）初聽到北伊利諾大學 (Northern Illinois University) 將於四月和五月舉辦泰學 (Thai studies) 與寮學 (Lao studies) 國際學術會議的消息，一方面訝異，另一方面也頗感興趣。泰寮兩國隔鄰，語言文字和信仰文化接近，歷史關係悲喜糾纏。然而，對當代生存難題，雙方並未呼應彼此。原是兩個王國，小的七〇年代變成共產，而大的先是八〇年代焦慮警戒，再來就是九〇年代以降的資本主義傾銷對方。發展到今天，竟有同一年同一地點前後一個月時差的兩個會議，「兄弟」倆較勁為何？

今天泰寮兩國以湄公河為界，簡單思考的人，或許以為那是天然的族國分邊水線。然而，事實上湄公河兩岸距離短，冬季枯水期甚至個人單泳頃刻即至另邊。因此，它絕非阻隔人際往來的河川。歷史時期講寮語的人，老早就在河的西岸平原區拓展。十九、二十世紀之交，發跡曼谷的暹羅人，才四處征伐，其君主一方面和包括緬、柬、寮在內之南傳佛教各王國統治者，爭得唯一佛王地位，另一方面則和英、法殖民者協調疆域。最後，越柬寮之法國殖民者同意湄公河為界，以西暹羅，以東法屬印度支那。自此，河西寮語人與河東同胞源斷緣止。孰可忍乎一事，即是三個世代之後的今泰國東北寮語人，雖承認語言與對岸相通，卻均直接認同自己為「泰」。

泰國歷史書寫，對征東燒掠寮人佔得大片土地之事，往往噤聲略過。而寮國一方，則民間口傳，對泰人絕無好印象，因為「泰國老是自以為大，多次侵犯寮人，卻不敢承認」。寮人以受害者自居，另又表示他們才是泰語系各族中最資深者，語言古老，佛像千年，服飾標準。只是，現實的大陸區東南亞，老大果然仍是泰國。

暹羅於一九三〇年代改名泰國，自與西方接觸，即開放迎接，因此，即使和英國關係密切，卻從未被對方殖民過。這是泰人自豪處，在學術上的影響，就是英文世界的「泰學」(Thai studies) 人文社會科學領域，百年收放，成績斐然。於是，一九八四年美英澳學者在澳洲首都坎培拉開辦超大型「第一屆泰學研究國際會議」，自此三年一次，直到今年四月的第九屆。筆者從第四屆起，無次不與，留下泰人與西方人學術場域逢遇的深刻印象。

西方「泰學」之所以成熟，基礎在於人類學者人人泰語順溜，歷史學者古典文字拿手，政治社會學家閱讀媒體官報亦是在行。研究者深入文化與族群的核心，千百篇論著早已出爐出名。「泰學」是為西方學術的一環，泰國學者隨於後，對九次大會議，均樂於主辦、報名或撰寫文章。只是西方學術挾著充沛方法理論，大範圍地剝解泰人泰文化，而泰國自己則只能在本土範疇，以借自西方的分析技術，替美英學術偶下注腳。不過，縱是如此，每屆會議主題和提繳論文，大致均具深度，學理不斷積累，難怪已然蔚成顯學。

二〇〇三年初，一位八〇年代前期自寮國避共產革命之難，而移居美國的青年，以博士候選人的身分，成功地說服了一位北伊利諾大學東南亞語言學教授主辦一國際寮學會議。兩人一起工作，經過了一年半，終於在泰學會議的一個半月之後，順利地完成了任務。

這是第一次世界性寮學會議，原本擔心乏人問津，無料卻湧來了一大批報名者、提專題報告或撰寫論文者。兩天內共安排了卅六場約近百篇的論文發表，人數文章之眾，令人驚嘆。

我在泰學會議議場，看到專家們西方泰人各半，多方討論政治、經濟、生態、族群、宗教、健康、人口、兩性、及歷史等議題。過去八次會議的成績延續下來，但見學術傳統的清晰深厚。另又加上與會者大人物多（按：常見泰國皇室成員出席主持開幕），在在強化了它的世界性學術位置。

問及泰學專家下個月來參與寮學會議否？沒人曰是。我感到驚愕。而當我告訴對方自己兩個會議均會參加，也都提論文時，他們也是詫異。五月出國前夕，網路上看到寮學會議的議程日豐，議題多樣，很是高興。我當然深知寮國處處弱勢，而今得以想像盛況可期，喜悅不在話下。

兩整天三十數場討論議題，各個報告呈現了幾個特點：

初出道者（如博士學生）多；

研究方法半生不熟者多；

寮國田野第一手資料闕如；

寮國之外的寮人移民題目多；

歷史與文化的主題少；

以社會問題角度觀察者多；

出現了舊王國與今共產政權支持者對辯場景。

總之，七項特點反映出的是「學術」屬性的隱晦，也就是歷史學、人類學、民俗學及社會科學味道不足。

當然，其中如數位日本京都大學學者的生態學論述和幾篇語言學的分析，都是不錯的佳作，但總體而言，寮國之為「小」，不止歷史傳統不甚光耀，國力不如鄰邦，以及當下經濟止水狀態，今天學術會議的表現，更顯現了泰國在質量雙向方面的「大」。

由於是第一次，大家都予以稱許鼓勵，期望兩年後在亞利桑納州立大學舉辦的第二屆能更進步。不過，話雖如此，知名的泰學專家們通通不來與會（按：只有筆者兩會均提繳論文，另有一位在美任教之泰國籍教授開幕現身即走，而作為主辦者的語言學教授，兩次均必須忙碌，自然不應計在與筆者等同參與寫作「衝勁」之列），卻是早早告知了他們對「寮學」品質的不認同。事實上，泰學會議中曾多次安排寮國研究議題，不過，這是泰學專家的規劃，所以可資信任。而今旅美寮國人主動發起寮學會議，它顯然不在泰學專家對東南亞學術的認識範圍內，因此「不屑」與會，自可理解。

泰學會議三年一次，寮學會議則計劃每隔兩年一次，頗有往前追越之圖。問題是，在泰國的深厚田野經驗與對泰文文獻的大量翻譯閱讀，計花去了西方學者外加隨後跟進的泰方研究者整整半個世紀時間。寮國的此一部分若不作紮實的補強，則永遠不可能在寮學會議中，看到信心飽滿的學者大論，也等不到學理創見源源出現的一天。

寮學是否能繼泰學之後，成為西方世界性學術的一環，筆者思之悲觀。不過，西方的過度參與掌控，卻也造成了泰學本土化的弱勢宿命。寮國因西方對她的興趣仍貧，所以，本國內部即使缺乏學術的發展場域，本土學者的弱勢性也還不甚明顯。在後工業與後現代的今日，對「學術」界定、存在、價值、及貢獻的認知，實仍在工業化完好和現代化成熟的歐美外加日本等泛西方國家手上。倘若，「泛西方」一直說，「寮國沒學術」或者「寮學根本不是學問」，那麼，再多幾個會議，也是枉然。畢竟，它有由強勢主導之「科學」證據的支持（例如，指出寮學會議文章寫的太差），所以少人會懷疑反思。寮國自古多難，面對泰人「兄弟」，卻一直敗到今天。泰人不曾同情過寮人，現在泰國商業與資本主義傾銷至寮國，大量泰國商品控制寮國人的日常生活，語言文字電視電影表演娛樂更無不積極滲透影響。寮人何去？即使有會議，在議場上也傾吐有限，因為，連掛上學術之名，泰學西學也直接予以忽略。不過，這就是今日寮國。辦寮學會議當然有國族主義的內在動機，但終究邁進不易，目前仍是止水。反而泰人利用泰學會議的舉辦傳統，大加自我肯定，它是國際化的象徵，也是皇家與人民共同在世界舞台上的驕傲（雖然，如前所述，泰人學者對西方泰學注腳有餘，卻扭轉不來成就本土的泰人泰學）。寮學正起步，它的壓力來自客觀環境的缺陷，以及因魅力不足而少掉了學術市場。但「沒學術」反而是一種「獨立」的存在，至少「寮學」並不是由西方人以翻製「泰學」手段來加以定義的。

泰寮「兄弟」一場，景況如此，要比一比嗎？臺灣與中國也是「兄弟」，他們的關係史如何，是個大題目，看官若有意，從我的泰寮論述，定可尋得振書分析的靈感。

——本文原刊於《臺灣日報》二〇〇五年十月四日。

東南亞歷史、族群與文化

「東南亞」(Southeast Asia) 一稱今日已約定俗成。與其所指意涵多有重疊的華文詞彙有南洋、中南半島、馬來群島等，英文則有Monsoon Asia（季風亞洲）、Indo-China（印度支那）、Golden Peninsula（黃金半島）等。歷史上，大陸東南亞（或稱半島東南亞；今有越南、柬埔寨、泰國、寮國、緬甸〔緬馬〕等國，及馬來西亞西半部）和島嶼東南亞（或稱海洋東南亞；今有菲律賓、印尼、新加坡、汶萊、東帝汶等國，及馬來西亞東半部）長期受到主要來自北方和西方各種文明傳播的深刻影響，奠下了該地區今天政治、經濟、社會及文化生活面貌的基礎。不過，欲知東南亞，若僅見到大文明的門面，恐怕只能半解而已。我們應自遠在大文明進入，以及當代國家形成之前，即已存在的語言和文化談起。

大陸東南亞傳統上包括有泰（暹羅泰、寮撣、蘭那泰〔Lanna Tai〕、泰泐〔Tai Lue〕、紅泰〔Tai Daeng〕、黑泰〔Tai Dam〕等族系）、南亞（高棉與孟）、藏緬（緬、Kachin、Chin、甲良、傈僳、阿佧、拉祜等族系）、越芒 (Viet-Muong)（越族）、苗瑤（Hmong與Iu Mien）、南島（Cham、馬來）等語族。島嶼東南亞則幾乎全數為南島語族範圍。南中國漢人人口勢力五百年來的南遷，帶入了諸如福建、潮州、客家、詔安、台山、甚至雲南等地方言。西方殖民的結果，再引進英（如菲律賓）、法（如越南）、荷（如印尼）等語言。現在的東南亞語言現況，即是土著加上漢語再加西方的景象（按：日本大東亞共榮圈時期，曾短暫佔領東南亞各地，惟其語言方面的影響有限）。

上段的「加上」，至少有三層意義：其一，外來語單詞納入土著語（如潮州話納入泰語）；其二，外來語與主要土著語併置競爭（如菲律賓呂宋及外圍島嶼的英語和 Tagalog）；其三，多種語言和諧並存（如新加坡的華、英、馬來及印度語同在）。語言族類是一個重要學術學理分析現象，但它與人類學的族裔群體（ethnic group，簡稱族群）並不一定直接對應。例如，同為藏緬語族的傈僳和甲良，彼此歷史演進、建置、變遷等過程不同，因而各自分立，完全沒有共祖意識，在人類學界定下，他們就是兩個獨立的族群。又，南島語族廣佈太平洋及部分印度洋地區，它包含了彼此無法溝通的千餘種語支、語群或方言。而千百個族群就在穿越這些語言的社會文化演進作用中形成、發展。東南亞族群的多元複雜，名聞學界。為何會有如此複雜的族群現象？過去將近半個世紀間，論述積累豐沛，引人入勝。主張大批人口遷動，一族壓一族之說者的證據之一，即是南亞語族之 Khmer 與 Mon（孟）兩支，被後到之泰語系從中切斷，以致造成今日東埔寨的高棉人 (Khmer/Cambodians) 與緬甸境內之 Mon 人的分離。不過，部分評論者指出，東南亞應是以在地演化的模式為主，而非一族沖走另一族的情形。最著名之例為緬甸北部高地的 Kachin 人，依情境之需，可將己之社會形貌轉為低地 Shan（撣）人樣態。泰語系 Shan 人並未擠壓迫遷藏緬語系的 Kachin，反而是互動演化結果，造成

Kachin 人特定族群存在模式。

生態適應的檢視與在地演化論相若。南越鄉民因適應湄公河環境而與祖源地的北越人生活形式日漸歧異。另外，馬來西亞行山田燒墾之 Senoi 人和行狩獵採集之 Semang 人，具有共同的祖先，後因生業型態不同而逕分兩族。有的學者認為，族群文化只是結構關係的外表顯現而已，關係改變了，外表顯現樣貌也會更動。例如，菲律賓 Ilogots 人與外族之界域維持，係基於對彼此階序與社會結構位置的認知上。Ilogots 內部的傳統文化內容，似乎不是與他族分際的依據。

從文化史角度視之，可以揭示或看到一些較細膩的問題。事實上，東南亞的確留有大量具邦國規模之勢力，向採獵耨耕群體進逼的歷史記錄。土著不斷與移入者對話、對抗、或調合。有的族群如菲律賓 Mandaya 人，因身體紋飾去不掉，成了類種族標誌，所以永無機會如 Kachin 轉置 Shan（Mon 轉成 Tai 的情形類似）一般，有朝一日可變為低地的菲人。非馬來血統的馬來西亞住民，可經由改宗伊斯蘭而變成像馬來人。然而，政府規定唯有父母均為血統馬來者，才有權買賣馬來人地區之土地，造成馬來與非馬來繼續區隔。在印尼的例子上，愈與外在統治者關係密切，甚至對後者深度依賴，其族群位階愈高。反之，認同與文化皆相當獨立者，如 Orang Laut，其位階卻相當低落。在寮國，政府曾一度將境內長住之華人、泰人、柬人及越人等，界定為是「外國人士」，另以山頂、高地、及低地為名，三分本國居民（Lao

Theung／山頂寮人，Lao Soung／高地寮人，Lao Loum／低地寮人）。自特定地點區域範疇仔細觀察，方能發覺各地獨有狀況。族群多樣，有演化，有適應，有遷移，更有在地社會文化史要素牽引。東南亞的人群識得，大致循上可知。

不過，語言雖複雜，族群即使眾多，東南亞地區仍有多數共享的古老傳統。大約四千年前，稻米家生種植普及，本土的宗教信仰同時孕生，今天的東南亞人多認為稻米具有靈性，有如人一般的生命力。因與母親的生產養育屬性類同，人們更將稻米與女神連上等號。其它如薩滿信仰、龍船、火箭祈雨、及犧牲祭祀等，均是大文明未抵達之前的代表性傳統文化特徵。土著傳統根生仍深，佛教、伊斯蘭、天主基督教外衣下，前者千年維生，代代不遺忘。

中國王朝對今越南之興趣始終濃厚，自公元前一百年西漢時期，已在越北設立郡縣。之後五代十國的南漢和明代，曾二度將越南納入版圖，行直接統治。越南原無文字，士大夫階層習漢文，政府設科舉，完全仿照中國。儒家與大乘佛教影響越南文化至深，其中，祖先崇拜一項尤為明顯。不過，南越同時亦與南傳佛教和山地部落泛靈信仰多所接觸。公元第四至第八世紀，印度文明已遍布廣大東南亞，族群領袖漸從原來之「勇武之士」轉成「具神（佛）性的人」。今柬埔寨的 Angkor（吳哥窟）和緬甸的 Pogan（蒲甘），是為印度教或佛教王國的兩大典例。Angkor 的國王把自己和 Siva 神合一，以男性生殖器為代表，首都即是眾神的供奉地。每一國王的生命週期，是為代表大宇宙的人間小宇宙。

到了十三至十五世紀，今緬、泰、寮、柬佛教僧侶建立了正統的南傳佛教體系，他們的成功，係建立於傳統土著相信自己的行動積累，是為祖先傳承之外的重要道德能量獲致辦法，因此，佛教的業 (Karma) 與功德 (merit) 觀念，剛好與之搭配得宜。緬、泰、寮、柬南傳佛教的普遍化，使之與安南山脈東面接受漢化的越南愈形差異。而本為印度教之 Cham 人、以及馬來半島、印尼各地，則慢慢改採伊斯蘭教信仰。此外，受到低地文字文明的衝擊，山地族群普遍有失書 (lost book) 的傳說。例如 Kachin 人相信祖先本有文字，當時中國人和西方人用紙寫字，但 Kachin 人卻以羊皮寫書，被後輩不知情的族人吃掉，從此就忘卻了文字。不過，有的族群如 Iu Mien（即瑤人）則設有專業知識份子，專門讀寫漢文道教經典，形成獨特的文字文化傳統。

印度文化（包括印度教與佛教）引入「神性」的思維後，相較於傳統上只認可「勇武之士」的理念，應更易生成大型國家的政治設計。的確，在爪哇沿海、峇里島、以及大陸東南亞各地，均有比部落、酋邦 (chiefdom) 或城市商國 (city-trading-state) 更大型的國家，如 Angkor、Pagan、Lan Xang（今寮國北部）、Siam（今泰國）、Lanna（今泰北清邁）等的出現，但，相較於中國超大型帝國，這些東南亞的印度文化國家仍是迷妳。印度化了的神性國家，多以「劇場國家」形質，展示演員（王室成員）、導演（宗教人士）、配角、舞台工作人員及觀眾（一般鄉民）間的位階與關係。統治者憑藉劇院般的藝術，以「慶典主義」(ceremonialism)

推動國政。這些神王國度並非靠行政技術來管理地方與人民。問題是，誰應是神王或佛王呢？輪迴理論容易成為叛變的藉口，政治不穩，國力疆域自然難以擴張。

除此之外，在廣大東南亞區域，只有大陸地區的山地部落，和海洋地區的 Sumatra（蘇門答臘），與印尼東部少部分社會，行單系繼嗣制度 (unilineal descent system)，其餘皆為父母雙方同位之雙邊親屬制度 (bilateral kinship system)。雙邊制度係因生態適應上，不論是山田燒墾或水稻耕作，在人口匱乏和田地狹小限制下，男女均必須共同參與生計活動，女性親族因此可能住在一起，從妻居或母系繼嗣繼承，出現機率高。而性別勞力分工若果平衡，雙邊的社會制度則易形成。雙邊造成繼承不確定，再加上神王／佛王代代或國國相爭，一統性大帝國自然不易建成。

進入現代之後，國族—國家 (nation-state) 在西方殖民母國逐一撤退後，紛紛成立。獨立的印尼、菲律賓、甚至緬甸，均以殖民領地為據，新建國家。然而，對大部分被納入新國家的地區族群而言，這是一從未有過的經驗。他們不明白為何要被另一毫無關係的族群或地方勢力團體統治，因此，就極力反抗之。比較典型的例子有印尼的亞齊和幾年前獨立的東帝汶、緬甸的甲良族人，以及菲律賓南部 Mindanao 信仰伊斯蘭的 Moro 人等。共產主義進入此區，至少成功地建立了越南、寮國及高棉／Kampucha 等政權，更相當程度威脅到印尼、菲律賓、甚至泰國的共和或立憲君主政體。一九六〇至七〇年代的印度支那半島戰爭，造成大量難民，流離失所之餘，文化隨之傳播，族群亦越洋美國、加拿大、法國、澳洲而居。九〇年代之後，情勢較為穩定，各國戮力經濟發展，不論是資本主義還是社會主義國家，其都市化腳步均相當快速，國際旅遊隨之興旺，生態耗損亦日見嚴重。至二〇〇〇年之際，東南亞全境三分之一人口集中於都市，跨國企業設總部於此，在山林環境的改變及政府強力管控的景況下，各方族群成員為求生計，不得不湧入都市勞動。農村女孩從娼比率增高，城鄉族群和地方社群位階高低顯著，失業、非法居住、交通、暴力問題層出不窮。東南亞正在進步中，她的歷史文化引人入勝，觀光客和學者絡繹不絕。現代化建設帶動繁榮，更是舉世共睹。不過，相對的社會問題、族群關係緊張、以及文化變遷過快的調適失靈等困境，也威脅著人們的前景希望。東南亞或許處在十字路，但其祖先智慧加上子孫努力，應可過關解難。臺灣作為東南亞鄰居好友，一直給予最深切的祝福。

——本文原刊於《菲越泰印東南亞民俗文物展》。2007 戈恩明、巴東、翟振孝主編。頁 36-38。臺北：國立歷史博物館。

進步的證據

一九八〇年代下半葉，有兩次在中國雲南和美國西雅圖的生活經驗，留下特別的衝擊印象。一九八八年春季在滇進行博士論文田野研究的某日，偕妻於昆明市郊購物，看到水果，突生嘗慾，趕快選買了一大批。秤了斤兩，弄懂了雲南腔金錢數字發音，付了帳，即見售販好像已沒事地走向另一客人，那我們的水果還散一地在桌面上啊！不替買者裝袋嗎？詢之，一問三不知，旁人說明後，才恍然瞭解此地沒塑膠袋。只記得當時真的很慘，四週無聲目光一直瞧進，後來好像就是捧金似地漫走回舍，双手酸痺也只得忍。當時的感覺是，「大陸果然落後，臺灣到處袋裝，攤子店家紅白相間小袋很醜，卻真方便」。

西雅圖位在與中國正好兩極相對的「先進」美國，但好像也不怎麼樣。正當臺灣傳真機使用已相當頻繁之時，我在華盛頓大學攻讀學位的期間（1983-1989），竟然學校附近各家銀行、超商都沒傳真號碼，有的服務人員對 fax 一詞，甚至直以大眼呆瞪回之。一般信件和電話兩項傳統通訊方式仍最普遍。包括筆者在內之一心只求快速方便的臺灣學生，即不止一次為此，笑嘆高科技美國人的生活「後進」。

相較下臺灣好似最進步，塑膠大小袋人人無限用，真是好，fax 嗶嗶聲不斷，立即傳訊，更是一大方便。八〇年代景況如此，之後迄今的十數年呢？九〇年代手機大流行，這是在臺灣獲得的印象。然而，來到也是西雅圖，美國西北第一大城，波音和微軟的總部所在，路上走著，絕少看到講手機的人。傳統電話還在通用中。我沒手機，在臺灣被從屏東霧台山區的原住民朋友，和臺北都會區的十九歲大學新鮮人，共同先驚愕再嘲笑。但反過來看，美國人聽到臺灣手機量已超過人口數，中、小學生人人一機，以及火車上、上課中、會議裏、行路間、和麥當勞裏，怪叫 call 聲，不停地此起彼落，也都嚇呆了。沒手機的臺灣人如我，來到手機未濫的西雅圖，「落後」人果真比較適合「落後」地方。

有趣的事還有更多。例如，此次回到華大母校訪問研究一年，行前臺大助理們好心地幫我購裝價格一般的視訊系統，來到美國，竟然沒幾人有之，甚至不知有此號新物者亦不少見。他們仍在傳統信件中往來。尤其是以個人位置為相對等重的美國文化中，規矩簽名的紙本是第一珍貴文件，e-mail 和視訊再先進，著實永遠取代不了提筆寫信的深遠意義。

臺灣電子通訊的溢出所需，實在太多，多少人在新潮設備中玩扯閒話（例如，車廂內的講話，千篇一律，均在報告正在某站，多少時間會抵達何處如何如何），耳語四佈，浪費了難計的資源，卻懶得提筆沈思，寫一些兩人世界摯友惜知的心情文字。感覺上，越是第三世界中下物質所得水平國家，炫麗科技產品如手機、數位相機、視訊器等，越是多人擁有。但就如中國八〇年代電力仍處嚴重不足的民間，卻多以獲有彩視為首要夢想，以及還沒有電視機，就想要錄像機一般，人人只求以形式的擁有，來誇現自己已然是「先進人」了。

美國人八〇年代不知傳真，九〇年代少用手機，到了二〇〇〇年則陌生於視訊。不甚方便，對他們好像沒大影響。生活中多數人仍是傳統簡單，根本不需形式科技來證明自己世界第一。

回到先前的塑膠袋一事。臺灣在科技消費方面，頗類似第三世界國家的「假態進步」，但限用袋子的政策，以及人人漸漸習慣之的日常生活，無疑是超越了不少西方國家。以前中國無袋可裝，我們笑人落後，並慶幸自己袋產豐富，真進步！今臺灣不准製袋以致無袋，卻也新解為先進。差距十數年，變化不可謂不大。現在中國用袋如何，不得而知，但形式科技的追求，卻似不僅比美臺灣，更或為亞洲前矛。只是，西雅圖人依是在「有效塑膠袋回收」（臺灣未經此一階段，即跳升至大角度限／禁用，著實大膽），以及不靠炫技以保能常續親近自己與他人的寧靜日子中，於優質青山綠水，及潔淨市區環境裏，不間斷受到稱羨地過活。

寫於西雅圖餵雞屋　二〇〇三年十月廿五日

——本文原刊於《臺灣日報》二〇〇四年二月十三日。

娛樂統戰

元月份因研究之需，前赴泰國北部清邁清萊兩週。下榻的兩間旅店，房內均能收得中國中央電視台國際頻道的節目。最先兩天工作至晚回來，原只是輕鬆時光隨意轉台，後來發現泰北竟可看到中文播放的節目，決定一瞧內容究竟。

前些日子曾在「非臺北觀點」發表〈磁盤美國〉乙文，述及美國對內對外均有其濡化人民（如以媒體、物質、交通等資源平等共享為主策略）與同化世界（如以博物館、圖書館、大學等學術資訊文化資源開放共享為媒介）的妙方。如今，看到中國製作的國際節目，冷不防發現，凡以中文發音者，也同樣具在東亞世界濡化中國人民，以及同化海外華人尤其是臺灣的內在指導原則。

有一節目名為「海峽兩岸」，其片頭宣稱播出目的為「反映兩岸民意」，然報導的主題，卻多是臺灣人民如購物、遊玩、習俗等的風花雪月諸事。政治經濟教育及多樣性社會運動等等臺灣發展前景的關鍵議題，則一概闕如。節目中的臺灣，被化約成有如中國各省地方人民日常活動一般，直接抹去了她主體存在事實的面向。每隔幾天更換的專題，則多是臺灣某一風習與大陸特定民俗的比較，而最終答案均是「兩邊很像」。一回，播出臺灣「高山族」泰雅人和海南島黎族過年的景象，記者說明加上專家解釋，結果當然是兩族人「真是太像了！」

雖然，其粗糙的文化特質比較，根本不值專業人類學者一駁，但電視影像直接傳輸，觀眾腦筋鈍拙，天天在說這個和那個「很像」，久之，兩岸果真難捨難分，此時，雙方不屬同宗同文化繼而理更應同屬一國才怪了！

另一節目是較大製作的連續劇「江山」。故事述及解放前後，人民解放軍愛民愛鄉，忍受飢寒，照顧地方的大愛澤被。主題曲詞有一段——「老百姓是天，老百姓是地；老百姓是山，老百姓是水；老百姓是共產黨永遠的牽掛，……」。二十一世紀當下，聽到這歌，大抵應是臉紅肉麻不知所以然才是。但中國就是敢拍敢唱敢播映。劇中，共產黨員個個剛正不二，犧牲奉獻，而國民黨一方則心邪不正，背叛人民，天天只在等「國際奧援」（當然是直接嘲諷臺灣）。誰看這種節目呢？也許中國自己的觀眾，也或許境外華人多少有人欣賞。但已然製作演出，是一事實，它再三確認了中共擁有江山的合理合法性，更企使共產黨成為跨越世紀招撫那日夜飽受併吞威脅而生活焦慮不安的臺灣人救世菩薩。總之，該劇真是研究中國新統戰技術的上等材料。

元月下旬時值春節，央視國際頻道連著幾天，特製兩岸藝人賀年節目。不少熟詳的臺灣演員歌手，出現北京天津香港臺北。大家都說了一些吉利的話。除了此番又是一次風花雪月的臺灣形象之外，幕前中臺兩方人士講話用詞有一大不同。簡單地說，就是臺方盡見「我們中國人如何如何」之語，而中方則均以「海內外華人」通稱。中華人民共和國是國際認可的中國，臺灣人說「我們中國人」，等於直接將自己送入對方口袋。而臺灣自己常年來堅用「中華」，現在對岸的密集「華人」概念現身，亦同樣不費吹灰，不僅新加坡（按：新加坡人從不說自己為中國人，但接受其血統為華人）和世界各地「華僑」，包括臺灣的「中華」，通通被無條件納入。想像中的大一統，八成就是如此。國際頻道全面將臺灣「風花雪月化」，更在不覺中，意淫了臺灣。節目的製播，事實上就是假設中國現在已然統一啦！而一切螢光閃耀後的結語自然是，臺灣唯一之路，就是向共產黨的中國認同，以成就「江山」的完整。

娛樂統戰光鮮華麗，溫和多情，看出了它的險陰目的，直讓在熱熱泰國的臺灣人類學家，不由得滴出了些許冷汗！

寫於西雅圖餵雞屋二〇〇四年二月八日 11:06 pm

——本文原刊於《臺灣日報》二〇〇四年二月廿七日。

附「上」攀「下」：誰的學術操作高明？

最近流行「中國崛起」的話題，也有「韓流」正興的心得。二千年來，中國多次起落，現在所謂「崛起」，根本不是新鮮事。至於韓國，這個夾在中日俄三大國度之間的半島國家，終在不起眼歲月中掙得目光。但「韓流」絕不止是影視戲劇，「韓國崛起」才是新奇現象。從表演、經濟到學術，該國刻正積極展現驕傲，企圖雄偉，令人印象深刻。

筆者日前至柬埔寨金邊參加第三屆「東南亞文化價值：促進共同社群的精神」國際會議。現場看到制服整齊，英語流利韓國青年穿梭服務，方知活動由「韓國高等研究基金會」贊助指導。續問下去，又知該會在馬來西亞、越南、緬甸、柬埔寨、中國、寮國、泰國、蒙古、菲律賓、印尼等國，支持成立「亞洲研究中心」，各中心全數附於該國最高研究機構或學府內。

基金會設立已數十年，原本只獎助韓國學生出國留學，七年前才開始於外國設「亞洲研究中心」。由於經費給予充裕，受惠國因此無不高度重視。四年前，基金會另支持辦理一年一度的國際會議，今年是為第三屆會議兼第五屆各國研究中心主任論壇。開會時，國際會議與論壇分開，寫文章學者參與前者，主任們則聚會論壇，交換工作心得。臺灣未設研究中心，筆者的參與，完全係「柬埔寨皇家學院」主任秘書私人友誼邀約，以致行程中略有突兀之感。

韓國基金會人員告訴筆者，日本、新加坡、臺灣、香港等已是富裕進步，因此，不在他們協助之列。活動全程，柬國兩位副首相分別主持開閉幕式，中國則來了多位大學校長、副校長和學院院長。來賓們在臺上無不表達對韓國的感謝之意。「韓國崛起」果然貨真價實。

日本豐田基金會有類似的學術援外工作項目。他們支持臺灣、韓國研究殖民時期歷史，同時鼓勵東南亞國家申請研究計畫。在日本眼中，所有亞洲國家都是「後進」，需要幫助，他們也慷慨行之。韓國則認為，除卻與其同等「先進」的日、新、港、臺等地，餘均有賴扶持成長。日韓兩國經濟發達之後，民間社會即與主導亞洲學術之舉，大力推銷國家貢獻，招數高明。

臺灣「蔣經國基金會」世界人文社會學界聞名，然而，它的服務功能卻大異於前述韓、日基金會。蔣基會的對象不是「後進」。它專門提供「先進」國家著名大學研究經費，因此，英美頂尖學府都曾獲益。蔣基會一「攀」就是最高學術層位。然而，二十年過去了，臺灣本土學術有否藉此帶動提升？當我們「附上」之餘，可曾想過「攀下」亞洲四鄰，也許更為實在？

臺灣各主要研究型大學，多在設法與歐美日本名校建立姊妹關係，這是與蔣基會「附上」理念同樣的作法。東南亞「後進」各國最高學府如越南的越南國立大學、柬埔寨的皇家金邊大學、及寮國的寮國國立大學等，不在世界名校之林，自然不獲青睞。然而，韓國卻看得到他們，主動送金，禮到人來，國家名望不提高也難。

「濟弱扶傾」人人上口，但臺灣的民間財團與學術界卻似乎以為，支援經濟不甚理想國家的學術發展，與其無關。筆者的金邊經驗，發現了半島國家成功的學術俠情故事。他們因「攀下」而倍受敬重。臺灣忙著「附上」多年，人文社會學門不少領域卻仍在世界學術邊緣遊走。到底誰會操作學術？妳（你）來判斷。

——本文原以〈韓國崛起模式〉為題，刊於《自由時報》二〇〇七年十二月廿二日。

《大馬馬大兩月心情流水》結章

平時並無寫日記習慣，但，工作所需，一年之中，總有幾月身在研究現場，那些時日，就必須天天記，夜夜謄，錄下文化訊息。於是，手邊田野日記堆如小山。此次應邀至馬來亞大學文明對話中心訪問兩個月，十一月一日報到至今，已近尾聲。泰寮社會文化是我研究領域，時時光臨，田野充實，論著不斷。因此，「東南亞專家」頭銜，不慚戴上多年。然而，就在泰國下方的馬來西亞，卻是老在動機之外。換句話說，一名東南亞專家，從未思及造訪馬國，竟還可信心滿滿，縱橫學界。當下想及，果然古怪。馬大訪問，機會偶然，反正，就這樣茫茫來到。完全陌生，既非觀光，又不是田野，不知從何下手安排生活，那麼，不如寫寫日記，調適自己。它不同田野筆記，因為吉隆坡不在我研究國度名單內，當然也非延續性的記事慣習。總之，一項新經驗啟動了。幾乎未經考慮，日記標題就稱為「大馬馬大兩月心情流水」。「心情」代表我可能的觀察所得，「流水」則想像日記大概應是一番暢快實錄。即將離去，翻翻這兩月，已有二萬字累積。再看幾回，猛然飄出陣陣「不是田野地的田野日記」味道。裏頭，我雖是一名不具人類學目的的單純文化學習者，無形中，卻也悄悄地補填了些許東南亞專家忘卻多時的缺角。

「忘卻馬來西亞的東南亞專家」，當然是一項諷刺。因此，不少朋友就好奇，教授急切新加入的兩月心情，到底是什麼!?馬大和臺大一般，這幾年猛衝世界排名，大家爭相設法加添國際優質學術期刊的出版數量，壓力可見。而如我這款學者，八個星期間，臺北原有職責照負，隆市（吉隆坡簡稱）新務亦要全面協助。換句話說，整天就是寫寫寫。瞭解了景況，當然戮力以赴。但，安心環境是為研究產出第一步，這點基本上馬大的服務有所欠缺。大學校車發車不定，國際宿舍與校園間來回一趟，常常需要六十至七十分鐘等車。因此，整日就在苦惱「今天不知又要候車多久」。這些時間若能省下，不安心情得以撫平，絕對就是大學效能高超的重要表徵，產值方可期待。大學躍升，效率是指標。車班不是小事，是大事！畢竟，它能進步，樣樣也必在起飛。

剛剛是馬大，現在是大馬，同樣是行的問題，也是心境七上八下的狀況。那就是，我如何進城，又如何返家!?國都公共交通，每每問及，人人搖頭苦笑，然後就全力阻止我搭乘，因為，會等到爆（氣頭公車），坐到痲（特慢火車），轉到昏（斷連捷運）。報上刊登政府決心整頓公共交通，聞者莫不大笑，「沒人相信，因為同樣宣示，定期會出現」。於是，德士(taxi)如何？週末經常等沒車，回程又到處漫天開價。我曾坐過，上了車，開出，沒見按表，立即要求，不從，人就被丟路邊。也有偕友叫車，車連車，全不跳表，硬是不乘，只好盲茫走著，許久，才攔到正常一部。更有一回，駕駛刻意把帽子蓋在計表上，抵達，掀帽一瞧，車資嚇人，幾乎是平常給付的三倍，怎麼回事啊？所以，想到出門，必是怕怕，擔心交通工具難有著落，更苦惱老是開口倍數價錢。除此之外，過馬路，少有行人專用規劃，都是任憑本事。即使不過馬路，就往前走，往往紅磚道不知怎的，突然不見，下一段路還真是走投無路。

作為大學成員，日日焦慮於去回交通，心不靜，文難成。作為一般居民，天天惶恐於出外回門困難重重，心不寧，家難安。「出門就好煩！」交通服務完善與否，涉及到對人、人權、人本、人身的充分認知與百分百尊重的境況。倘若國家盡是無路可走的人，無車可搭的人，或者，有路路斷，有車車驕，那麼，高聳摩天廈林立，意義在哪兒？樓塔商屋不是文明代表，人的生活安適，行路靜心，才是準繩。

我曾於公開演講，盛讚大馬隆市的綠，全亞洲第一。而單就信仰文化極端歧異各種族間的和平共處「奇蹟」一事，更應將諾貝爾和平獎頒給馬來西亞全體國民。置身馬大大馬，不多時，我就看到優質種種。返臺之後，宣揚它們，就成義務。人類學田野，學習文化為要。誠如首段所言，來馬國並不為開發一新民族誌題目，但，自然而然，職業性促動，也來個類似參與觀察筆記。回顧二萬流水心情，喜於所學甚豐之餘，順道摘錄批判建言如上。東南亞專家熱愛每一區域國度，大馬是新夥伴。文章寫出此地整體「路況」的不盡如意，不僅僅是我個人經歷牢騷，更是一種祝福好友健康明朗的期盼。臺灣也曾人本不彰，此一範疇的變革最難，但，多少人辛苦努力，這些年，總算有了起色。彼此共勉。

再會！馬來西亞！

寫於馬來西亞大學國際學者招待所二〇一〇年元月一日

輯二

歷史觀

迴向歷史

一九八八年至雲南進行博士論文田野研究，有一段時間在昆明，常與在地友人閒談中國情況。一次同看電視，節目是一部五〇年代的美國電影，大家津津有味，我則哈欠連連。朋友表示，政府已指示電視台準備二百多部美片，週週放映，以期使甫自封閉開放不久的民眾，能慢慢認識資本主義美國。中國與美國由敵變友，前者政府以老片加餵同志們餐後休閒，八成是不想讓人民看七、八〇年代後者公民與其政府激烈對話（如反戰、婦權、原住民運動、黑人民族主義、性自由、同性戀合法、及媒體批判文化等）的現狀景況，以免大眾習之仿之。舊片美國，規規矩矩，安詳守禮，看了無礙，順便證明中國與這樣的國家修好是正確的。當時我的感覺是，拿這些唬人，與現代事實太遙遠，不真確且無聊。

數月之後，回到了就讀學校所在的西雅圖，轉開電視，竟發現了以前未曾注意的事。那就是，老電影、老電視單元劇、及老家庭咸宜幽默劇場等，也在美國的不同頻道中上演。自問，中國民智未開，因此，老舊的外國動畫圖像，大家爭看，並不足怪，但先進的美國，播這些黑白不時髦的做什麼？找不到解答，一拖至今。

今夏（二〇〇三）有位去年於美國甫獲學位的學生告知，電視上還不斷在播映舊電影戲劇，九月重返西雅圖華盛頓大學母校訪問，果然印證。至此，我才驚覺一九五〇、一九八〇、二〇〇〇年、乃至之後，各時段正被這些古舊老片扣連，進而形成一個縱深源長的美國歷史文化。重演老片，絕不是偶然，它代表美國傳統價值的不斷被再認定，也反映了老少觀眾國人的同心認同（再放大來看，莎士比亞戲劇千百遍的排演，貝多芬與柴可夫斯基音樂的永遠悅聽，也是泛西方文化大認同的表徵之一）。

傳統中國漢人地方戲曲劇目表演形式，基本上也是幾個主要故事如陳三五娘、三國演義、陳世美與王寶釧、樊梨花大戰薛丁山、目蓮救母、梁山伯與祝英台等等不斷重複。同一劇碼從小女孩由老祖母帶著看，一直到自己成了老祖母帶著小孫女看，每一文化承載者，熟稔情節，也在等待早早預知的下一回。觀戲中，人人默契地體認到自己的社會位置，也瞭解了應對進退之道。故事告訴了觀眾個人本份應知足，就在此刻，文化正靠著表演，深浸地進行濡化傳遞。

迴向歷史，從前又現，領人入古，再抓回現實，今昔合一，文化得以延續，精神不會斷裂。美國科技再躍神奇，仍需露西、會說話的白馬、小亨利、及女巫仙女珊曼莎與金妮，輕撫受天天急速變遷衝擊的返家後落空心靈。五十年來看了百次，還是笑呵呵，只是童稚已成鶴顏罷了。不必替美國擔心，只要老片不斷，五十顆旗星準是萬眾一心。也不必笑中國播舊片怕新片，人家有適時策略考量，更何況剛好弄巧傳輸對了美國古典真精神。臺灣自己呢？真土著的原住民樂舞，及「土著化」之後的歌仔戲、布袋戲、及其它如南北管、客家大戲等，有在生活中延續嗎？臺灣從中國脫出了，然地方戲曲是否經再造，以成一終年演出，人人想永續觀看的新傳統？看看今天電視節目內容，就知答案是否定的。現在是朝生暮死的娛樂世界，幾乎全盤缺乏舊新連結之，古今同趣的民間藝術展演。臺灣文化是什麼，顯然還在摸索。有天，但見特定戲劇內容常常播，二十年前看，今日也想看；妳（你）我都知它，卻仍舊要看，那才是延續不墜的文化，民族之心也方能據之定根。因為，至此，大家可謂共有一套「文化史觀」，而相對接受了眾人的「它」，當然也很喜歡不斷回頭來與妳（你）溫存。

寫於西雅圖餵雞屋　二〇〇三年十月廿三日 2:20 pm

——本文原刊於《臺灣日報》二〇〇四年五月三日。

非移民國家倫理

歷史學家和社會科學家喜歡討論特定國家的社會屬性。其中常無加思索即被置入移民國家的典型者，一是美國，二是臺灣。既是「無加思索」，就已然成為普通常識，一般大眾往往直接接受，進而在談話文字間使用之。

在美國，很容易聽聞從華裔人士口中說出，「美國是移民社會，大家都是外來的，每個人都在付出努力……」之類的話。講這話的目的，多半為突顯自我非在地人口的位階，同時淡化盎格魯．薩克森和西歐族裔（或也包括非裔黑人）的在地根生價值。換句話說，北美大陸原不是誰的，除了極少數印地安原住民之外，所有人都一樣，全係後來移入，都應背負「移民」的終身屬性。如此，新移來者自然能合理地不斷湧進移民國家，而早先的白人國家奠基者及其承繼人，更無理由獨享功勞，你是移民，我華裔新進者也是移民，美國今天的強大，實為大家同等貢獻之果。只是，這一說只是永具不安定心靈之華裔移民的自詮理論，它隔閡了認識英國西歐裔和非洲黑人族系根已深化這片大地幾多世代的機制，更無從瞭解美國認同(American identity)在平等、民主、自由、共和、人權等五大範疇上的真諦。華裔因此不僅永遠是移民，他也定位人家為移民。只是對方早已脫離移民意識成了「美國人」，那些植不出根者，只好邊角旁站繼續喊「移民國家」。

在臺灣，也不乏界定自我為移民社會的論述。自客觀歷史角度視之，除了佔人口百分之三的南島語系原住民之外，其餘人口全係移民。然而，移民只是過程，而過程事實並不能一直壓蓋現況當事人的感知事實。臺灣人對自己的感知事實就是——我是臺灣人，臺灣是我的家，我的母國在臺灣。發展出這份感知，自然有其歷史脈絡，它是什麼，亟待專家探究，重要的是，大額比例的臺灣住民已然生根，對福建漳泉無感，只求生命與臺灣連身。此時，移民飄遠，個體歸屬明確，家庭、族群、土地、國家均在這裏，歷史學者和社會科學家需要解釋的，就是在這裏的臺灣人，而不是還在移來移去的移不止者。

美國人有堅強的美國與美國人認同，過往的移民背景已不具意義。因此，進不了狀況的分析者，動輒以「移民社會」書寫美國，此些人終將距離美國遙遠（尤其以部分居美華裔中上層人士為最）。同樣地，臺灣人有愈來愈具象的臺灣與臺灣人認同，移民即使史上歷歷，也已雲煙。淺薄學論和站在舊中國與新臺灣間徬徨失措，甚至惱羞恨滿天的人，依舊以「移民社會」來讓臺灣的存在不真實。他們的真實在中國，移民臺灣只是短暫，根不能此地生出，否則就叛祖逆宗。眼見根生新臺灣國家勢愈明朗，移民論及其副產臺灣非祖家說者的恐慌就愈激進。

北美的移民國家論，反映了新亞裔移民（尤其是華裔）的嫉、恐、或反黑白雙裔根生情結。畢竟生了根，就會忘卻移民過往，自此深愛土地，認同國家，繼而對「外來移民」防備有加，華裔中產人士見之自然緊張。臺灣的移民社會論，直接阻撓了人民對母土情愫的滋長，以致認同不敢表達，國家明明在身旁，卻時會拒之里外。基本上，臺美兩地的移民國家（社會）論者，都缺乏對「非移民社會倫理」觀察的視野。美國之所以強大富庶，非移民社會倫理——即堅護立國精神，崇尚五大人權社會理想，居功厥偉。而臺灣歷經折難，非移民國家倫理已日益成熟，依本人之見，唯有她，方能讓島國站出，光明正大。

寫於西雅圖餵雞屋　二〇〇四年五月十四日 2:30 pm

——本文原刊於《臺灣日報》二〇〇四年六月九日。

「漢族，中國」巨大症

「中國」是一個簡明的名詞，人人自然地將之脫口使用於生活中，但若欲嚴肅地規範它，不論從歷史上、地理上、文化上、政治上、及人群結構上，都可能引起無休止的爭論。從學術的立場，或許可以處理這些爭論的因果關係，但若向以學術結論，去指導出一個科學性的「中國」，恐怕這個「中國」也只能留滯在意識型態層面的虛空中。畢竟，實際進行社會生活的民眾，並無暇去理會理論，因為，他們的中國理解，就在日常生活當中。

不過，無論如何，對中國政權控有者而言，中國並不複雜，中國就是他們強力統治的一個單純範圍。這個範圍的人、事、地均屬中國，其中最重要的「人」，自然就全都是中國人。這些被指定為「中國人」的人，只要住在政權轄區一天，就不可能有權利和機會去選擇不作「中國人」。

國家主導社會化

從黑龍江中游赫哲族、蒙古草原的蒙古族、天山南北麓的伊斯蘭各族、西藏高原的博巴人與康巴人（今合稱為藏族）、四川涼山的諾蘇人（今稱彝族）、雲南西雙版納的傣泐人（今被歸為傣族的一支）、貴州各地的Hmong（今被統稱為苗），到海南島山區的黎族，即使有許多社區幾乎很少或根本不使用漢語或普通話，生活方式也大不同於生活在中國本部的中國人，他們也會在無休止之強力宣傳與教育的「國家主導社會化」過程中，知道自己是「中國人」。

不過，雖中國政權對如此龐大的中國人，似乎相當地引以為傲，然諷刺的是，她卻也同時對他們疑心重重。這個疑心病在中國本部之中國人的範圍內，所表現出來者，即是擔心有些成員可能不那麼熱心地支持政府；反之，在不同於中國本部之生活形態奇特的中國人範圍內，則是對他們是否真的願意被漢族領導或統治，感到焦慮。雖然兩個範圍的事實，都是一種力量關係的作用，但對政權而言，後者這群拙於使用漢語或普通話的中國人，或才是他們真正心中永遠的痛。因為，這群人有可能在某種情境下，否定自己與中國的關係，而中國本部的居民，卻幾乎不可能這麼做。

自中國地區有國家政體形成以來，幾乎沒有一個曾經存在過的政權，所統治的人民是單一性或同質性者。換句話說，多族群或多文化同存，並接受一統指揮管理系統的經驗，對中國地區數千年來的居民並不陌生。但是，豐富的經驗，並不就代表大家因此認同或欣賞多族群或多文化的同存，也不就反映中國人懂得如何處理多族群社會中的人際關係。本來中國地區的居民有機會在歷練中，習得一套有效（亦即，使衝突的產生降至最低）且合人性的（即不用強制性或壓迫性的）策略，來安排自己所處之多族群或多文化的世界。但這個機會很可惜地似乎已在歷史過程中讓它失去了。由於漢族與非漢族的傳統族群關係模式，並不令人欣賞，所以，在今天全球性族群問題的討論議題中，就絕少有人會拿中國的例子，來作為讓大家觀摩學習的典範（除了中國自己關起門來誇耀自己的民族政策之外）。

自己愈來愈偉大？

中國的例子，事實上相當令人感興趣。她有全世界最多樣性的人種、文化、語言、及自我認同的群體存在；同時，這個東亞世界的主體族群——漢族，更是全世界最龐大的人群集合體。我們前面提到，中國地區的居民，在歷史過程中，錯失了一個習得良好族群相處方法的機會，其中最主要因素，事實上就是漢族的巨大症所致。漢族的無限制充氣，痲痺了可能生成的族群對等觀念，也隨時威脅族群互動中的互惠關係，更幾乎完全失去謙虛、欣賞、及尊重的道德能力。

漢族的巨大症，今天仍在迅速發展，沒有人能預測它的極限，也無人能推斷她的充氣，將造成居處皮漲邊緣之拙於漢語的中國人多少壓迫。不過，在從今算起的過去歷史中，其實已告訴了我們許許多多類似的故事。這些故事有血有淚，有冤有怨，它們的積累，代代傳下。

漢族與非漢族各自將雙方的故事，塑模成一套套內在系統，再存在於潛意識的儲庫裏。巨大症的中國人患者，必須要時時凸顯弱小一方的存在，以期強化自己偉大的特質。恐懼巨大症的中國人，面對無法脫離的巨大症壓力，十幾個世紀以來，也發展出各式各樣的對應策略，有文有武，有服有抗，一直到今天。

在〈地球村〉這個專題漢族與非漢族政治關係系列中，我們將以個案的方式，在中國的天南地北，記述一幕幕的故事，其間或論整體族群的動態，或專談一位族群領袖的生命歷程，或以依家庭的生活經驗為背景，或講述戰爭與逃離，或從婚喪神話習俗透視問題。人類學的族群關係理論或多或少會於適當時候，轉介讀者，以幫助瞭解關係形成與發展的本質。

我們的這項嘗試將有別於一般以風情秘境，奇俗異景，或歌舞常樂的探險家或幻想家心態，來定位非漢族。非漢族基本上是一個個不認為自己與漢族為同胞的獨立人群單位。它們之不認漢族為同胞，有其自然的道理。所謂「自然」，就是正常的意思，在正常的生活中，就這麼自自然然地生成如此結果。我們尊重這個結果，也將以這些事實為基礎，在日後的一篇篇專論中，讓讀者把握住這些非漢族群，在巨大症中國政權與漢族中國人的環伺中，所透露出的豐富血肉感情。

——本文原刊於《自立早報》一九九二年四月十九日。

族群歷史的機械化建構——中國同胞滿天下？

在一個轄有多樣族群或文化群體的國家之中，如何合理化自身的政權控制資格，往往是統治者必須耗費大量能量去追求或維繫的。政權最緊要的工作，就是建立一套國家一體的理論或象徵系統。這套系統的有效運作與否，關係到各族群或文化群體的「乖乖受命」或起身抗爭。而歷史編撰之操控能力的強度，正是政權所建構之該統治體系「合理合法」存在的關鍵條件。歷史不但可以「證明」這些族群或文化群體的祖先，自古即被今天國家政體的祖先所管理；歷史更能為他們「牽線」成同宗近親。與政權同路的歷史家們，每天忙碌的重點，就是這類「證明」或「牽線」的工作。中國的例子正是如此。

族群中心主義的非漢族史

以華夏族系（今慣稱為漢族）為主要建構成分的中國歷代國家，不論是政府或人民，對非華夏系的族群，一向興趣索然。雖然，自先秦以降，在正式或非正式的史料中，多少都透露了些許非漢族群的資訊，但以每一朝代平均數百年的時間來看，各代中所寫出之關及非漢族的著作，實在少得可憐。而這些少得可憐的文獻中，又多至少具有下列令人為之氣結之特點的某一項。其一，

「山海經」式的誇大虛構。例如，任意想像中國之外的「人」，有著鳥頭人身，人頭蛇身；或食人，能飛，七月而產；或根本就是犬（貓、玀、猓）、蟲（閩、蛋）、羊（羯）。其二，籠統搪塞，不究其實。如以蠻、夷、戎、狄等簡單的稱名；或用百夷、百濮、百越、百蠻等大概性統稱，不清不楚的指涉漢族區以外千百個族群。其三，因襲抄剽，缺乏實錄價值。許多著作基本上是把前代各種關及該等族資料拿來再抄一遍了事，明清的地方志是這類書籍的代表。

非漢族的漢文歷史文獻既是如此，很不幸地，它們卻仍被近代民族史家或民族史考證學者，在研究非漢族歷史時視作經典。清末以降，中國「國族—國家」**(nation-state)**的建構運動，使得政權所統轄的疆域明確化。那些原本由土司統治的「蠻夷」居住地區，如今必須有政府管理人員前往駐紮。人口（漢族移民）、文化（漢文化）、及行政力量（設縣立局、以及軍警官員的派任）的到達，直接導致內地調查探勘專家的跟進。民族學家更是專家群中最重要的人物。奇怪的是，學者們瞭解這些非漢族的方向，並未因能親臨田野地而有所反省。他們到了一地，發現了一族，往往不去做建立該族民族誌的草根性工作，反而只拼命往前述那堆史料中找，找到了同稱（不論是確實的或是猜想的），便與奮異常。找不到同稱，就主觀推論該族的祖先，可能是在文獻中所載某一族或地區之內。最常見的說法即是，某某族為古百越或百濮的一支。今天福建畲族和雲南傣族，均被肯定為百越的支系，但令人納悶的是，卻沒有人懷疑把完全不同文化、語言的畲、傣兩族，放入某一共同範疇的根據到底為何。唯一的理由可能就是，南中國全是百越，所以畲、傣當然是百越的了。

學者們的作法，是一種對漢文材料的迷信，對自己缺乏進入土著生活世界能力的逃避，對當代社會科學認識的不夠，及自省工夫闕如。試想，一個人類學家窮畢生之功，專研某一個族群中的幾個特定社區，年年月月的實地田野和熟練的土語操用能力，都只能讓她（他）謙虛謹慎地報告有限的民族誌心得；我們又如何能放心的死抱那些朽書，逕說大膽的結論呢？其實中國學者並不真的那麼不聰明，只是在自身能力的限制之外，他們已在潛意識中被「國族－國家」的意識型態所控，沒有超脫的空間或機會。任何族群因此都是「同胞」（藏族同胞、擺夷同胞、邊疆同胞等）。既是同胞，那就理應存在於中國歷史的記錄之內。漢文文獻中找得到他們，一方面確定同胞的不假，另一方面也紮實了漢族主導之政權的合理合法存在性。

國族中心主義非漢族史

民國時期專家們（包括國民黨來臺之後的教授們）流行的「證明」（考證今某族即為古漢文書中所記的某族）與「牽線」（考證今某非漢族群祖先在過去與中國關係有多密切）工作，在中共統治大陸後仍舊繼續發展。不過，由於意識型態上的不同，社會主義中國的統治者，使用了另一套策略，來合理合法化它的政權地位。這套策略使得從清末開始在國族主義 (nationalism) 基礎上所建構出來的「中國民族」更形穩固。

首先，國家訂出一個宣傳鐵律——「我國是一個統一的多民族國家，在共同締造我們偉大祖國的長期發展過程中，各族人都做出過自己的貢獻。各民族的歷史都是祖國歷史不可分割的組成部分」。所有民族屬於一個國家，連歷史過程中亦是如此，毫無例外或妥協商議的餘地。一九五八年中央下令編寫各少數民族的簡史，次年底初稿大致完成，後因連續的政治鬥爭運動，使這批稿子被塵封許久；一直要到毛澤東集團垮臺後，才於一九七八年開始陸續正式出版。

各族簡史撰寫大致從如下角度或方向入手。一、前述史料依舊風光，它們所載的事跡，總有辦法被解釋成民族祖先在祖國境內的活動。二、大大加強社會演進史中之前幾階段（如原始公社（黎族）、奴隸社會（彝族）、封建領主（傣族、藏族））曾經存在的敘述，以合馬列毛思想的教條建構。三、這些民族在歷史過程中，一致與漢族勞動人民合作反封建。各皇朝統治者和國民黨為同一範疇的罪惡，同一國家內的各族人民在工人農人領導下打敗了他們，建立了人民共和國。四、同一批人又在近代對外鬥爭中，齊力反帝國主義的侵略。

在社會主義學者的筆下，一向對非漢族群沒有興趣或嚴重扭曲的漢族，竟是如此地愛護對方，並與之合作無間數千年。少數民族簡史固定了各非漢族群過去的故事。中國的學生被要求背誦各族人民祖先從前合力打擊封建的英勇事蹟，學者們則毫無選擇地必須去挖出少數民族在社會演進史中「過去壓迫、落後，今天解放、進步」的事實。

千篇一律的少數民族歷史編撰，代表以漢族為主體之「中華民族」國族的勝利。國族認可少數民族，也為他們寫了可歌可泣的歷史。因此，國族是主人、是恩人，是少數民族必須順服的對象。任何違背國族歷史詮釋的行為（如西藏的宣稱自古不屬於中國），都要受嚴厲處罰。中國政權的對內鞏固力量，從未像今天這麼的強大，牢控非漢族歷史是成功的一大要素，而這恐怕是歷代對「蠻夷」不聞不問的統治者們，所料想未及的吧！

從傳統中國人對非漢族的膚淺認知，到近代研究者略過田野的機會，而一味對描述非漢族之漢文文獻的執著，以及社會主義中國以國家力量規範非漢族歷史的過程中，均顯示出漢族中國從未把非漢族的主位性，當作應該被尊重之對象的事實。漢族族群中心主義與中國國族中心主義在二十世紀中，更是發揮了它們強大的力量，一步步使非漢族落入幾無翻身的地步。非漢族的歷史，成了硬梆梆的老朽機械，不具科學價值之陳舊短淺的漢文史料，堆起了這部機械的基礎，而不可更動的社會演進（公社、奴隸、封建）、反封建、反殖民帝國主義、及勞動人民大團結等教條要素，則構成機械的唯一運作方向。由於基本材料腐朽，再加上功能僵化，這部機器也就毫無創造或生產的潛力可言了。

——本文原刊於《自立早報》一九九二年五月十日至十一日。

非漢族群歷史人物的定位機制

兒孫搬動父祖風水

社會主義中國領導人最引以為傲的一個成就，就是國家能在他們手中真正統一，並獨立於西方勢力之外。然而，由於中國在二十世紀前半期始終無法真正統一（亦即，有統一之名，卻只有軍閥割據之實），而邊疆地區不認同中國的運動始終未歇（如外蒙古正式獨立，西藏事實上獨立，及東土耳其斯坦想回歸突厥祖先等），再加上新中國在政策上承認非漢族的獨立民族地位，以及民族區域自治的推行，中共政權因此必須兢兢業業地使真正的統一繼續維持，同時也要小心翼翼地安排在自治名下少數民族的向心教育。而之所以把「統一」與「少數民族」放在一起考量，就是因為後者的穩定與否，對中國政治家來說，正是前者的必要條件。

少數民族對中國的統一議題，具有如此關鍵性的地位，促使統治者們在建國不久，就急急忙忙的提出「中國自秦乃至先秦以來，就是一統一的多民族國家，少數民族的歷史，都是祖國歷史不可分割的一部分」的學術政治教條。從此以後，這個教條主導了歷史研究的方向。

任何歷史事件，凡是涉及民眾者，一定以「各族人民」稱之。「各族人民」成了一種人群統合的單位，而這個單位，就和今天的「中華民族」一稱，所具有的功能一樣，成為中國地區唯一的人群單位。「人民」不能有好多群，好多群就不統一，因此，只能有「各族人民」一群存在。此外，「中國」亦是唯一合法存在的時空單位。歷史上出現的多國並存現象，只是「國中之國」（中國內的次國），或「地方政權」（附屬於中央王朝）。因此，在近代「中國」的概念與範疇被明確固定了的前後，與中國接觸的國家（多為帝國主義或殖民主義者）才是「外國」。所謂的「賣國賊」或受類似指控的人物，也才在當代中外互動過程中出現。歷史上各國或各朝的變節者，因只是身在「國中之國」，不僅不會被冠上「賣國賊」，說不定因所作所為符合「各族人民」或統一利益，而成了英雄呢！這種當前特定的歷史詮釋方向，在歷史學者們對非漢族歷史人物的定位一事上，愈形清楚。本文就是準備由此切入，讓讀者們感受一下那與兒孫搬動父祖風水，以求合於自己利益具有同等效果之歷史人物，被操控來幫助「統一的多民族國家」的建立過程。我們準備透過對一九八七年北京民族出版社出版，由謝啟晃、胡啟望和莫俊卿所編《中國少數民族歷史人物表》〈第三輯政治軍事人物〉該冊的分析，來獲得對上述現象的瞭解。

「統一」大貢獻

三位編者在該書中共列出二百零六個條目，描述了二百一十八位（原則上一人一條，惟有十二條各記載一人以上）歷史上的非漢族政治人物。我們無法在此一一介紹或討論，不過在予以人物正面評價的範疇中，基本上，從對他們所選人物及各條內容的敘述上，可以歸納出幾點被選上的條件。

一、各國、族君主領袖與中原政權有「友好」關係者（如和親聯姻、互市）；或讓中原政權勢力進入者。例如，與漢文帝和親的匈奴老上單于；西漢時娶江都王和楚王之女的三位烏孫國王獵驕靡、岑陬、翁歸靡；以及同意漢朝在自己國家領土上屯田的鄯善國王尉屠耆等均是。該書給他們的評語分別是，「匈奴和漢朝再次和親，友好相處」，「促進了烏孫與漢朝之間的友好關係和經濟交流」，及「從此，漢朝開始在今新疆地區境內設置漢族官吏，……，傳播內地先進生產技術，進行文化交流，從而加強新疆地區同內地的聯繫」。

二、各族人士與中原政權皇室關係密切，並對王朝的鞏固有所貢獻者。例如，投降漢朝的匈奴休屠王子金日磾。他在公元前九二年開始爆發出來的一連串「巫蠱之禍」宮廷悲劇中，一直保護武帝，八八年更有效地阻止了一項對武帝的近身行刺。另外，唐朝時協助平定安史之亂的契丹族李光弼，鐵勒族渾瑊、及回紇族葛勒可汗等，也都是代表的人物。

三、不願自立為帝王，而維護中原政權的各族領袖。隋末唐初的俚族人馮盎就是一例。

他曾於朝代更迭紛亂之際，控有嶺南，有人建議他自號「南越王」被拒。本書稱之為「願意……維護祖國統一，反對分裂割據的愛國傳統，……」。

四、凡有「統一」事蹟者，不論統什麼一，一律收列。這一類包括：統一北部中國的匈奴第一、二代單于，統一中原的前秦王朝君主符堅（氐族），統一中國北方的北魏太武帝（鮮卑族），為唐朝統一事業建立豐功的突厥貴族阿史那杜爾，及明代統一東蒙古的蒙族首領達延汗等。以宇文邕為例，本書評論道，「隋朝的統一全國，應該說是由北周王朝打下基礎的。宇文邕為隋朝統一全國做出了卓越貢獻。」

五、提倡漢化的各國、族君主或領袖。鮮卑族魏文帝拓拔宏是典型的代表。他的禁用鮮卑語，改漢姓，易服裝，及與漢族通婚的規定，被本書認定係「順應了歷史發展的趨勢，對於促進我國各民族間的融合，改善各民族之間的關係，……是起過積極作用的。」

六、沒以上五點特徵，但為非漢族所建之國的開國君主者，幾全部列榜。三位編者對這些君主只稍作介紹，描述生平，而少有評論。

我們從條理出來的六類少數民族正面歷史人物中，可以清楚地看到，在中國制式歷史論斷過程裏，各族人民間的唯一共同利益就是一統。各種一統的跡象如通婚、互市、協助漢族帝王、認同中原政權、局部地域的先期統一、及文化融合（漢化）等，無疑成了三位編者選擇人物時的內在考慮。至於第六類的人物則因此書屬中國少數民族的議題，而相關課題在社會主義中國，又極為凸顯，編者必須要寫出他們，才能顯示少數民族歷史地位的受重視。一個有趣的現象就是，話中雖沒有吹捧這些君王，卻也同時完全略去了史料中所載各項對某些君王殘暴、昏庸的描述。社會主義民族學家的用心頗見良苦。

滿清貴族？少數民族負面歷史人物的包辦者

我們說過，「中國自古是一個統一的多民族國家」是個鐵律。這個多民族國家在上述所論之各種力量作用下，愈來愈穩固。「統一」的議題也愈到後來愈被敏感地強調。換句話說，明清以前出現的分裂情況，馬馬虎虎不必太追究；而明清之後任何定點的分裂痕跡，必受到嚴厲的批判。如何宣揚當今大一統中國近代形成的偉大力量，除了肯定多位對抗「外國」（今天中國疆域之外的國家）的民族英雄之外，大力批伐幾個「賣國賊」，亦是兼具強化與警示功能的策略。滿清的時代距我們不遠，「漢族—中國」的成員對她的恨意仍鮮，因此，在謝、胡、莫三人所編該書中，看到二百一十八人中唯一被罵作「賣國」或「禍國」的八人全是滿清貴族，也就不足為奇了。

被點到的八人包括「鴉片戰爭中的賣國將領」依里布，「清末賣國集團的重要成員」耆英，「鴉片戰爭中的投降派代表」琦善，「清末有名的賣國將軍」奕山，「清末有名的昏庸將軍」

奕經，「清末鎮壓人民起義的劊子手」僧格林沁，「禍國殃民的慈禧太后」那拉氏，及「清末頑固派的重要首領」榮祿等。在清之前的歷史人物中，從未出現的人格或行為特質如「賣國」、「昏庸」、「劊子手」、「禍國殃民」，以及萬夫所指的人群類屬如「賣國集團」，「投降派」和「頑固派」等，現在均被作者們在描述上述人物時，充分運用。

中國國族主義(nationalism)發軔形成於清末，也就是這些滿清貴族活躍的年代。今天的歷史家以當前認定「國族—國家」(nation-state)原則來想像當時，直接假設那時候的人尤其是政府領袖，都應該有強烈維護現在中國秋海棠或大母雞形狀之疆土的「愛國心」。歷史學家們一聲令下，歷史人物凡有不達令之求的，一律遭文筆的絞殺，難以翻身。滿清王朝不幸充當中國史上截至目前最後一個由非漢族組成皇室的政權。以漢族為主導之國民政府與人民政府的接替者，一方面在族群關係上的舊恨難消，另外，又拋出一個以神聖性主權、領土、及一統性人民組成為理論基礎的「國族—國家」絕對真理；欲使滿清菁英不在此背負永久罪名，恐怕在以「漢族—中國」族群政治意識為導向的歷史詮釋環境中，是一種緣木求魚的奢望吧！

啞巴祖先

在中國，歷史人物像是一個個向後代子孫苦苦哀求的啞巴祖先。他們不會說話，一切只等著今天讀了很多書的歷史權威，來為其作價值定位。運氣好的，所作所為合於當前要求者，大抵可在九泉高枕無憂，因為他們的一生都在為「各族人民」效力，為「祖國不分裂」犧牲，或為「大家融合在一起」盡心。運氣壞的，特別是生在比較近代者，大概注定要在陰間乾瞪眼，悲傷地忍著各種羞辱批判；因為他們都沒能忠實履行身後才被發明出來之「中華民族」國族主義和中國「國族—國家」的原則。

在人類學的辭彙中，「機制」(mechanism)係指人類在進行個人或集團行為時的背後抽象推展力量。而在為少數民族人物定位的「個人或集團行為」過程中，歷史家個人及他們所加入的政權利益維護集團，竟一起選定了「以今天的標準來判定過去」為詮釋的機制。這也難怪受過文化相對論訓練的人類學家，看到這些專家的大作時，總是在猶豫，書櫃和垃圾桶，到底何者才是它們真正合宜的安身之處了。

——本文原刊於《自立早報》一九九二年六月六日至八日。

民族標本演進史

前言

每一個人類學家到傳統部落或村寨社區作調查，首先必須解決的事，就是自己與對方如何相互適應的問題。社區成員要設法使自己接受一個不速之客的停留，而學者則努力培養關係，期望獲得充分的合作，以利工作的進行。不過，事實上並非在每一個研究個案中，都能造成研究者與被研究者均滿意雙方關係的結果。往往，適應不良的情況，不是讓學者覺得進步維艱，挫折極大，就是使社區成員煩不勝煩，驚恐厭惡。其中最大的對立或衝突媒介，依我的看法，就是學者所擁有的科技產品。

人類學家進行民族誌考察，必須借重一些科技產品，如六〇年代之前的照相機、錄音機和量身儀器，以及七〇年代以來新增加的攝影機等。這些機器一方熟悉一方陌生，若沒能做好事前介紹的工作，恐怕陌生的一方（社區成員）會在陌生的恐懼中，表現出強烈反感的情緒。人類有保衛自己身體的本能，而這些機器，不是將我的身體形象，與我口所發出的聲音留下，就是在身體頭手腳四周摸摸碰碰，自然容易造成當事者的猜疑與不快。不過，雖然如此，在中國，因民族學與一些技術工具的引入，所開啟之被研究社區成員或土著的負面感受，卻只是整體與其相關之族群關係現象的一小部分，這其間還有更深刻而值得探討的題目。換句話說，將非漢族群的身體以圖像形式留下紀錄，並非是民族學與攝影量身技術傳入時才出現的新現象。反之，當代專事研究「人」的學術體系和科技發明，只是在延續某一傳統的漢族與非漢族關係模式而已。這個模式就是，不管任何時候，用畫的、用描的、用照的，非漢族群總被留下他們的身體模樣。本文即準備以非漢族的照片圖冊及畫像為分析對象，來討論「漢族—中國」的統治者與一般成員，如何在歷史過程中，以對方身體的留像為介，來認識非漢族群。

珍奇異類的非漢族群

中國的非漢族群成為「珍奇異類」，並據此被神秘性化及成為被觀賞對象的歷史並不算短。遠至戰國時代完成的《山海經》，描繪了中國以外地區各種由鳥、獸、人身體某部分混合組成的異族；近至清代初期由地方呈獻皇帝的《皇清職貢圖》，以及中、末期以降，在南中國由民間構畫完成的各種描繪非漢族的圖冊（如《苗蠻圖冊》、《貴州番苗畫冊》等），都是集「奇異族群」之大成的著作。清代的這些畫冊，表面上，雖比二千年前的《山海經》

寫實得多，但這卻絕不是中國人更為瞭解非漢族群的事實反映。反之，所謂「寫實」其實只是另一種不實之載而已。

從活標本到表演標本

外國的人類學者來中國，主要的興趣在於漢人，他們觀察、參與、測量、攝影這些構成中國主體的人群；而中國的民族學家則多把焦點放在非漢族群，同樣地，他們也想有效地觀察、參與、測量、攝影這些非中國主體的「邊疆民族」。

從國民政府時代到今社會主義中國，民族學在中國，並沒能一步步往人類學的行為科學方向認同，反之，它卻愈來愈確定是專門研究非漢族群的「少數民族學」。一九四九年之前的三、四十年間，為中國地區非漢族群第一次被科學大發現的時代。為數有限的學者，遊走四方，到處尋覓民族學家假設上應要去汲取資訊的人群或個人，他們帶著最新式的相機和量身的儀器，目的是想掌握各個奇怪「種族」的身體與衣飾特徵。這些被當成「活標本」的非漢族，如何反應「民族學家＋相機＋量身器」呢？

地質學家兼民族學家丁文江，曾於一九一四年春末遊走雲南蒙自、個舊、武定一帶，並在將近二十年後（一九三三），以〈雲南的土著人種〉為名，連續發表兩篇調查土著過程的文章（見《獨立評論》34:14-20; 35:11-16）。在龍樹腳時，丁氏記道，「人數最多卻是擺夷（今歸類為傣族），但是他們看見我要照相，紛紛的逃避，不能詳細觀察」。到了武定，街上大多數是麥岔（今歸類為彝族），「他們看見我穿著旅行的外國衣服，拿著照相機，立刻嚇得四處亂跑，不多時街子上就看不見他們的蹤跡」。後來縣長協助找來十六位土著供丁氏研究。他寫道，在量身時，工人們「很懷疑」、「勉強聽我調度」。另外，有一次，丁氏替一位土官照相，這位土官「紅著臉坐在凳上，一言不發……」。事實上，當時的學者多半身兼漢官，或即使未兼官職也都被非漢族視作漢官（通稱「委員」）。到了一地，委員的身分一出，土官貴族必須熱情款待。丁文江雖只隻身出現，土官仍無法免俗出面拜見，不過，一般平民卻反而有充分機會走避。然而，丁氏個人走訪之例，畢竟少見，多數學者均採集體考察的方式。若遇上有軍隊或警察隨隊保護的調查團，那土著們不論酋長平民都非得合作不可了。資深民族學者芮逸夫曾於一九三五、三六年間隨國民政府勘界委員會至滇緬邊境的孟定、耿馬、猛允、孟連等地考察，因為必須經過尚有獵人頭習俗的地區，政府派有一連士兵護送。如此，在進行量身或拍照工作時，有荷槍權威的命令，族人們不敢反對，只得任憑研究人員的指揮，前身、後背、左臉、右頰、排排站及向後轉等，面面俱到。我們從後來發表的報告所附照片中，可以清楚看到族人們恐慌木訥的表情。這些相片完全無法反映出土著一般生活自然的一面。

戰國時期的人，根本不可能有機會到四裔邊荒。因此，一本描繪荒野半人半獸住民的書，大抵可以滿足人們的好奇心與想像力。然而，到了清代，人們的經驗世界已經多累積了數十個世紀，《山海經》的那一套想像方式，無法再矇混讀者的眼睛，畢竟，大家與非漢族群已有相當實在的接觸了。然而，近世的「實在的接觸」，其實只是一種中原政權及其人民偏執地承認非漢族群，尤其是生活在部落型態社會者，雖和我們一樣有雙手雙腳，但其他方面可非常不一樣。

除了人的模樣無法再被渲染了之外，清代的這些圖冊，顯示了另一種虛構的現象。首先，畫圖者略知各地有不同之非漢族群存在的資訊。他或從口傳，或從地方誌，或從自己粗淺的經驗，先將地域族群名稱彙集，再逐一依族名想像（「青苗」一定穿青衣；「水擺夷」一定在水邊浣衣；而「苦聰」則穿窮破爛，一副苦相）畫圖。此外，被認定為漢化較深者如民家、僰人、莫家等，一定是人物清秀，衣冠楚楚；而愈少與漢人接觸的族群，則不是窮兇惡極大鬍腮樣，就是衣不蔽身極其落魄。從當代民族誌材料來比對這批圖冊，就可清楚地知道後者的客觀價值性是相當低的。被描繪的族類，即使確實存在，然敘述的內容和畫出的形象卻多半是假的。中國人虛構非漢族，從《山海經》時代一直到近代，基本心態未變，不願瞭解對方是一個理由，把他們定位為珍奇異類，任意神秘化，亦是一關鍵因素。

非漢族群在當代民族學衝擊下，有明顯成為人類活標本的傾向，而這個發展現象在共產黨統治中國後，更形確定。新中國政權發揮前所未見的力量，牢牢控有非漢族群。一方面為確實掌握他們，國家派了大量民族學家和民族工作者到各地作詳細訪查。七〇年代之前，由於國家力量的強勢作用，這些「活標本」只有配合對方調查的需要，絕少有看到漢人或拿相機者即跑的機會，因為那將會被扣上任何可能的帽子（如有「地方民族主義」的思想等）而受罰。而在七〇年代末大陸對外開放之後，政府又要宣揚他們為一尊重少數民族的國家，少數民族政策相當成功，因此，常鼓勵外國訪客到少數民族地區看看，並鼓勵去照那些「可愛的小和尚」，「身材姣好的傣族姑娘」。我在雲南時，有不少行政人員笑著跟我說：「多照照，沒關係，到處拍，少數民族很熱情的。」

——本文原刊於《自立早報》一九九二年九月十九日至廿一日。

改土歸流的重新詮釋

前言

「改土歸流」是近五、六個世紀以來，中國政權與四川大渡河以西，以及長江以南各非漢族群間互動關係的最重要政策機制。在滇西後理國王室於十三世紀中葉被蒙古人撤銷之後，今四川、雲南、廣西一帶，就不再出現長久維持的帝國式一統政權（按清中葉末期杜文秀滇西回民政權只曇花一現）。明清乃至民國時期，在這片廣大土地上，除了今印度支那半島極北存在幾個小型王國（例如Sipsong Panna王國〔傣泐人〕，與Kausambi王國〔泰擇人〕）之外，另分布著數以千計的獨立或半獨立部落。這些小規模政權的領袖與人民，或偶結成鬆散聯盟，或單獨成軍，來面對中華帝國強大人口、文化、經濟及軍事政治控制的壓力。歷史告訴我們，當帝國一步步擴張它的領域，也就是這些王國部落一一被瓦解的時候了。

清雍正時期的「改土歸流」政策，大家耳熟能詳。中學生能準確地在填充題上填入答案，大學生在中國近代史課上，亦隨著教授讀本的引導，肯定鄂爾泰總督的推動功勞；至於專研這個課題的學者，則大多先在歸流過程的細節上，盡情地轉述史料，然後，再直接間接地指陳出某某皇帝或某某官員的成績。因此，像「治滇功績」、「撫苗安邊」及「鞏固南疆」等的字眼，就常出現在他們所提論文的題目或內容上。

「改土歸流」是一個概念，也是一個政策，但當它被付諸實行時，卻是上演一齣人與人、族群與族群之間，活生生的剝奪與反剝奪鬥爭劇目。過去的研究，嚴重地忽略對這份劇目的描述，我們看到史料堆積，卻感受不到背負不同文化與意識形態之人類群體彼此互動時的血肉激情。本文準備以兩個例子來呈現「改土歸流」情境中，不斷重現之人類宰制人類的故事，並藉此反省傳統史觀的缺失。

諾蘇人的改土歸流

數百年來，即使各地方官莫不以成功地取消土著領袖頭銜與權力而代以漢官，為其政績上的最大功勞，到了民國早期，西南地區仍存有不少土司。這直接說明了帝國的力量雖大，然土著政體的反抗精神亦強而持續的事實。

居處於西康、四川交界大、小涼山的諾蘇人(Nosu)，漢人習稱之為夷家、夷人、夷族，或倮儸，今被中國納入官定彝族的一組成部分。諾蘇人一向以不妥協於漢人著稱，漢人城鎮被諾蘇人擄去為奴的事情，更是時有所聞。中國政府無法有效控制涼山地區，因此，長期以來，就以各種官銜加封諾蘇各部落領袖。不過，隨著時間的演變，當新式政治軍事力量形態，很快地成為當代中國政權憑藉的力量時，諾蘇人的傳統力量，就愈來愈無法與之抗衡了。

一九二〇年代中期，川西軍閥羊仁安與劉濟南等，與中央政府所屬四川陸軍第四師交戰，小涼山地區除了深受戰事波及之外，羊、劉集團更欲完全控有諾蘇人，以圖增加自己的人力補充。因此，劉濟南部所到之處，就開始實行「改土歸流」，後來交戰雙方和解，羊、劉軍隊被收編，然而，改土的工作卻仍未中斷。依涼山田壩土司慕理（漢名嶺光電）的回憶（見氏著1988《憶往昔——一個彝族土官的自述》。昆明：雲南人民出版社。），劉氏的重要改土措施如下：

1. 把被徵召入伍的諾蘇士兵，全改為劉姓，名字首字多用服字，如劉服從、劉服心、劉服德等。
2. 要求諾蘇人家供奉劉姓祖先牌位，上書「天地軍親師」與「劉氏堂上歷代宗親」。
3. 將諾蘇住家的鍋樁火坑拔掉，改成漢式口子，並命令將原與漢族房子大門方向不同的諾蘇屋門封死，再於與漢屋門同邊處另鑿大門。
4. 男的不准穿傳統大褲腳，女的不許穿百褶裙。
5. 男子不准在額頭上留俗稱「天菩薩」的結子，女子不准留兩根辮子。
6. 嚴禁傳統的火葬，而改用棺材土葬。

7. 下令百姓不准與土司來往，土司不准找百姓家當差。
8. 徵召諾蘇人當兵，每五戶出十個人。
9. 租稅、租糧數倍數倍地增收。

這些措施的執行，造成族人生活極大的困擾。穿著、住家、飲食、信仰、禮俗、人際關係等等，均被迫更動。諾蘇人生活的痛苦，顯然只有他們自己才能尋求解決之道，畢竟對省與中央而言，羊、劉軍團後來的歸附，及其積極改土歸流，都是大德之舉（亦即，國家力量因此更形強大了），執政者根本無視人民，在適應政策過程中的負面衝擊。一九三七年先是思鄉深切的諾蘇兵公開反叛，至此族人們無法再忍耐了，於是全部舉事反抗，要求恢復土司制度，西康省政府見情勢嚴重，才停止增稅並允諾所求。

擺夷的改土歸流

擺夷自稱 Tai 或 Dai，中共官定名稱為「傣族」，擺夷是漢人的稱呼，他們的語言屬於侗泰系統，分布於雲南西南與南面沿邊各地，有數種互相無法溝通的方言及結構相異的文字。本文所討論的群體為住於今稱西雙版納傣族自治州的傣泐人。

一九一〇年廣西軍人柯樹勳率部協助被緬甸與中國長期冊封為「車里軍民宣慰使」的

Sipsong Panna 王國國王 Chao Gham Le（漢名刀承恩），平定 Meeng Jie 地區行政長官刀正經的叛亂，事後中國軍隊並未北歸，反而留下來「設流暫不改土」。一九一三年柯氏創「普思沿邊行政總局」於首都 Jing Rung（今稱景洪）王宮附近，並分全境為十一行政區，後改為八區，各種雜捐開始徵收，人民面臨了雙重（原王國與新設行政區）的納稅壓力。

王國地處邊陲，適時，從緬甸與印度支那北上的英法殖民帝國主義勢力臨之，中國方面除了不斷在此增加駐兵之外，更有不少地方官員主張置縣，以求能有效鞏固疆土。一九二七年普洱道尹徐為光，正式在本區設七縣並一行政區。行政區畫形式上雖已完備，但長久以來省與地方的敵意難解，徐派的官員與省方支持的柯派人馬鬥爭激烈，人民飽受戰亂之苦。此外，雲南聞名的普洱茶產地，正是王國境內的攸樂、南糯、和布朗等山區。軍、政、商界的漢族有力人士，莫不以爭取茶銷利益為目標，山居民族更是深受剝削。從一九一八年到一九四二年，攸樂（今稱基諾）、瑤、倮黑（今稱拉祜）、阿作（今稱哈尼）等族，都曾發起多次反漢的流血行動，軍隊進行鎮壓時，燒殺擄掠，往往數十村莊被夷為平地。

中國政權直接管理 Sipsong Panna 之後，王國貴族頭人日夜戰戰兢兢，尤其在徐柯鬥爭過程中最為痛苦，支持一方，深怕為另一方報復。各任縣長素質參差不齊，有殘暴成性者，有目不識丁者，有縱容賭博者，有欲禁止賭博而被操縱賭場的軍人毒打收回成命的庸懦者。在軍人最囂張的時期，王國貴族常舉族躲避山中，地區行政運作幾乎完全停擺，人民由於得不到安全保障，大批逃亡緬甸或暹邏。一九三六年王國貴族全體以極卑微的口氣，上書雲南省政府，要求廢縣並恢復過去組織較為鬆散的行政總局，以使制度穩定，人民生活正常。最後請願未獲同意，Sipsong Panna 傣泐人和山區各民族，繼續承受社會混亂與後續的戰事（中日戰爭和國共鬥爭）之苦，直到一九五二年人民解放軍完全控制該區為止。

結論

為日後學子與愛國主義者所津津樂道的「改土歸流」，在西康諾蘇人地區和雲南傣泐人地區，就如上述情況。非常制式化的一個現象就是，主張或執行改土歸流的官員，大多以土司土官殘暴欺民為主要理由。然而，事實證明，被中國政權稱為土司土官的土著領袖，即是族人傳統政治文化養成的首領，他們雙方形成的統御與被統御關係已維繫了千百年，在人民意識中，並無所謂的土官總是殘暴不仁、任意剝削他們的結論。漢官想像土官很殘暴，就要去取代他們，並認定這是一種德政，沒想到，殘暴昏庸者，卻正是那些從外頭流進來的漢族官吏。

諸蘇人地區的荒謬改土歸流行政，人人譏其為改土歸「劉」。一夜之間，這些非漢族成了劉家子孫，還要天天向劉姓祖先上香。劉濟南不僅無感於諸蘇人的不滿與痛苦，更將此當作自己一大功績。擺夷人或傣泐人地區的 Sipsong Panna 王國，自漢官漢商湧進後，就成一空殼。柯樹勳留下的兩廣部眾，長期成了地區的惡勢力，而非柯派的官員，亦毫不遜色於柯派對土著的壓榨，大家都為了獲得更多銀兩糧捐。此外，軍人們的誘賭，更使不少貴族破產，甚至妻離子散。

無獨有偶地，諾蘇人與擺夷人都在忍受數年之後，要求恢復土司或撤銷縣制。這兩個例子雖不能概化至所有改土歸流的過程，但我相信它們是一種典型，這個典型反映出來的是：中國政權對人民生活的無知、漢官的貪暴、軍人的庸將昏兵素質、土著的受難、以及最重要的，改土歸流過程中置身其中者的不幸，長期被學術界甚至大部分的人忽略或扭曲。我們要當一個公正的歷史家或社會科學家，就應先洗滌過去的盲點，再重新來詮釋數百年來土著與帝國間的關係。

——本文原刊於《山海文化》1994/3: 158-160。

民族新生現象的塑造——歌頌歌謠與生活評斷

前言

社會主義中國既承認有與漢族具同等民族地位的另五十五個民族存在，對這些被統稱為「少數民族」的非漢族們，統治者就必須發明出一套完全控制的辦法，以防具獨立民族地位的「南蠻北狄」後代，生成從中國獨立出去的動機。這個控制的機制，一方面確保共產黨統治的效性，另一方面則延續傳統漢族宰控東亞大陸的優勢。共產黨標榜「解放」，顧名思義，就是從各種壓迫、束縛、或不平等的有形無形不公環境中脫纏而出。理論上，非漢族平民除了與漢族平民一樣脫離了階級剝削之外，他們還同時從大民族（漢族）的壓迫中解放。問題是，是誰幫這些非漢族從迫害中解放的？建立新中國的中國共產黨，肯定自己就是這個偉大的解放者。

舊中國時期，各民族間一天到晚鬥爭、決裂，因為各種不平等關係在作用著。現在新中國成立了，共產黨提出來的制式理論是：各民族從此平等了，這是民族的新生，民族的大團結時代。「民族新生，感謝共產黨」的符號，因此成了中共統治多民族中國成功與否的象徵。

全國各地定期或不定期地必須讓人民看到或聽到「民族表示感恩或肯定團結」的聲音，一種強化的力量始終在作用著。

本文擬自幾個當代流行於非漢族地區的歌謠歌詞，及某些作家對生活的評斷中，來探討社會主義中國對中共「解放」少數民族之功勞，以及完成民族團結圓滿結局的塑造過程。換句話說，我們可以藉此品味一下「唱唱歌」和「說說故事」之中，政權操控少數民族社會史的氣氛。

歌頌歌謠

不知從何時開始，人們可以在各種文字出版上，看到各民族創新的生活歌謠；也可以在許多公開場合中聽到有人唱它。這些歌謠咒罵著黑暗過去，也歌頌著光明的共產現在，以下是幾個例子。

西雙版納傣族自治州有這麼一首歌（《民族文化》編輯部編，1985《風情奇趣錄》3:117-118）：

天空飄來了吉祥的彩雲，
瀾滄江彈奏著悅耳的琴聲；

諾戈拉東放開了婉轉的歌喉，
金孔雀展開了美麗的彩屏。
歡迎你啊，來自遠方的客人！
我們雖然各在異地，
卻像手足一樣親密。
黨的政策為我們架起了金橋，
各族兄弟互相團親如一家人。
請吃吧，莫嫌傣家的金考糯不香，
乾杯吧，莫嫌傣家的米酒不醇。

「遠方的客人」就是指漢族，他們與傣族親密同「手足」。因為黨，民族團結的願望達到了，黨的功勞在歌詞中被突顯，沒有它就沒有團結的今天。

雲南西部傈僳族村寨中，也有一首歌（同上，頁40）：

甜蜜的蜜糖是群蜂釀成，
香甜的水酒是汗水釀成，
幸福的道路是共產黨指引……
呀那依——

我們不能像螞蟻粘在蜜罐裡，
我們不能像醉鬼暈倒酒壜裡，
呀那依——
明天要收穫金子喲，
今天就要接下金色的種子。

在村子裡，大家愉快地工作，願意淌下汗水，因為那將使我們幸福，而這個幸福之道，正是共產黨傳授給村民的絕活。

過去被稱為濮蠻的布朗族，分布在西雙版納南境山區。布朗族一年一度的傳統「山抗節」，如今演變成必須吃「團結飯」，並共唱祝酒歌，歌詞如後（同上，頁113-114）：

我們幸福地聚會在一起，
共同歡度這美好的節日。
安定團結帶來了大豐收，
黨的好政策使春回大地。
盡情地歡跳痛快地吃吧！
心情舒暢幹活才有力氣。
更大的豐收等我們去奪取，

明天就要出動撒谷耕地。

族人生活的一切希望來自於黨。共產黨等於春天，等於歡樂，也等於豐收，而其中的妙方就是他們所發明的團結政策。

雲南西南部另一操㑵高棉語的崩龍族，更創作了一具時代意義的歌曲（《風情奇趣錄》，頁28）：

香濃濃的是竹筒的米酒，
鬧騰騰的是節日的歡樂。
鄉親們啊，
斬除踐踏生活的妖魔，
才剪裁出今天如花的山河；
敲碎禁錮歌聲的枷鎖，
才繪織出眼前似錦的生活。
快展開四化建設的宏圖吧，
讓壯志豪情化為一盆花！

四化建設代表共產黨當今的努力目標，妖魔與枷鎖已過去，今天是歌聲、如花的山河，及似錦的生活。跟著共產黨走，就會永遠如此美好。

這四首歌謠把生活上的物質和精神收穫，與共產黨劃成等號。「黨」，不只是一群人組成的團體，也不只是制定政策者，它像一神化了的萬靈符，貼上它即可長久保留。非漢族群在享有獨立民族地位的同時，也必須隨時記得在唱唱跳跳時，以黨為歌，以黨為頌詞。

生活評斷

自從非漢族的「少數民族」地位確立之後，各個有少數民族存在的省分，就陸續出版了一些專門報導或描述少數民族的通俗性雜誌和書籍。雜誌部分比較典型的有《民族工作》、《民族文學》、《民族》、《民族團結》，及《民族畫報》等。這些書刊的最主要功能，是在敘述社會主義中國的美景，少數民族與漢族關係的良好，以及少數民族的非凡進步。許多作者在文稿中，常常先回憶起過去的惡劣生活，再回過頭來感謝共產黨給予的幸福新生。

張貢新和黃國益在談到民族問題的解決辦法時，曾提到過去少數民族常以「漢人來了」來嚇唬小孩，可見他們對漢族是多麼恐懼，而今「共產黨」毛主席派來的「新漢人」，解放了這個恐懼，所以「共產黨是少數民族的太陽」（《民族工作》1989/4:36）。此外，在奇澤華、傲騰，及段梅合編的《中國少數民族婚趣》(1990) 一書中，幾乎在介紹每一族的婚俗之後，均會有一段稱頌當今變遷的結語。以下是幾個例子：

「今天，隨著時代的發展，鄂溫克族這些婚俗已不再傳留了。在國家新的婚姻法的指引下，鄂溫克族男女青年充分地享受著婚姻戀愛自由自主的幸福。」（頁 29）

「解放後，柯爾克孜族人民在黨的領導下走上社會主義道路，過上了幸福的生活，封建包辦婚不復存在了，婚事新辦，青年男女充分地享受愛情自由。」（頁 86）

「解放後，藏族人民在黨的領導下，隨著民主改革的勝利，封建農奴制的廢除，走上了幸福生活的康莊大道，藏族傳統的婚俗發生了很大變化，藏族青年的婚嫁不再是父母之命了，落後愚昧的『娃娃親』等封建婚姻形式也不復存在了。藏族青年通過自由戀愛，決定自己的婚姻大事了。」（頁 109）

「到了社會主義時代，隨著封建制度被摧毀，封建迷信的陳規陋習被破除，拉祜族男女青年可以自由地在生產勞動中選擇配偶，可以依據共同的道德標準來成親，所以走到深山老林或服狗鬧花根自殺這樣的悲劇，也就再也不會出現了。」（頁 171）

「解放」既帶給各族人民充分的婚姻自由，當然，在各作者筆下，它也帶來了全面的幸福。民文在〈石鼓隨想〉一文中，說道，「……，只有在三中全會以來，黨的民族政策和農村經濟政策得到貫徹落實，納西族人民生活有了很大改善，社會主義的太平盛世，才真正使百花爭豔，萬紫千。」（《風情奇趣錄》1985/ 3:101）。布朗族的老人更因在節日時得到村民的送禮，而感慨地說：「只有共產黨才能教育出這樣尊敬老人的年青人，我們很高興和幸福。」（同上，頁113）。

生活評斷普見於中共統治大陸之後的非漢族地區，政權期望獲得的答案就是「昔不如今」與「封建悲慘落後，社會主義快樂進步」。全體非漢族於是在共黨所派遣之工作隊的監督下，努力告訴大家，一九四九年之後自己有多快樂。

結論

中國五十五個少數民族均在共產黨愛護之下，同時獲得了新生。這是每個中國人，尤其是少數民族，必須習得的普通常識。每個人都得會唱或會聽歌頌共產黨或社會主義的新歌謠，每個民族也至少要擁有一首該類的招牌歌曲，並訓練出專業歌手，隨時準備獻藝。不必去實際觀察族人的生活點滴；我們只要看到歌詞內容，見到歌手笑容滿面，就應接受少數民族很幸福的事實。這些歌曲與歌手因之擔任了少數民族已獲新生的第一線宣傳工作。

遇不上歌手或是聽不到曲子的人，可以從隨手可得之各式「民族」書刊中，看到滿頁滿行的文字，述說著今日生活的幸福。很簡單的比較公式——「過去壞，現在好」——被作者們運用著。

共產黨花了相當的成本在自己所編排的劇目上，他們讓非漢族在法律上自主，並直接認定對方一定會感謝他們，從而在一切生活過程中，充分配合黨的政策。因此，等不及少數民族自己表達看法之前，統治者已經製造了一大批人或物的工具，來告訴世人他們很感激黨。歌曲和文字讓視者聽者心悅，當代中國的統治者創造、塑形、或規範了這些歌曲文字，同時也自導自演並自賞地喝采著它們。

——本文原刊於《山海文化》1993/1:115-117。

「中國民族誌」五十又四

臺大人類學系（一九八二年之前名為考古人類學系）一九四九年創系以來的重要必修課「中國民族誌」，於二〇〇三年六月十二日正式畫下句點。兩年前系方的課程調整規劃，注定了今年修課同學將起身送別。

最後上課當日，我在黑板上寫了大大的「中國民族誌 1949-2003（6月12日）」幾字。同學們先是靜靜地看著，隨後繼續輕聲地享用老師的糕餅點心，沒有離愁，也不是慶祝。或正經或頑皮地在大字前合影了數次，準六點，我感謝大家一年來的支持，深深一鞠躬，同學們回以掌聲，下了課，五十四年古典課程成了歷史。

一九八九年筆者從美國回來，開始在人類學系任教，一九九一上半年先代理「中國民族誌」，下半年正式任教。之前的四十二年，除了李亦園先生代上一次，一直是芮逸夫教授擔綱。

臺大人類系半個世紀以來，一直是臺灣唯一人類學基礎學術養成機構，因此，今天在學院服務的人類學教研同仁，幾乎九成以上修過芮教授所授該課。十幾年來的正式非正式聚會，總會有學長笑談回憶，芮老師一直是主角。可是，大家喜論的是老師的個人風格趣事，而不是「中國民族誌」課程。換句話說，依常理判斷，「民族誌」內容似應永遠黏貼在學生口傳的教師生命史，更何況是同一課一教就近五十年。然而，該課卻如在學生記憶世界中蒸發了。

如今，我自己也教了九次（按：一九九一至二〇〇三的十二年中，有三次因事委請其他教師代上），那麼，數年後，有成的同學們想起謝老師，或還有其「帥帥」馬尾的印象，但是不是也依例早已自動不記得「中國民族誌」長相了？

「中國民族誌」談的是中國地區少數民族的社會文化。芮教授的一年又一年，直至九十四高齡仙逝，卻未能留下芮氏典型中國民族誌研究的傳人。也就是說，無法踏足的中國大陸，再加上少數民族遙遠飄渺，一門必修課要年輕學子認識蒙藏苗傜擺夷倮儸，儘管努力幾十年，知識裹足，終是宿命。謝世忠的十數年，人已能渡海，資訊量增，但從年年次次的教學評鑑看來，學生興趣仍缺，二〇〇三年閉門的當下，和芮教授交棒的一九九一年，景況未異，中國少數民族研究的人材添增仍緩。當然，這並不是課程停開的原因，但問一問「為什麼」，好像也有其必要。

田野是人類學的產業命脈。一九四九年大陸來臺的民族研究專家，在新設的考古人類學系中，規定少數民族的課程必修，自然有當事當時的考量。但必修的強制性意識，與學生只能在臺灣田野實習的現實，一年一年的相對拉遠，「中國民族誌」幫助不了本土實地調查資料的深化分析，它因此就只是一個六學分而不得不上的必修課。

當八〇、九〇年代臺灣社會驚覺性地意識到本土知識長期被忽略之時，其實人類學同仁大可跳出來說，「我們有重視，我們已做了三、五十年！」的確，翻查戰後迄今的人類學論著，九成比例為臺灣社會文化研究。它的積累性學術傳統，成了新一代學生們參考的重要資源。進入田野，必須讀這批文獻，決定自己的研究主題，更要在其間尋得一個對話範疇。因此，無纍實厚重研究紀錄的「中國民族誌」，在今天單日可至藏滇蒙新的方便條件下，依舊乏人問津。她是站在人類學邊緣的尷尬老友。

半百風霜之前的五十年，課程甫開門，卻已見著羸弱。芮、謝、及數位代課先生皆曾竭嘶於講堂，只是，張張大眼漠然的臉龐，對映著慢了半拍的教師，款款預示了一個臺灣即將動起的故事。

——本文原刊於《臺灣日報》二〇〇三年七月十八日。

「中國少數民族」與人類學系

二〇〇三年六月十二日，我上完了最後一堂國立臺灣大學考古人類學系一九四九年創系以來，就設有之專論少數民族的必修課「中國民族誌」。教師同學教室合影，不帶傷感，但見歡樂。同學們應是結束一個學年，暑假在即，所以歡樂。我也配合同學，鏡頭笑顏。人群離散之際，回望當年芮逸夫教授的講課場影，看著自己常坐的椅子，一份惆悵，一種甘苦，不易形容。揮別這門課，系上重新規劃了「中國少數民族誌」的選修課，讓同學以興趣來認同課程。

對人類學而言，任一具文化意義的人群社團，都是值得探索的對象，「中國少數民族」當然是其中一個。不過，我們是「考古人類學系」或「人類學系」，而不是專研中國的單位，理論上並無開授中國少數民族相關課程的必要性。我一向主張，學生畢業以前，至少須修畢一門民族誌課程，但它不需一定是「中國民族誌」。嚴格來說，人類學重要理論學派，建立在中國地區民族誌基礎之上者，極其有限。非洲、大洋洲、東南亞、南亞以及中南美洲等地的民族誌，對一個人類學學生來說，反而更為受用，因為可直接以之來對話主流理論。

不過，臺灣學術社群與學術圈文化，有她的傳統特殊性。名稱是「歷史學系」，然教課研究卻多是中國史，同樣地，系名為「人類學系」，其授課田野及專著，亦以中國社會與文化、臺灣、漢人及南島系原住民為主軸。只要一日在臺大人類學系，教師同學都躲不過「典型本土」（臺灣）和「廣泛本土」（中國）的知識教與學。別的學科中國談的多，臺灣則相對有限；人類學系剛好相反，六十年辛勤，九成九臺灣研究的成果。過去就是處在總是田野部落或鄉民臺灣，但卻必修中國非漢民族課程的怪怪情境中。現在調整成了選修，想像中，欲對海峽隔鄰國度之非主體性族群文化歷史有所認識的年輕人，就會喜悅選課（而不是在「中國民族誌」必修的時代，只有上課最後一天才歡樂無限）。

二〇〇五年上半年，開出了第一次「中國少數民族誌」選修課。一學期輕鬆度過，果然少了許多必修「中國民族誌」的無奈情緒。課程結束，產出了包括郁倫、韋霖及以琳所著三文在內的近三十份短篇研究報告。此次《人類與文化》突然想到中國，而且還是少數民族，頗令授課教師和修課同學振奮。於是，三文就作為代表，以成小小專題。下次何時再見「中國少數民族誌」，不太知曉。不過，該名授課教師一向習慣選修課每四年半才巡迴開一次，原來準備畢業前總有機會喜悅選課的優異青年，這下可能失望。我看，這樣好了，大家瞧瞧三位小姐三篇大作，覺得有趣，就告訴應該告訴的人，然後歡喜的日子或許可以提前到來。

——本文原刊於《人類與文化》2007/38:93。

又見越南共和國

借用二〇〇四年六月廿九日豔麗晴天，越裔美國移民在華盛頓州西雅圖市某一中學操場舉辦了「越南共和國軍威節」(The Republic of Vietnam Armed Forces Day)。活動前數天，一位寮國裔友人告知此事，即因抬頭奇特，加上內容不詳，心底總是納悶。由於自己正行研究寮泐（Lao-Lue／擺夷／傣族）難民移美二十年的族群文化變遷問題，對廣泛東南亞均感興趣，越族即使與寮人泐族遠距，對我仍有知識吸引力，於是決定參與節日。

廣場上佈置有司令臺，臺上設陣亡將士鼎塔，後立美國、澳大利亞、大韓民國、泰國、寮王國、高棉共和國、越南共和國、及中華民國等八國國旗。八國是今天活動主辦人所稱之當初的軍事聯盟國(The Allied Forces)，其中寮和越已亡於共黨近三十年，成為殺戮戰場的高棉，赤柬十年，復回王國，老國王又度即位。至於中華民國則長久都是國際佚名，島孤蒼傷。自己因研究寮國，所以就拼命取舊王國白象為身，復與銀殿併立於吉紅大地的國旗鏡頭。今日越南主角，因此也拍下多張黃膚底襯加上三紅橫條，象徵舊北、中、南圻整合的共和國國旗。至於中華民國青天白日滿地紅旗，望之茫茫，心頭冷熱忽變，不知如何好。友人在旁一直指「你們臺灣！你們臺灣！」頓然驟醒，方才急急攝入各角度的和風揚飄。

年輕人隨著父母來，阿嬤媽媽女兒多著美麗越式改良長服，司儀小姐更穿一以美利堅和越南兩國旗幟花色設計的特製款衣。中老年男性，人人著軍裝，陸海空都有。美國海軍陸戰隊和軍樂隊也支援在旁。服務台旁設有一共和黨布希錢尼的競選攤位，支持者眾。對南越遺民而言，美國當年出兵越南和當今進軍伊拉克，均是正義之師，他們絕對支持。

從美軍借來的十數輛卡車吉普輕裝甲，載著老兵美女，先行遊繞西雅圖市區，一小時後駛回。車輛進場，久候的參與者抱以熱烈掌聲，車上人揮手答禮，情如勝戰歸來的歡樂。下了車的軍人，在司令官召令下，魚貫進入場中央，他們分別來自各州，也都有類軍隊組織名稱。美國西北海岸國防軍指揮官被請來擔任總司令，在數位越南老軍官陪同下，以三十年前美軍為正，越軍為副模式，逐一校閱部隊。大家敬禮數回，致詞獻花，配樂禮槍，外加歌星獻唱，烤肉在旁，氣氛平和溫暖。對多數家庭而言，這是一個美好的週末下午。

典禮前後，甚至進行中，大家爭相拍照，著軍裝老男人和衣傳統服女郎，是為要求合影的熱門對象。不少人選擇動章展示區並寫有「記住過往，挑戰未來」(**Remember the Past, Challenge the Future**) 文字的角落為攝影背景。貴賓司儀講話均不忘「歷史」，不斷強調過去為自由民主奮鬥而犧牲之越南及同盟七國同胞友人的貢獻。不少致詞人亦表達對今天「鐵幕越南」的同情，以及對共黨的反感。一位老先生告訴我，他出生西貢，西貢就是西貢，因此絕不承認現稱的胡志明市。另一位年輕女孩則表示自己對過去不清楚，但越南共和國有如父母的夢幻故土，她自然支持他們。

美方軍樂隊奏起越南國歌，老兵們此起彼落隨唱之，多位先生淚眼皺紋，哽咽促急，現場帶入沈重。國歌聲中，旗正飄動。一九七六年南越淪亡的記憶重出，八〇年代越南船民 (boat people) 逃難歷景亦現腦海，而我的攝影機正從左至右，再回自右往左，橫掃全景。情緒間，突見左邊的左邊有美國中學生打橄欖球，右邊的右邊則大馬路掛華盛頓州牌汽車穿梭如流，那麼中間正儀式莊嚴的「越南共和國」到底是什麼？清醒人就可發覺，原來它只是緬懷的再現，不甘失敗的虛飾英雄，同盟合作的恩情表達，以及老兵不死的認同堅持。

真實與虛幻交替牽動，尤其八面國旗已有三面半（半面指中華民國）事實不再或快速渺遠。然而，今日來人，半面旗者有陳姓武官代表，三面旗中的越寮子民則最眾。他們操演、鼓掌、歌舞、打扮、野餐，西貢往日昇平大致如此。日落一刻，租借時間到，大夥兒只能結束回府。一上路，上下左右全是美國，學校操場明天學子湧入，昨日的越南共和國全然不見足跡，旗幟勳章倉庫收拾，明年演時再說。

寮裔友人問我是否喜歡今天的活動，我答曰當然很好，印象深刻，只是有點傷感。他表示瞭解，並指出日後可能與其它寮人親友舉辦類似活動。屆時八面旗當可再復出，招待的主人換角為寮方，悲心懷念必定依舊。當然，在此一後設的英雄現場上，可能少有人會冷靜檢討，為何浩蕩八國就是打不過一個越寮棉共!?而時間帶來的真實，卻就是這些「美國人」，終得在吃飽飽後回家，準備翌日上班。

半面的中華民國會如何？有天她不見了（可能易名臺灣共和國，可能中華人民共和國佔之，或可能其它因素），留在美國的遺民又會以何種活動紀念？今剩半面，國歌響起，國內國外就已有人淚汪汪，將來命運若同越南共和國和寮王國或共和高棉，以朝代史觀看世界的人，沒準哭聲震天，年年哀榮。「亡國」如何界定？恐怕各人有見解。越南兩國變一國，失去的一國可謂亡國，寮國或高棉原是一國，後來還是一國，只是政體改變，不算亡國，難怪寮棉裔移民遠不若越人熱衷故國。中華民國問題堪稱複雜。若是被人民共和國武力征服，當是亡國，因即如越南一樣，兩國變一國。而假設只是改名為臺灣，情形則類似寮國或再生的柬王國，畢竟僅是更名，一國還是一國，不算亡國。前者發生，臺灣人必哭倒海外，看旗哀痛；後者景況，則島國新生，十足歡樂，不需稍哭，因中華民國是為大家共同的美好追憶。

寫於西雅圖餵雞屋二〇〇四年七月三日 12:29 pm

——本文原刊於《臺灣日報》二〇〇四年八月六日。

與文化相鬥的利劍——從盧著《從根爛起》談起

去年年底前衛出版社出版了中央研究院歷史語言研究所研究員、國立臺灣師範大學歷史學研究所兼任教授盧建榮先生所著《從根爛起——揭穿學閥．舊體制操弄教改的陰謀》一書，引起了輿論界和不少學生家長的注意。盧教授和筆者同於一九八〇年代下半葉在美國西雅圖華盛頓大學攻讀博士學位，他唸歷史，筆者則專研人類學。建榮兄個性兼有敦厚與俠情，他給人機會，提醒建置反省的文化，但一旦發覺病疾太深，必不留濫情地直搗罪惡的心臟。多年來從建榮兄身上學習甚多，今天會有此一震動學術教育界的大作出版，基於對他的瞭解，筆者一點也不驚訝。

大俠再度出擊，此番的四大焦點為：一、中學歷史科教科書大學教授作者的「懶惰的混」；二、教本寫書人竟又兼考試出題指揮者的「無理的混」；三、審稿人對盧氏自己撰寫之版本審議內容的「濫權的混」；以及四、眾博士同僚全然不知那用以溝通今古觀念，以及連線科際語言之「理論史學」、「敘述史學」、「新文化史」的「封閉的混」。一名大學教師或學院專業研究者難道不知應負責（不能偷懶隨便寫寫交差）、講理（不能不知寫了書本就不得出試題的避嫌道理）、公正（不能因身居審查位置，就任意宰殺受審者的心血）、及勤奮（不能不努力求知始終蓬勃發展的世界性學術）的道理嗎？上述的懶惰、無理、濫權及封閉等「四大混」，建榮兄在該書的副標題，以「操弄」和「陰謀」兩術語形容之。惟依筆者之見，若真是操弄與陰謀，那麼操弄者和施謀者必是知悉一切（例如充分瞭解「新文化史」的精髓），卻因心機使然，故意不支持正途。然從書中內容觀之，「四大混」似是一種根連的原生屬性。換句話說，這些不合格的教授，多為習以成性之不唸書，不求新知，不知反省的一無所知者。他們根本不具已然佔據知識，再系統地施展操弄和謀陰技術的能力。簡單地說，這批被書局重聘為中學生寫書的作者，以及被教育部禮聘為教本審查委員的專家學者，身體內就流著「不行」的血液。

建榮兄指出臺灣史學界有A、B兩軍。A軍能寫，因此被各方邀請著書立說，他們是「寫手」，B軍則多是寫不出東西的二流學者，但後者卻常是前者完作的審查人。為掩蓋自己的「不行」，B軍對A軍極盡挑剔刁難之事自不在話下。不過，對於A、B各自可成為軍團之說，筆者有不同看法。依建榮兄所述，今日臺灣顯然充滿了許多具有「懶惰的混」原生特質的教本作者。他們是寫作者，按理應是A軍，然而，實際上這些人根本不行，是標準的假A軍。假A軍充斥的結果，就是真A軍的勢寡人稀。因此，假A軍是成群結隊的，他們的確是大軍團，而真A軍則極可能不成團體。我們看到的真A軍，或就只是月空下的一把孤劍。

假A軍加上B軍既是大宗，就表示絕大多數同屬寫史、編史、審史行業的人，長久以來均齊力遵循著一特定的價值觀念，那就是「混」！大家一起混出生活。很不幸地，這種默契十足的集體行為正是文化。換句話說，建榮俠影來去總一人，而他所遭逢者，卻是那不具責、理、正、勤諸精神的「四大混」幫龐然巨物。

自數百年前始，「華夏—中國」文化的千年深根陸續被轉嫁至臺灣。從社會學式的角度視之，「華夏—中國」成員最主要的共同行動傳統就是逃難。這當然要歸結至戰亂饑荒大禍不斷，所衍生出來的中國人經驗。在東亞大陸上逃了兩千多年，無處可走之餘，島嶼羅列的海洋東南亞區，五百年來也成了另類的落難選擇地。臺灣近如咫尺，來的人自然成批成群，其中還包括了一六六二和一九四九年兩次政府帶領的難軍難民。

到了臺灣，不安定的心靈並未得到紓解撫恤。恐慌症和焦慮症不斷上身於島上不同個人或團體，大家就在驚懼四望的情景下，「混」到今日。混的文化至少有如下幾項特質：一心圖謀目的而全然不顧過程、家庭利益中心的不斷固化、對公義膽怯卻對不公不義縱容、模糊性的語言和行動特多、以及生活缺乏創意等。對臺灣人而言，家是最小也是最大的暫時性安全場域。每天急急忙忙只求到家，中途公車擠沙丁魚、計程車司機超速蛇行、以及家戶商店的路障四見等，多數人均不以為意，他們的腦細胞培養不出質疑或抗議意識。個人拚命賺錢就為了家——自己和命根所依的妻兒（恐怕不包括父母），畢竟他們才是今世可信（即對骨肉與己當然利害連身的想像）與身後可靠（即保證可被長久祭祀供拜）的逃難夥伴。

在安全永不確定的情況下，無人堅持對政治領袖的高道德要求。貪者污者只要被認定可為大家找回安全，那麼他不只身旁總會圍繞著一群為求權位的簇擁者，更可在短時間內讓一般人忘卻污貪之事。為求得家庭的偏安，卻縱容污點領導人的吞錢有理，公義至此早已不知為何物了。因為怕事，怕安全被威脅的到來，人們往往採取灰色策略，將一切問題模糊化，不敢勇於面對。大人小孩只求安於現狀，前一刻講出一句較明確的話語，後一刻略受他人問疑，即開始否定原初的明確性，從而全力灰化之。這樣的一群人，實難以指望其在生活上會有所創意。畢竟對土地常續信任的機制一天不建立，人們就不可能找到激發創造的動力。

不要懷疑，臺灣和臺灣人就是這麼一個景況。換句話說，近二十年來島上住民雖已接受了自主意識抬頭，以及自由、民主、平等、人權、公義等五大世界普同文化價值的充分洗禮，但迄今好像至多只看到形式上的成就，因為強根的逃難文化，一直在內部製造反效果。建榮兄所揭發的歷史學術教育界「四大混」狀，正是此一特定文化展現的典例。

學者寫教科書不好好全程用心，卻只在交稿期限前一刻焦急如焚，繼而倉促抄湊而成。這就是只求「目的」（交稿）不重「過程」（按部就班用心寫作）。寫這類書有錢賺（總比寫無稿費的學術論文有「意義」吧！），錢全數要進入家庭安全場域，錢越多，逃難的資源就越豐沛。至於因隨便應付而交出的糟糕內容，那是他家孩子的事，與已無關。試問，這樣的作者，如何承續執春秋之筆的史家精神呢？

政治社會層面出現的貪污腐敗，又如何指望心虛的教授們出面筆伐之呢？懶惰和不知道理所在，正是他們的寫照。建榮兄書中出示了許多與其撰書之審查人語詞較量的例子。其中審查人表現濫權的證據，就是評審意見上老是在模糊用詞，說不出道理，舉不出實例，卻不斷否定作者。模糊是一種心虛。因為他們對「理論史學」、「敘述史學」、「新文化史」全然無知，所以更要合理化自己的封閉，進而打擊努力介紹新知的良心教科書編寫者。充塞著不安全的日常人生，驅使學者蜂進學校拿學位（因學位是賺取easy money的必要條件），之後就不需再讀書了（因學位不是接續下一步逃難得以成功的保障）。這些好面子的浮誇者，越是不求新知，就越反動，也越要壓制不甘墮落混水摸魚的孤光利劍。

建榮兄注定是一名寂寞勇士，因為他的書名已告訴了我們答案。《從根爛起》的「根」就是文化，就是傳統，也就是前面提到的逃難意識加上行動，總歸一個字——「混」！混的文化圖構了今天的臺灣，大家好像也適應得相當不錯，睜一隻眼閉一隻眼，讓形式的改革放在門面，自己則繼續偷懶、不講道理、跋扈濫權、及萎縮求知，一心找錢並防堵別人的改革，一切都為了餵飽自己，準備逃難。建榮兄現在面對的是全面性的「華夏—中國」爛根文化（很不幸地，它越來越像被舊瓶重裝成了「華夏—臺灣」文化）。認真的他，正與混的文化相鬥。筆者百分百同意盧教授書中所論，卻也焦急他的處境。身為人類學者，筆者深知文化根深的厲害，也明白暗夜孤星即使光芒正確，卻也亮點有限。原先本文的主標題擬為「鬥不過文化的孤寂人」，但實在不忍，才改成現題。建榮兄知我，必能會心。筆者不敢宣稱自己為第二顆星準備伴亮好友，卻願以此文號召志士，用心想想「混的日子」有那麼好嗎？

——本文原刊於《臺灣日報》二〇〇三年九月三日至五日
及《共和國雜誌》2003/34:46-48。

賭氣的文化與政治

去年三月總統大選，代表國親兩黨上陣的連戰和宋楚瑜，在錯愕中，宣告落選。自此，連宋兩人言行怪異。從抗爭包圍，誓死不服，到今日非前去中國不可，不少人難解其理，只能以政治事務的多變詭譎，聊以解釋。最近，另一更是多變詭譎的景況，正挑戰著每一政論家、選民、媒體、以及全體國民的理解神經。只是，理解神經此時突然鈍了神經，天明想到天黑，大家似乎都不得不擁個大問號，然後不怎麼安穩地入眠。這個奇特的多變詭譎，就是執政的民進黨，於總統陳水扁號令下，在去年十二月立法委員選舉綠營席次不如預期結果的情形下出現了。先是不顧支持者反對，扁宋談和十點出爐，之後，眼巴巴歡送江連宋三人陸續訪中，並且對他們帶回的共識、新聞公報、禮物等等，了然於胸。然而，就在此時，暴力和法辦卻紛紛落在反對連宋聯中制臺的綠營民眾和民意代表身上。種種突如其來的政治爆炸事件，不知使多少扁迷和民進黨死忠，在驚駭中，罵失了聲，更哭乾了眼。連宋客觀上輸，卻不自認輸，人變得怪異反常，而阿扁客觀上未輸，卻自認輸，人也變得古古怪怪。為什麼？從政治上，可試圖找答案，但或許難以深刻，唯有從文化上來尋找，方可明瞭一切。文化的答案是什麼？那就是，這是一場場「賭氣的政治」，輸了，就賭氣。而它正源自老祖宗傳下的「賭氣的文化」。

漢人社會的父權文化典型，在國際人類學研究上一向受到重視。漢人的父權，當然是一種權威，但有權者如天地君親師等五大範疇，並不是永遠只在享受權威，或只會以威權剝削他人。父權的一方，事實上也在努力付出，只是他在付出時，也在等回饋。被威權管教約束的子女，為何不思突圍反抗而仍要孝敬順從？因為，子女們都知父權一方也在為他們付出。付出什麼呢？家庭是傳統漢人文化成員效忠認同的最高社會單元。我們常說，「國人普遍缺乏公德心」，就是指，出了家庭，對更大環境社會，我已無義務責任。因此，大部分財富都只留在家中。在這種情形下，看到大學募款募半天，累積不到幾分錢，或者發現部分大資本家對社會公益捐款不甘不願，也就不會感到奇怪了。財富留於家，是父權對家庭後輩成員的付出貢獻。子女有感於此，即甘心被威權統治，因為錢財來自父權，而那正是將來自己新家庭物質享受的資源基礎。父權為何拼命工作，賺錢留於家？因為，有錢即可保後代健康平安，如此代代也方能香火相傳，而好處給了子女，才對「身後有人拜」或死後有人供養，深具信心。

不過，事情的發展，並不見得如此工整理想，而作為活生生個體的眾人日常感覺情緒，更不是「父慈子孝」的文化理想所能完全控制的。「父慈」指的就是前述「正在為家庭努力付出的父權」。但，「父慈」可能遇到「子不孝」，因為威權壓力實在太大，而要等到留於家的財富轉至已手，不知還要幾多時，實在有夠煩人。因此，偶爾就來給你搗搗蛋。搗蛋方式有多種，其中可讓對方又氣又急的一項妙方，就是賭氣。賭氣如何表現？那就是，「你要我這樣，我偏要那樣，看你怎麼樣！」同樣地，父權的一方，也會以賭氣步數氣氣子輩後代。為何要對晚輩賭氣？因為他們有些事不依我意，我付出這麼多，一切為這個家，竟然敢不照我的意思做，好！賭賭氣，讓你急，讓你急到擔心留於家之錢財會不會不保!?各位讀者請觀察一下生活四周，或者回憶戲曲故事，應不難發現上面所點到的文化趣味。

好了，回到連宋外加阿扁。選總統，連加宋原本等於二，而扁只有一，前者贏定。無奈，事與願違，後者搶了頭彩。自此，連宋發了飆，因為在賭氣。國親政治父權威嚴顏面大失，你們這些不知感念的小輩人，膽敢不敬於為「中華民國大家庭」日夜努力付出的連宋爸爸!?現在，我把一切搞亂，看你如何收拾？過了幾個月，泛綠立委未過半，這回該阿扁賭氣了！臺灣人民不給努力拼命為我家之「臺灣大家庭」大家長面子，大家長我就反其道行之，果然，搥胸頓足，急死了不少家庭成員。只是，為何那麼剛好，先是連宋，稍後阿扁，他們都獲得了賭氣的機會？答案是，因為人民比他們早一步就已經在賭大氣了嘛！人民賭什麼氣？國民黨老爸黨產私產錢多多，何時兒子我能享用啊？等等等，等無影，賭個氣讓你生生。民進黨老爸制憲建國大吹牛，等等等，等到孩子白老沒個下文，也來賭個氣讓你受受。臺灣的有趣在此，文化結構傳承順暢，因此，政客人民都有機會進行文化展演。當觀眾者，沒事也可來個影劇小評，賺賺稿費。

——本文原刊於《自由時報》二〇〇五年五月八日。

輯三

族群觀

「族群」的探索

從「族裔群體」或「族群」(ethnic group) 定義出發的各類族群研究範疇，諸如「族群意識」(ethnicity)，「國族意識」(nationality)，「族群關係」(ethnic relationships)，及「族群變遷」(ethnic change) 等，今天已然成為人類學的學術傳統中，除了政治、經濟、宗教、及親屬之外的另一顯要課題。而族群研究在人類學領域內的重要性，係欲理解人如何界定自己於「人」(human being) 的最高範疇內，依想像，有限的經驗，不完全的觀察，及歷史偶然的概化等過程，繼續創造 (create) 或塑模 (formulate) 自身所屬的「血緣」團體。畢竟，人無法單獨存在，而在有助於肯定自身存在的前題下，必須涉及自己以外的第二者之時，親族選擇 (kin selection) 就成了最基本的被考慮策略（雖然，各文化間，有著極其不同規範親屬的慣習或法則）。族群在本質上，就是親族選擇過程中的一種表達形式；它雖可能朦朧地隱藏於潛意識或甚至無意識底層，然而，它卻更經常以組織性的實體姿態出現。

本次族群研究專題所選出的四篇論文，分別於族群意識形成的基本理論，以及族群關係的作用過程等兩個層面上，探討了多單位族群間之組織對組織的互動現象。楊淑媛的文章以「根本賦與論」(primordialism) 與「情境論」(situationalism) 兩個當今建構族群意識本質的相對理論為著眼點，批判了族群研究在切入點的傳統缺失。從她所敘述之對族群意識基礎理論的認識，延伸到譚昌國考量生態要素作用於族群單位的文章，我們發現到族群界線 (ethnic boundary) 的維持或族群範圍 (ethnic scope) 的構成，並非只是機械性地反射自生態的影響，他們兩位的論文，提示了族群認同不僅是一個動力過程，更具有辯證性的本質。而文化、社會與生態等要素，再加上族群成員本身的交互操控，即是形成族群意識之得以規範出一特定族群的原動力。

羅素玫和趙湘玲的文章，以中國地區的例子，處理了歷史過程中的族群政治關係。素玫以階層性 (ranked) 或非階層性 (un-ranked) 的族群網絡結構，探討了明朝政府與西南土司政體之間具辯證本質之階序性 (hierarchical) 與平行性 (parallel) 的交替關係。湘玲則在民族史的架構上，系統地描繪了中國人從漢代迄二十世紀中葉（中共統治大陸以前）對西南地區非漢族群之族群地位的認定，及對雙方文化界線之圈圍的過程。基本上，這兩篇文章已分別在並時與貫時的分析角度上，提供了些許中國民族誌研究的策略。

對族群的展開探索，反映了學者們對學術廣度的進一步興趣與認同。年輕的學生在這個新形成的趨向中，不落人後地貢獻出研究心得，我們肯定他們的初步成就，也期盼看到日後有更多堅實民族誌支持的族群意識研究在臺灣湧現。

——本文原刊於《人類與文化》1991/26:93。

中國族群現象：一個人類學族群政治的分析取向

一九八九年秋天我結束在美國西雅圖華盛頓大學的學業，返回臺大人類學系任教。當時在準備開課之時，想到了以博士論文所著重的兩個範疇——人類學族群理論與中國地區漢族和非漢族的關係——為基礎，分別設計成「當代族群意識」與「中國族群現象」兩門課，以讓對理論或中國地區現象感興趣的同學有所選擇。

這樣的安排，自然有它可能出現的缺陷。最明顯的就是，人類學族群意識主流理論幾乎全部建基在中國以外的民族誌研究上，所以上「當代」一課的同學，碰不到中國的材料，而上「中國」一課者，則無法周延地接觸理論文獻。不過，我之所以設計「中國族群現象」這門課，就是期望從對關及中國之原始材料和有限之研究報告的研讀中，品味一下詮釋的樂趣，繼而試一試理論的應用。然而，適巧沒有同學同時選這兩門課。因此，先前擔心的缺陷就出現了。那就是，多數報告無法作理論的辯證。不過，雖然如此，我仍相當滿意選課同學已多能有效地把握分析族群關係現象的切入角度。

這次刊出的文章，是四位選修「中國族群現象」同學下學期的期末報告。當初，她們都很努力地在自己所提出的問題上，思索可能的答案。有趣的是，在探討當代漢族與非漢族關係的課題中，同學們均不約而同地標出中國政權於族群作用過程中的關鍵位置。

共產中國規範了一個「民族」的事實（即，它如何產生，如何發展，未來又會有何結局等）（見羅素玫文），安排哪一個非漢族群有資格或沒資格成為一個「民族」或建立自治單位（見傅婷文），管理了一批說話一統的少數民族理論家（見蘇幸娟文），也展現了漢族在東亞大陸顛峰的支配權威（見趙湘玲文）。國家霸權無庸置疑地在相當程度上操控了被統治族群成員的生活。中國的例子則更顯出少數民族為政權而存在的本質。這個政權需要少數民族，而少數民族也必須表現出少數民族的樣子，以滿足中國馬列理論的「民族」教條。少數民族們越是盡力表現，社會主義中國的統治體，就越獲更多的榮耀。

四篇文章分別展現了作者們的潛力。臺灣人類學對中國族群現象的研究似乎可以此為起點。由於先天條件的限制，沒有理論上的建樹，不是這幾位先鋒同學的責任，何況對有興趣的學者學生而言，大家至少已建立了一共同追尋的目標。不過，我想要強調的是，基本上該課題的研究，屬於政治人類學的一個範疇，而其中又以「族群政治」(ethnic politics)為主要的關注對象，所以，日後我們在思考相關問題時，人類學政治文化的理論，就必須事先放在手邊備用了。

——本文原刊於《人類與文化》1992/27: 116-117。

族群奇蹟

前月曾對兩位同在西雅圖華盛頓大學訪問研究的臺灣學者表示，依自己多年全球族群現象的觀察，美國黑白關係和臺灣本省外省之間，是為世上兩大「族群奇蹟」。「到底奇蹟些什麼？」朋友問到，我說，「各自族群／種族意識強烈，歷史舊仇外加資源競爭，理應交恨的兩邊，竟能和平如此，其奇蹟之實，讓我書本翻遍，找不到契合理論可以解釋。」友人轉知我的看法給美籍白人同事，聽說對方聞之大樂，頗有世代致力於平等，久久等到他人瞭解肯定，心石終可順落之態。事實上，兩位學者之會再次傳話於外，應也是自己臺灣被族群研究專家讚嘆之後，其孜孜的好心情躍面，奔走相告的表現。

好挑骨頭的人，一定能在北美或臺灣任一角落，隨手找到駁我之證。是的，零星（如一九八九年洛杉磯暴動的某些特定例子）或形而上（如臺灣天天有人口沫互控對方撕裂族群）的不和諧甚至衝突，均曾或正在發生。但，是又如何？洛城不仍繁華依舊，永為美西朝氣蓬勃大都會的第一代表？而臺灣人還不是廣播媒體口舌筆嚇一套，而實際生活依是歡樂自在，你來我往互動自如的另一套？族群事實上和諧的證據何在？那就是：人人均能在日常生活中自然行事，大家天天一起上學、上班、購物、乘車、交談、用餐、禮拜、通信或戀愛。站在人種省籍交錯場域，卻沒甚感覺。北美洲和臺灣的今日，正是如此。

分類是動物本能，人類尤善於此。分了類之後，當然會有階位高下、他惡我善、爭奪好處、或勉強與對方和解之觀念行動建構。移入了黑白兩大種，除了少數混到分不清何屬者之外，通常膚色即能在第一時間分立彼此。美國經歷法律、教育、內戰、以及平等為上之理想世界的大覺醒，今天種族多元不止被接受，甚至已是感覺不到彼此歧異的存在了。

臺灣的分類景況，亦是如火如荼，至少語文論述上的確如此。而其中最大的主軸，就是大家一方面搶做「臺灣人」，另一方面卻又不允許他人設法認定「臺灣人」。曾有一位現正為官的原住民學者問我，「謝老師是那裡人？」我答：「臺灣人！」他隨即嚴肅表示，「我非常不喜歡你的回答！」這位先生的意思自然是，只有原住民才配稱「臺灣人」，後來移進來者哪算數。只是，認同的形成是在歷史過程中自然演成的，第一、二代自福建遷來的漳泉人士，當然不會認為自己是「臺灣人」，惟經過了數十上百寒暑，子孫們內化了土地，土地的稱名也就水到渠成，轉為人群類屬的意識，「臺灣人」自此誕生。

然而，客家族裔居臺時間並不晚於漳泉，南島系原住民更是千百年老在地，又當如何圓說？基本上，客家人最高或最珍惜的認同就是「客家」，它不限在臺在梅州在海陸豐或在北美東南亞，鄉親所引以為傲者，即為世界性的客家。或許近代臺灣客家人也有認為自己為「臺灣人」者，但其意識強度應遠不及超地域的「客家」。原住民情況亦然。從客觀角度看，他們無疑是臺灣最早住民，但千年之中，始終未生成以全島為境的臺灣意識，其主要認同對象多係族群（如阿美、泰雅）和部落（如太巴塱、烏來）。

今天大家爭「臺灣人」，其實都帶有後設的立場，一個重點就是，只要「臺灣人」不讓福佬裔專屬即可。今天，福佬裔人口最眾，認同卻最艱難。客家裔有「客家」，原住民有族群、部落，外省裔有大陸原鄉或大中華民族，「臺灣人」對他們而言，或有或無，均未見妨礙。唯獨福佬裔，早已習之的「臺灣人」，卻不能專用（偏偏它又是唯一的認同），因為「福佬沙文主義」之控，立即排山而來。更加難過的是，自己從無閩南意識，卻硬被稱為「閩南人」。

這些種種，都是臺灣的現象。它在學理上可能會被歸為「嚴重衝突的臨界點」（亦即政治人物掛嘴的「撕裂族群」），但事實上卻不必悲觀。美國人藉法律教育及人權運動，習得種族平等。臺灣眾家族親則在經驗中成長，問題縱使「嚴重」，分析家也從未中斷警告，然從昨天到明天，終是無恙沒事。福佬裔集體退縮，不欲爭位，其它三大群亦寬宏體認，不再逼棄。這就是生活默契，心知就罷，不必有內戰，也不需在每一求職正式文件下，都印有「本機構聘材絕不以族群差異作為考量」字樣。或許族群話題天天見報，更常見夜夜 **call-in** 責難，但一踏出家門，你我即合力忘得乾淨。畢竟真正的人群激情分類行動（如漳泉械鬥），沒有人能獲好處，大家因此學到聽聽看看就好，第二天照常人際友善。

北美和臺灣，族群奇蹟已融生活，再怎麼吵吵鬥鬥，乃至如洛杉磯的火燒城角，一下就過，雲風清淡。人們繼續物質精神全域穿越，至黑人區聽 **Rap**，去客家庄採菓，到眷村拍照，或黑老師與白學生共讀一段奴隸解放史。選舉到了，美國臺灣其實都很平靜，不必擔心。

寫於西雅圖餵雞屋二〇〇四年二月四日

——本文原刊於《臺灣日報》二〇〇四年三月十七日。

「族群奇蹟」續篇

去歲秋日在西雅圖某一友朋聚會時間，一位美麗大方外省第二代，其家中長輩並曾為老民代的旅美名作家，全程對臺灣文化與族群爭議話題興趣濃厚。大家聽聽笑笑，也無多激辯。大概國內國外大小正式非正式場合常見如此，辯之無甚利，淡然之，反而常能圓滿散場。多年來，臺灣國人或為在學或畢業後的同學，或為大學同系教職員或國會議員同事，也或為各種可能關係的對應主事人，不同族群背景的人，在政治經濟文化教育社會生活資源競爭領域中，撇不開族群面子與裏子的交錯影響，大家一吵數十載，卻也吵出了一個和平模式，那就是—繼續吵↓耳邊風↓各自繼續堅持↓回家休息去。

美麗作家在略略遲疑中，承認自己為「臺灣人」、「臺北人」，但立即宏音強調她的「臺灣人」、「臺北人」，絕不同於布袋戲、歌仔戲、或草地背景孕養出的「臺灣人」、「臺北人」（亦即一九四九年之前的臺灣在地人範疇）。這是我第一次聽聞有人如此為自己定位，頗覺有趣。換句話說，一方面雖不再分「本省人」、「外省人」了，但換了個湯頭，卻仍在「臺灣人」、「臺北人」裏面續分你我。族群意識／族群性 (ethnicity) 與生俱有之根本賦與特性 (primordial features)（即，「根」與「本」在出生剎那，就有人送與了你）就在此。生而為「外省人」的一種特別感知、情分、或意識，縱使自己從未住過「外省」，卻仍永誌身體。

外在情境變了，「外省人」符號因此可能自我匿隱下來，但另一方面卻在原有情愫支持下，創出有別於舊樣者的「新樣臺灣人、臺北人」標籤，以成全「根本」之需。

臺灣原本就是一不斷在進行分類、再分類的人際場域。外省第二代景況若如美麗作家一般，實應恭喜，畢竟艱困中所覓得的新分類創意，還是不離臺灣土。「臺灣人」、「臺北人」再多幾種出來，增添彩果，人們大致不會介意，即使介了意，也八成雲風淡清，入夢就忘。

那第一代情形又如何？兩位我一向敬重的學界屆退前輩，或可為例。第一位先生對全臺四處何人為老鄉小同鄉，瞭若指掌，對他們境況也倍為關心。從大陸遷來臺灣，各省各縣幾乎都有，在「根本賦與感知」的作用下，遍尋鄉黨，相互支持認同，當是常理。第二位先生對大陸時期國民黨政府腐敗暗殺抓人手段殘酷和來臺恐怖統治等情事，如數家珍，但即使如此，對「中華民國」法統，仍是不必理由地堅定效忠。另外，兩位學人均曾因現今大陸人心算計、失禮粗魯、及觀念落後，交往中受過不少委屈，從而表示臺灣好太多了。他們當然也尊敬臺灣人，更有很多臺灣人好友。但千言萬語都次要，緊要事即是絕對反對以新臺灣自主精神為石，而可能建制的臺灣國家。

無論是小原鄉（省縣鄉里）情感，還是大原鄉（中國大陸）追憶，都是生而被賦與，並隨身帶來臺灣。在臺半個世紀，舒適習慣了，但卻永遠不欲也不會去切斷那條大陸出生，鄉育只有短短幾年的根本絲帶。這就是以出生事實為基底的族群。它有面子（即想像當中我族所建立擁有的政體國號，對之絕對如神膜拜）也有裏子（即想像中我族曾有、應有、或既有的資源，對它們勢要完全佔有之），尤其認定國家即為「我族」（那怕我族成員有積如山的殺伐血腥惡行紀錄）所創的那份想像，往往莫名成了干係一個人生存價值的維繫，因此，總是強韌異常。

不過，臺灣人好像早已看到這些，因此，學到不少凡敏感時分，就立即退縮反射的功夫。過去或許原住民客家較為退縮（即隱藏認同），然今退縮最力者（即在各類大小聲談話中，默默不爭），反而是人口比例最高的福佬裔成員。另一方面，十數年來，外省客家和原住民，各自在輿論文字演說活動中，戮力自我闡釋，情緒解放，最後心境也終歸平和。現在的情況是，人人一早走出門做事，然後一晚回到家歇息。大多時候，如美麗作家之舉的分類遊戲，不再影響你我，類似兩位教授的大小原鄉根本賦與深情，更已被藏入內心，專留自己擁眠。臺灣大社會因此始終平靜，不啻為「族群奇蹟」，大家應為此互相舉杯。前次已論初步，今再補記一筆，以為土地母親賀。

寫於西雅圖餵雞屋二〇〇四年二月九日 10:30 pm

——本文原刊於《臺灣日報》二〇〇四年四月一日。

「族群奇蹟」再一記

為因應選舉可能多變的人際緊張，部分人士組成以「族群平等」為名的功能性團體。組織的成立，有一陣子成了輿論焦點。既標示了「族群平等」，就說明社會上可能存有族群不平等之實，以致需勞師動眾齊來監督。可是，立即有人反映，「臺灣沒有族群問題，只有國家認同問題，因此，族群平等組織並無成立必要」。

臺灣真的有問題？問題又可能在哪兒？問題出自「族群」或「國家」？問題大到焦慮皺眉邦國搖動？還是問題其實根本不是問題？十多年來，多少仁人志士呼籲講述，學術政論連上道德勸說（按：臺灣目前的族群關係仍在道德說服階段，尚未進入系統教育和法律規制範疇），「包容」、「多元共榮」、「互諒互愛」、「融合」、及「欣賞對方」等之語詞，大家多已耳熟能詳。不同立場政治人物互批對方挑撥族群之際，同時自忖對各個族群最為尊重。我們如果不去看彼此鬥罵的一面，從而只關注各自所宣示的寬宏雅納以及所提的族群美好政策，那果真是人人恰如前述的各項道德語詞，大家都是一等一族群倫理家，你我親愛，臺灣還有什麼族際矛盾衝突的問題呢？

既然口語出章，文字確立，彼此當然知悉對方的族群正面道德敘述，那又為何仍緊咬對手不道德地「撕裂族群」？答案很簡單，臺灣原本存有多族群（按：除了原住民、客家之外，外省與本省之分，原為中國四處存在的省籍意識，臺灣因歷史情勢特殊，時間作用的結果，使得省籍有了充分的族群內質），多群必生競爭，也極可能會有一方類似「壓服」另一方的動作，這是社會事實，亦無從掩蓋。族群當事人在生存壓力下，各個體驗深刻。而凡有略為顯性展演者（如以臺語演說，或強調中國、臺灣分清楚），很容易就被冠上族群觀念偏失的控名。此時，被告者自然會反擊，原控者的另狀顯性，同樣也成了受控的證據。美美的聲聲道德語言，轉到責難數錯的一面之時，大家一下子又墮落至惡極的污名世界。

過去多年，臺灣就是這樣的故事上演，習慣成自然，好道德與缺道德一體兩面，國人不會見怪，據此，族群平等團體縱有理想，也好像有點畫蛇添足。畢竟，奇蹟的臺灣，從經濟、政治，以達現在的族群，都讓人看了眼傻，它們全是化不可能為可能。寧靜革命平平和和，族群不必提到教育法律層次諄諄誡罰，也是臺灣人民生活體驗得來的和平智慧所致（亦即，單是道德把關，就已銅牆金擋了），縱使外面仍在上演大小聲指鼻怒責的遊戲。

此外，說臺灣沒族群問題，只有國家認同問題，恐怕也難盡服於人。事實上，「族」「國」難分，尤其中國近世發展出的「族裔國家」(ethnic state) 形體（即以華夏或漢族建置中華或漢人國家），使得國家就是我屬特定族裔所專有的意識，頗為牢耐頑固。據此，中華民國當然就是中國大陸中華人建立的。在臺灣，外省人又是在根本賦與情愫 (primordial sentiment) 指揮下之大陸中華人的代表，中華民國（國）因此與外省人（族）黏膩難分，即使當事人完全肚明，中華民國再怎麼樣也回不到大陸了。以臺灣主體意識為底的臺灣新國家情況亦然，那就是臺灣人建立臺灣國家，國家自是臺灣人所專有的。因此，倘若外省人總以「中華人」「中國人」為第一順位認同，又怎可能接受臺灣國家呢？總之，臺灣是一個國家，但其實內部存有「兩國論」（中華民國與臺灣國），甚至「三國論」（加上部分人士只要中國就好，即使被統一也可；所以情況就成了：中華民國、臺灣國、及中國）。單一國家含有這麼多「國家」立場，其背後更有族群力量支持，竟還能人心靜水，日夜繁榮，不是一大奇蹟嗎？

從小角度看，美國黑白問題時現，有人焦慮（但多數是外人憑空在慮，美國人自己則無甚感覺）。但自大角度看，北美洲種族其實大致祥和，合眾國也才可能富強民安，管理世界。同樣地，臺灣好事者天天在挖某黨某人的族群關係馬腳，但大視野觀之，根本沒事，否則哪可能經濟發達，政治民主，人們走來走去，安全歡樂？美國靠教育法律及人權第一，我們則有道德大袋專裝族群異見，因此太平洋兩岸兩國社會終是穩定。臺灣人似乎專造奇蹟，經濟上揚，政治公開，族群提昇。二十年來，國人以再往外即無他地可走的堅強生存意志，在問題聲嚷中，調整自我素質，繼而成就了今日臺灣。感佩之餘，寫成了「族群奇蹟」第三文，期許更努力。

寫於西雅圖餵雞屋二〇〇四年二月十二日 3:49 pm

——本文原刊於《臺灣日報》二〇〇四年三月十一日。

國族慘烈

總統大選前，筆者曾於《臺灣日報》〈臺灣副刊〉「非臺北觀點」專欄密集刊出〈族群奇蹟〉、〈「族群奇蹟」續篇〉、〈「族群奇蹟」再一記〉等三文。各篇內容均集中在對臺灣族群關係理應緊張，實卻平和之「奇蹟式」景況的大為讚嘆。寫完文章，自忖已盡身為族群理論研究者的社會責任，再來就靜待幾日後由二千三百萬人再次印證謝教授的「奇蹟」論點了。

無料，選舉一結束，臺灣即陷入前所未有的族群騷動。「奇蹟」在哪？朋友們紛紛問道。筆者臉紅苦笑，望書興嘆，研讀了族群、族類、民族、國族、國族—國家等種種專題二十年，難道還判斷大誤？靜心數日，稍事自剖，其實當初興起連趕多篇之念，除了肯定國人同胞之外，心底深處仍存在著期許。期許什麼？期許大家幫幫忙，切莫使「奇蹟」不再，不要讓三文的預測失效。期許就是等待，既會等待，就表示不甚確定，心底七上八下，拜託拜託行行好，讓「奇蹟出現」，教授不漏氣。

選後某些特定場域（如凱達格蘭大道、中正廟前、議事堂內、媒體畫面版面、及失控的血腥語詞）的亂糟糟，的確使人鬱悶難安，同事同學朋友家人碰面，只見閉口呆眼，肅若木雞。大家共度了一段極不喜悅的日子。只是，壞日子妳（你）我照樣撐過，為家鄉土地國家社會付出的力道並未曾稍減。如此，真的又見「奇蹟」了！這次不僅是族群原可能爆炸而終歸自然拆解的奇蹟，更是母性社會包容力的極致奇蹟。我們必須再次嘉許自己。

不過，話說回來，過去一個多月的臺灣，真是一個「慘烈」了得。我曾經提及，臺灣是不是一個國，都還是一疑問之際，其內部已是三國相爭了。這三國就是中華民國、臺灣國、及中國。族群 **(ethnic group)** 本身並不必然即伴有自我專控的政治實體或國家意識。換句話說，族群可能僅是一淡淡的認同（如長期以來的臺灣客家），或以較積極的組織型態追求共同利益（如美國內部的猶太、黑人、及原住民團體），他們多未觸及「國」的層面。然而，族群也可能因特定緣由，生成出國家意識，繼之自我轉變成國族 **(nation)** 或準國族 **(nation to-be)**（如西亞的庫德族和大陸東南亞的甲良與撣族）。

臺灣的情形是，境內兩大省籍基礎的族群，有逐漸趨向認同或甚至效忠自己的「國家」之勢。這次選舉真是族國保衛戰。大比例外省籍族群人士心擁「中華民國」，中華民國是族群的國，是先賢烈祖傳下的政治文化歷史正統，選輸了，國也亡了。另一方面，不少本省籍族群成員眼見好不容易已堆起了臺灣國立國基石，絕對要細心呵護，一旦敗選，國毀運散。表面上在選第十一任總統，實則是兩大國族化了的族群，對其族國維繫的存亡殊死戰。

國族一旦形成，歷史上的紀錄，無一不作慘狀演出，雖不盡然血流成河，但衝突、暴力、仇恨、傷痛則不能免。二〇〇四年中華民國總統大選，記下了臺灣史上首遭國族慘烈的故事。

原本國族的意識即使存有，卻尚未躍上檯面，大家仍能維持傳統的「族群奇蹟」，一切相安，作息健康。如今，國的名號上陣，立即成了兩國相爭，外加唯中國論的激動派排老三居在邊角湊熱鬧。三國志演義現身寶島，人民則不得不通通收納，因為它們就在日常身邊。收納的正面，可能是母性臺灣包容更大，反一面，則敵視加深，相對讎寇。

我不否認族群奇蹟可能不再顯性，但取而代之者，或許就是更難見著的國族奇蹟。臺灣的景況太特殊，很難強迫某一方放棄國族感知，因此，國族之爭勢會延續。依筆者「人類學慧眼」，臺灣人很快可適應，充分消化它，國族不久即轉為純論述。再來一次較量，國族依會上場，只是不會是慘烈狀。畢竟我們都愛護母土，此一特定論述，終將化成臺灣當代乙份白天有點眩暈夜裡有點心痛痛的新知識體系。

——本文原刊於《臺灣日報》二〇〇四年六月四日。

曾經是野蠻羅漢腳

中國漢人在東亞大陸移動的形式，至少有軍事人口與民間人口兩類。前者係朝廷政府因事派遣軍隊前赴處置，多半的情形是，總會有部分人員留下「軍屯」。現在西南中國川、滇、黔諸省，不乏在民族識別工作上，使專家學者難以遽下結論者，而他們就常稱自己為「明太祖派軍之後代」或「乾隆皇帝安置的要塞軍人之後」等。另外，民間人口部分則多係原鄉生活環境不佳，供養不足，終而啟動外移或出外打拼賺錢回鄉之機。他們異鄉落腳建庄，一批批湧來，結果就是在地土著瓦解在即。

美國密西根大學人類學教授Norma Diamond曾悉心探究過苗女放蠱的傳聞脈絡。她發現，蠱的根源原在漢人社會，後被帝國命令移屯南方的軍人社群，轉嫁至當地泛稱苗人的土著。一群官兵，駐紮異地，久了，根就生了，成家壓力隨來。沒有選擇，只能從非漢家族中找女人。不同文化中的兩性角色身分差異極大。苗族婚前性自由，女性拋露頭面出外工作，甚至戰場上也扮演要角，以及與男性「平起平坐」等，絕非父系漢人男性文化所能忍。於是與「性」乙事密切相關的蠱，就被當作苗女「異態」行為的標籤。士兵們拿來自不同文化的妻子沒辦法，或許難受，但女方被迫改變自己，被疑神放蠱甚至被強制嫁人，其身受多倍之苦，不難想像。

漢人墾臺三、四百年，由於中國文化中缺乏西方鼓勵個人（如傳教士、旅人、軍人、航海員、商人、官員、科學家、開墾者等）寫自己、記家人、話世界等留下記錄的要素，各項生活紀實文獻，並不豐富。不過，吾人大致仍可從蛛絲馬跡中，看出平埔族人步步失敗的歷程。漢人自唐山來，全是羅漢腳一人，原訂幾年回去，如今行不了，住了下來，面對者就是成家。同樣地，別無選擇，只有「番人」婦女。平埔多為母系社會，父系的漢人男性「忍辱負重」入贅對方，其實就是土地佔有的覬覦和後代「抽稅」冠已姓的目的。不消數年，平埔人財都沒了。

一九四九年數十萬中國軍人倉逃臺灣，日子飛逝，回不去，就留下成家。不少無法擠進大社會的漸老之兵，經三吋爛舌媒介，半買半「騙」遊說地娶來年少原住民女子。老夫少妻，家徒四壁，問題叢生。近幾年原住民作家散文小說相關敘述尤多。幾乎大小部落總會遇上幾位外省軍人落戶於此。筆者的經驗是，他們為成家傳宗，不得不如此，但對「山地人」的批評，則果真像極中國大漢人主義的嫡系子孫。

一九五四和一九六〇兩年，有多批撤自緬泰邊境的國軍「異域」部隊抵達臺灣。他們攜家帶眷，定居中壢、南投、及高雄屏東各地。這一批家眷的特質亦是老夫少妻。原來，在緬甸打游擊時，規定不能成家，後知不久移往臺灣，才開放禁令。就在部隊動身前數天，山上山下各土著村莊幕幕搶妻慘劇上演。四十幾歲男人看上十幾歲少女，硬是將父母吊起或埋土折磨，使之不得不答應。小女孩就此哭哭啼啼離鄉。這些非漢女性族人（包括擺夷、阿佧、倮黑、傜、濮蠻等），十幾二十來，而今六十上下有，老伴多已不在，她們述及過往，仍是不堪老淚。

從帝國時代苗人之地的軍屯和墾臺漢人，到二十世紀國民黨從海上、從東南亞分別遷臺，都是男人移動身體，大老遠至陌生他地的冒險故事。男人需要女人成家，羅漢腳們在勉強中，附帶鬥爭（如抓放蠱惡女）、巧取土地、買賣人身或暴力相脅，一切都是父系香火壓力和大漢族主義族群關係的產物。

你我都可能是曾經「野蠻」的羅漢腳家人、後代、親友或同胞。文章談及此事，只為族群深省與文化批判，畢竟大家都還需更加謙虛，齊讓古今事陽光照個清楚。

寫於西雅圖餵雞屋 二〇〇四年五月十六日 1:56 pm

——本文原刊於《臺灣日報》二〇〇四年六月廿三日。

頑石、瑰石、臺灣石——從民族誌電影《石頭夢》談起

臺灣是寶島，人人朗朗上口。問題是，她哪邊是寶？比面積大小，不如大陸型國家，比人口，是不少，但卻不一定是正面性指數。或許山川林園可以為傲，多樣生態亦是可貴，但，最具開拓潛能而成「寶」者，可能仍是「人」。人住在土地上，生息自己，繁育後代，數十甚至上百年，必須和其它人無數次互動。互動就是往來的意思。往來看似簡單，其實裡邊的「學問」可是不小。

臺灣二千三百萬人分屬多個極為不同的自我或祖先來源。人口尚不足四十萬的原住民，今天類歸有十二族，卻操用三、四十種相異的語言。在地化很久了的福建、廣東移民，也有各屬縣轄的語腔風習。「外省」是一籠統範疇，事實上，它也涵蓋中國南北東西各省的成分。如今，他們在同一土地上相遇，儘管人與地關係的理由各執，曾經爭的面紅耳赤，也有遺憾之事發生，但，土地就在此，雖不會縮小，卻也不可能增大。於是，隨著時間躍進，大家逐漸沈靜下來，進而學得深知此一不小不大的島區，不僅為自己的安命之地，也是土地上就近鄰人和遠方不曾相識之住民的依靠。於是，「大家都是自己人」的理念性修養，就在不日間養成。觀察臺灣的族群關係史，著實令人感動。為何感動？因為我們成功了。四百多年約近十幾個世代，閩粵人與原住民，福佬與客家，「外省人」與「本省人」，從深度敵意，歷經

血仇極恨，到思考妥協，又至試著認識對方，最後自然渠成，大家同學同事同屋共食共眠，好的關係佔了大比例。這真是一段極不容易的歷史故事。而中央研究院民族學研究所研究員胡台麗博士所製導的《石頭夢》民族誌電影，就完整書寫了這一齣「不容易」。

《石頭夢》以一個「多族群」家庭為主，旁及鄰居幾個亦是「多族群」的家庭，講述一位「外省」年輕充員兵，變成在臺老兵，然後退伍成榮民的故事。主角名為劉必稼。一九五〇年代陳耀圻導演了一部大陸籍戰士開發臺灣艱崎土地的電影，其中見著年輕勇拔，天天搬石頭的劉先生。五十年飛逝飄遠，今天胡博士找著了八十垂老的影中人，再製本事續集。

人物陸續出現，但見下一代早成壯年人，下下一代更已蹦跳學校操場多年。而更加引人注意的，就是阿美族、卑南族、泰雅族、本省外省、福建客家，男女老幼，全在同一社區現身說法。三、四百年前，設若無閩粵人大量遷臺，並「土著化」成臺灣人，就不會有片中原住民與該等族裔完婚成家的可能。五十數年前倘使沒有大批軍人隨國民政府播遷臺灣，繼而在土地上「生根」，必定也看不到必稼先生和他的左鄰右舍四見原住民媳婦活躍持家。這就是臺灣，也是歷史。歷史走來，「地理臺灣」成了今日「人文臺灣」。

《石頭夢》取名「石頭」加上「夢」。石頭盛產於必稼先生家屋附近的花蓮縣大河床，他的公子尋石遊藝以為工作，同時也是興趣。「石頭」硬體，剖現縱面，自然紋條，美麗非凡，價值不俗。「夢」是軟體，當事人以夢灌飽力量，日夜努力，獲見一優秀大石內在，夢成真，身心就安定和諧。

水流沖岩，石頭滾滾，半個世紀前後，地質不休假，硬體一直在那兒，等待人的對話。年輕的必稼先生也是每天接觸石頭，耀圻導演的攝影機拍得清楚。不過，那是一粒粒巨無霸，扛起一次，人體肌肉就繃緊，牙根雙鎖，搬走了，再回來下一趟。如此不知幾年幾月，巨岩移除，家園才得以安置。也是「石頭夢」，夢想有一天，大頑石頭早早滾去，我們要安身立戶。

父親的夢和孩子的夢，五十年間各自構築，前者有闢荊鏟石的年少，也有老家大陸新家臺灣的歲月折衝，後者有生於土地的認同，另有追得菁英瑰石的希望動力。

同樣是石頭，對經驗其中的父子世代，意義互有不同，而中間串場照顧兩人可去石可獲石的要角，就是來自「外族」的妻子母親。必稼先生娶了一名再嫁的婦女，而她原已有子女多名。繼父與繼子女情誼深厚，劉太太真是有福氣的人。影片末段，太太仙逝，必稼先生不日哀痛，孩子們齊力孝心，小家庭的故事，感動了愛護臺灣，並尊重歷史走來方向的每一觀眾。

必稼先生在臺早期，天天與頑石奮鬥，終於成功定居。他的繼子協助媽媽盡心照料家庭，同時也與溪石結緣，把玩鑑賞，成了石頭藝術人，也起步了自已的玉石瑰寶企業。兩人都有「石頭夢」，而其心堅石，永不放棄，是為真正的「臺灣石」身體。今天，二千三百萬顆「臺灣石」構築了一個挺立不拔的寶島山，人人有好夢，頑石瑰石盡在如意。耀圻導演起了頭，台麗博士繼以新作，我們看到多元族群、文化、語言、籍貫、及職業的個體，發揮美麗「臺灣石」的潛能，建造家園，永續鄉土，石頭包容石頭，泥土相互聞香，一滴淚流下眼簾，感謝同胞個個仁民愛物。

寫於二〇〇五年元月十六日

——本文原刊於《人本教育札記》2005/188:98-101。

《經濟轉化與傳統再造——竹苗台三線客家鄉鎮文化產業》序

「客家」對我來說，一直是一陌生而神秘的國度，兒時從長輩口中，僅是偶爾聽聞零星資訊，自然難據此建立具體印象。認識客家一事，就此延宕，直到一九九四年我的臺大人類學研究所碩士班指導學生蘇裕玲小姐，決定以新竹北埔客家認同與客家菁英論述之關係作為論文題目時，才開啟了轉機。如今每有回想，就對自己身為社會文化研究者，竟會如此忽略此一臺灣重要場域，而深覺慚愧。

為了和蘇小姐一起進入客家世界，師徒倆利用三個半月時間，廣閱當時所能蒐得的中英文客家文獻，儘量參與相關會議和活動，亦數次前往她在北埔和南埔的田野地參訪，漸漸才有了學習的心得。不過，雖然如此，自己仍只能算是一客家知識的吸收者，而不是正式的研究者。二〇〇二年初夏，在國立清華大學舉行的「客家公共政策研討會」會場上，曾於一九九七至一九九八年同在美國哈佛大學哈佛燕京學社擔任訪問學人的清大社會學研究所張維安教授，力邀我一起研究台三線竹苗地區的客家產業，我曾表示自己非客家學術專業，恐會耽誤研究進程，張教授很客氣地一再強調我過去的觀光人類學研究經驗，一定會有助於整體計畫的進行，尤其客家議題更需人類學家和非客裔學者的參與。答應所請之後，剛好有繼裕玲小姐之後第二位準備以關西馬武督地區客家與泰雅族原住民族群關係為論文研究對象的臺大碩士班研究生劉瑞超先生，以及甫從美國芝加哥大學獲得社會科學碩士學位的魏竹君小姐，同時現身協助，計畫因此如虎添翼，進展順利。

依和張教授的協議，他負責苗栗縣部分，我則專事新竹各鄉鎮。過去的兩年內，有空就往新竹沿山跑跑走走，對當地商家住戶的熱情留下深刻印象，也獲得不少該地區當下農業轉型、休閒事業、觀光發展、以及文化生態形貌變遷的資料。研究時程大致是按邊閱讀，邊田野，上網查詢，蒐集媒體與活動訊息，同時寫寫改改的方式進行。其中始終與張教授率領的苗栗團隊保持密切連繫，串聯各項資訊，整合探索議題，調潤章節文字，以及交換詮釋心得。

兩年過了，我們在計畫委託單位國史館臺灣文獻館，計畫期初、期中、及期末的審查專家學者，以及研究助理、田野報導人、客籍文化工作者、和諸多公私立機關團體與個人的大力協助指導下，提交了約近二十萬言的本報告書。感謝文獻館的眼光，感謝審查先生的指教，感謝舊識新友的支持，感謝張教授的信任，更感謝臺大新竹研究團隊瑞超、竹君，及稍後加入挺以一臂之力的王鵬惠、王美青、陳彥亘、陸泰龍、劉曉青、和農推系多位同學等的努力。完成一項研究的心情是非常愉快的，尤其是自此讓自己得以系統地認識精彩的客家人事物。當然，本研究（至少是新竹的部分）僅是初步，日後需深入瞭解者仍多，但盼各方學長前輩不吝指正，大家一起耕耘客家學術，光彩臺灣人文社會科學研究。

——本文原係《經濟轉化與傳統再造——竹苗台三線客家鄉鎮文化產業》計畫主持人序二。2004張維安與謝世忠合著。頁Ⅷ-Ⅸ。臺北：行政院客家委員會／國史館臺灣文獻館。

《誰是賽夏族？一個族群的形成、識別與認同》序

身處於解構的年代，是一種福氣，也充滿著挑戰。我們慶幸自己不再被「教科文本」(text/textbook/ textualized literature) 所限制，眼睛變亮，膽子增大，四處敲打學術或社會慣習的門牆。結果，有的被破門後，散成一團，文字打手只管打爛，而卻不知新建「後文本模型」，甚至自認功德一件。自此，好長一段時間內，「文化體」崩解，「族群」範疇浮動，「社區」領域模糊，個人認同突然也變得神經兮兮，自己懷疑自己。解構解了制式威權論說，大快人心。但是，作為文化體、族群、社區、及個體組構因子的「人」，即使親眼看到了去教本化 (de-textualizing) 身分配屬 (identity classification) 學術社會運動的馬到成功，多數卻在學者們驕傲於自我成就的場域之外，心底惶惶，嗷嗷待哺於往下怎辦的焦慮（如泰雅、太魯閣、及賽德克的分合之爭）。換句話說，他人幫忙解了構，自己的「我是誰？」或「我們是誰？」之困，卻立即現身成為生活思想上的大難題。

大浪潮鼓動之下，Michael Moerman 對泰北 Lue 人，Charles F. Keyes 對 Thai 與 Lue，Dru Gladney 對回族，Almaz Khan 對蒙古族，謝世忠對邵族，及王明珂對羌族，紛紛提出了「到底誰是 (Who are) 某某族？或某某族是什麼？」的解構性問題。繼之，慈濟大學人類學碩士賴盈秀小姐在其畢業論文上，也問到：「誰是『賽夏族』？」很顯然，盈秀並不滿意「賽夏族」

傳統的制式族群內容說明（即總是籠統地說，該族一方面與泰雅相近，另一方面又可能受平埔道卡斯的影響），因此決定以充分的田野證據，來解開賽夏組構之謎。她的努力，終於讓我們清楚地看到，不同的文化系統，如何進入賽夏社會領域範疇，又如何以氏族的祭儀專利和角色扮演，來作合合（即賽夏全族）中有分（即氏族的社會分立），分中見著歷史過程（即各氏族的相異文化祖源）的內在事實。盈秀與上述「反制式文本」熱潮和列舉學者一樣，基本上是在解構固化了的國家少數族群。不過，她始終是充滿對族群認同的敬意和友愛之心，因此，解構經由她手，不僅未生困頓，反而解了文化史和遷移史的困惑。

盈秀強調，她從不懷疑現今賽夏的事實存在，對該族在近現代被建構之後，造成族人越來越向心的單一族裔認同，自是完全的尊重。她的解構並不如一般解構論者多以「虛構」一解，來涵蓋眼見觸及的政經文化現象。盈秀所要澄清的是，今天的賽夏必有其身為臺灣十二族之一的全族「共同性」，而那理應就是當下的「賽夏」認同。在此一前提下，我們解剖賽夏內容，方可安然理得，找到了該族內部絲絲條條的歧支異源，也不會使其現今生活整體性，有任何的解崩之虞。反而，讀者們，當然也包括賽夏族人在內，必定對竹苗山地平坡人群流動的活躍事蹟，以及原住民建成族群家園的精彩歷程，留以深刻印象。

賽夏族源多重，盈秀逐一點出了寶地，由於研究者謙遜有禮，又富科學求真精神，復加上全族共同有一根深耀眼的矮靈祭，因此，不怕「後來的」氏族讀了報告而告別認同，也不擔心特定祭儀中「次要的」氏族或「被隔離的」氏族，翻翻書，驚覺自我位置，從而心生不滿嘆曰不如歸去。盈秀的文字，只有豐富賽夏的歷史書寫，而不會使人產生「心底惶惶，嗷嗷等待新版認同的焦慮」。這是解構時代中的新倫理典範。深度的田野，以及金蘭誠心，早已使盈秀成了賽夏族中的「自己人」進而在族人信任喜愛中，遨遊族群文化天地。盈秀擁有多數解構者少見的福氣，而她對自我的挑戰，更塑形了另一種人類學研究的參與觀察典範。

認識盈秀已有多年。五年前（一九九九）因緣巧合，聘其擔任「臺灣原住民影像民族史：賽夏族」撰寫計畫的兼任研究助理，方才慢慢瞭解這位意志堅定的女孩。初聘不數日，正值賽夏矮靈祭時分，兩人同往參加，當教授者，職業性地試探一下，宣稱自己對賽夏非常有興趣的新任助理，於是臨場問了幾個問題。記得那時對盈秀的回答，並不是挺滿意，只覺「這個學生還待訓練！」如今，過了將近一千九百個晝夜，盈秀在慈濟大學人類學研究所先進學長教授同仁的培育下，學業突飛猛進，更完成了作為學位論文而且意義非凡的本書。看到女孩的成長，尤其又見其樹立了「解構而未造成人心瓦解」以及「和當地住民有如自家人般的身處田野」兩項典範，個人心中的感佩難以形容。受盈秀之託寫一序言，上文零零總總，就是想表達曾為她工作「上司」和有幸在明媚花蓮參與其論文口試的一份絕對驕傲。

好書人人爭相睹閱，可敬的族群，大家一起認識他們，真誠的作者，妳（你）我更不應忽略。總之，若欲深度了解原住民，或是覺得臺灣族群關係史實在有趣，那麼趕快來看賴盈秀小姐大作《誰是「賽夏族」？》就對了。

寫於國立臺灣大學人類學系　二〇〇四年十月十一日 5:19 pm

——本文原刊於《誰是賽夏族？一個族群的形成、識別與認同》序言。2004 賴盈秀著。臺北：向日葵出版社。

也是族群關係——記李文成組長

自己藏有一張五歲左右與家人出遊日月潭德化社穿著山地服的照片，更曾以之為拙作《山胞觀光》乙書的封面。但那次遠行的印象飄渺，對認識原住民一事並無意義。真正的原住民「第一次接觸」是一九六九年就讀臺北市立成淵中學初中部最後一屆之時。

一天，學校出現了一位身長一八五，眼深有神的老師，他是臺北縣私立學校轉調來的夜間部新訓育組長李文成。同學們傳言說是一位阿美族的王子。「阿美族」對我而言完全陌生，但，是什麼族，並無影響，和他建立關係，反而是鞭條的經驗。

李組長剛來時，對與大同中學並為臺北兩大明星初中的成淵學生，充滿期待，因此，待我們溫和慈藹，無料，不久即發現這些在牛埔仔、下厝庄仔、及材寮仔等老社區週遭就學的孩子，真是壞透了。除了幾乎沒人好好唸書之外，抽煙、逃學、蹺家、傷害、勒索、土製炸彈、黃色書刊等事，時有發生。組長氣極，開始嚴厲整頓。記憶中，天天有人被處罰（特殊的是，被罰同學離去時向組長行禮，他必鞠躬回禮）。某日下午，反叛期的我，和兩位同學捨門不進，就偏翻爬旁牆，不想，一躍而下時，就見巨人站前，目怒臉青。

拖至訓導處，被狠抽二十幾鞭屁股，痛得軟跪而下，又得家長來校會談，回家再挨父親生平唯一的一記耳光。當時真是苦楚深銳，天地無助。走時向組長行禮，他同禮回我。打人還這麼有禮貌，真怪！兩天後，組長找去，輕聲地說「你是一個有潛力的孩子，為何不學好？你父親是我最尊敬的紳士，你應好好讀書，多和品學兼優的同學一起。」

三十年過往，此事漸淡，但可確定的是，自此我就真的用功唸書，而李組長身影，則偶見於夜夢長憶間。

八〇年代下半葉，至美國西雅圖華盛頓大學攻讀人類學學位，認識了該校比較文學系和東亞系的王靖獻教授（詩人楊牧）。一次談話偶然，王教授因知我研究臺灣原住民文化，順而提及他有一位花蓮中學很會搞笑的阿美族同學李文成……。驚異中，趕快求證，果然真是成淵的李組長。

王教授數年前受聘為花蓮國立東華大學文學院長，某一場合中遇到在當地任中學校長的李文成同學，兩位相見，互有調侃。王提醒李，有一位謝世忠，李表示有此印象。王遂玩笑「就是你當年把人家毒打一頓，他才會立誓研究你們阿美族，把你們看得透透徹徹。」語畢，兩人哈哈，繼續情誼。

向王教授打聽了多次訊息之後，每次至花蓮，就設法尋師足蹤。一回，行政院原住民族委員會舉辦短期人才培訓營，我前去講授乙堂。眼尖的我一坐台上，就望見左前方的熟悉臉龐，再看一眼，確定是李組長。

主持人很客氣地介紹我是族群理論研究專家，著作等身，而有此成就，主要係在華大時受業於當代相關領域兼東南亞研究大師Charles F. Keyes云云。待正式演講時，一開始我就「指正」主持人的不甚真確。我說「主持人只說對了一半，在美國是有名師指導，但實則在三十年前，我經一位老師的痛打點醒，否則不會有今日，他才是恩師。這位老師就在現場，他是李文成，李老師，李組長，李校長！」語畢，起立深深向組長一鞠躬，已忘了當時會場掌聲是否如雷，但心情的激動難墨。

李組長近來已從校長位上退休。他和公子二人趕上了原住民文化復振的運動浪潮。父親常常講故事，記下過往長老言語和幼時族內活動；兒子則親自浸淫文化本身，戮力成為祖靈和族人的溝通代言主角。從年輕打人有禮的帥哥「王子」，到今天博學的族群長老，怎麼樣都難以連起李組長和阿美長輩前後同一人。我皮肉曾疼，但從不有恨，當然也不是因他才專研原住民人類學，或許正是一種緣分。緣分痛徹甘甜，綿延久久。告訴人，我有阿美經驗，那是二十大板，打得重重有味，也是族群關係，對一名人類學教授的意義，非等小可。

寫於西雅圖餵雞屋 二〇〇四年五月十五日 1:40 pm

——本文原刊於《臺灣日報》二〇〇四年六月十八日。

打敗白人？——原住民領袖與北美印地安運動

從一九六〇年代末期到七〇年代中葉，在北美連續發生過幾次印地安原住民佔領橋樑、島嶼、政府機構，及歷史戰場等的事件。這些以激烈手段表達理念的運動，後來都以政府「讓步」性的回應結束。表面上，印地安人經數百年的被壓迫，終於能匯集共同力量，向白人主體社會或國家政權挑戰。然而，事實恐怕沒這麼簡單。政府的讓步，有其法律規範、社會情勢、人道壓力、以及歷史因素的考慮，但為何參與佔領事件的族人，每次都是先接受政府的條件，然後才在撤退回鄉之後，再一次表達不滿的情緒？不滿才要行動，行動之後卻又很容易退怯。原因無它，後繼無力，為何後繼無力？原來印地安的真正全國性統合力量從未出現過，單一的事件，可能一時聲勢浩大，卻不一定能喚起多數背負「印地安」身分者的共鳴。

上述的例子，說明了北美原住民多重社會或族群存在的事實。印地安人曾長期被統治者視為一個單元，期望他們一起同化，原住民領袖之中，也不乏呼籲印地安人一致者，但客觀的因素，卻使印地安人欲變成「一個族群」的努力，終究是徒勞。他們不可能同步涵化，也沒有形成單一族群的文化（擁有共同象徵符號）與社會（追求共同利益）條件。本文準備透過對印地安領袖現象的分析，來討論北美原住民在當代社會情境中，長期陷於族群整合與分立矛盾的問題。

部落、保留區與族群利益

包括學者在內的絕大多數美國人，並無法說出國內一百餘萬印地安人到底總共有幾個族群。換句話說，佔美國人口僅百分之零點五的印地安原住民，實際上包括有數以百計不同的語言、文化或自我認同的群體。這些群體傳統上大多各成單一部落或村寨，除了極少數例外（如東北地區 Iroquois 人有類似鬆散性聯邦的泛部落組織），北美原住民從無建立邦國的概念或經驗。

以部落為政治領域基本建構單位的北美印地安人，原本就已勢單力薄，經過被白人征服，被迫從東往西遷移，再被安置於各保留區內，他們的族群力量更形減弱。在遷徙之時，原有的部落關係被打散，保留區內的原住民，與移入的外來者，彼此相視緊張，新安身地的環境，亦常常不適於移駐的部落。

雖然，並非所有印地安部落，都經過遷移性的土地再配置，尤其是祖居於西岸的各族群，多半能繼續在家鄉生活，不過，保留區制度的實行，卻也不可避免地，直接影響了所有原住民的生活。

政府在劃定保留區時，並沒有人類學深度瞭解族群的考慮。一個保留區可能包含許多部落，這些部落有的長久世仇，有的原住民不滿與外面遷來者共住一地，有的文化或語言上難以溝通，矛盾與衝突因此不斷。在這種情形下，卻冀望印地安人整合成一個新族群或共組一社會單元，恐怕是緣木求魚了。的確，保留區行政的推動，往往與各部落政府的利益不一致。難以協調的結果，許多建設無法進行，形成了印地安社區在經濟、教育，及一般生活上總是落後的內在主因。傳統各自分立的部落主義，在印地安人歷經數百年苦難之後，不僅沒能被充分反省修正，反而在保留區內的半自治生活過程中，被繼續維持或甚至強化。

泛原住民組織的競爭

雖然，「各部落團結起來以對抗白人」的理念，永遠只是個假想，不過，北美原住民的確也在近百年來，不斷地嘗試整合，而這些努力的最典型表現，就是泛原住民組織的成立。

首先，一八八二年在費城有一「印地安權利協會」(Indian Rights Association) 成立，主張印地安人應放棄漁獵，開始過農業生活；同時，也相信基督教是唯一可拯救族人的信仰。在這個前提下，印地安人應同化於白人社會。與此類同的，以所謂「進步的」印地安中產階級為主要成員，於一九一一年組成的「美國印地安協會」(Society of American Indians)，認為受教育，工作勤奮，及盡量調適他們的態度、價值、與生活習慣至美國主體社會中，才是正確之道。這兩個協會都少有部落或保留區的成員參加。

此外，一九四四年於科羅拉多州丹佛成立的「美國印地安人全國大會」(National Congress

of American Indians)，係一九三四年「印地安再組織法」通過後，第一個全國性印地安組織。參加的成員除了都市原住民移民外，還包括有印地安事務局人員、宗教團體、人類學家、及部落住民等。與前面兩個協會完全順從白人社會不同者，它主要的組織理念，係想有效地監督政府與國會的印地安政策及印地安事務局的行政業務。尤其他們反對國會所主張採行的逐漸讓聯邦政府脫離對印地安部落經濟和行政照顧，而讓族人們很快融入主體社會的「終止關係」政策。六〇年代時，有許多人批評全國大會雖見積極敦促印地安事務局，但為了求得組織本身的利益，它與事務局有時實在靠太近了。

相對於前述兩個協會，全國大會已屬先進，但原住民知識份子仍不滿意。一九六一年「全國印地安青年會」(National Indian Youth Council) 成立，其核心成員於三年後，取得全國大會的領導權，並改組了運動的理念。他們認為自己是部落族人的真正代表，而不像過去的團體，充其量只是「印地安事務局的印地安人」。佔領各地的激進行動，即是由他們以及在一九六八年成立的「美洲印地安運動」(American Indian Movement) 所分別策劃。

泛原住民組織及其運動方向，似乎有一從順從、適應、同化，往批評、反同化、抗爭、自決、及獨立等的演化過程。然而，事情並不是如此單純。因為，一些反對全國大會、青年會、及印地安運動等組織的泛族群社團也相繼成立了。其中最有名的，就是由保留區部落領袖所組成的「全國部落主席協會」(National Tribal Chairman's Association)。該協會不僅不承認前述三大抗爭組織的代表地位，反對它們的各項行動，同時還公開主張印地安事務局不應對非保留區的印地安人服務，以確保自己所轄部落的利益。這個組織名為全國協會，實際上則為酋長們大家聯合起來支持部落（以傳統部落為單位）或新部落（以保留區為單位）主義。上述三大系統（進步同化、抗爭自決、及保留區部落主義）間的競爭，構成了當代北美原住民社會中的主要對立關係，而從中所衍生出的矛盾，則極為複雜。

領袖與理念對立

進步同化派的印地安人，多數在都市中與白人中產階級為鄰，生活方式、價值觀念均與主體社會無異。他們領略了同化了之後的好處，在未能生成到部落去看看、去瞭解一下的念頭之前，就大力鼓吹同化主義。事實上，除了留有部分的血統之外，他們與部落族人已完全脫離。這些原住民中產階級無法想及抗爭型的新一代青年所求為何。

不過，進步同化人士的生活，的確相當程度吸引了包括在城市與在部落中生活的某些族人。這些人一方面沒有能力離開保留區到都市謀得高薪，另一方則又往往成為抗爭自決與部落主義兩派在推廣理念時的掣肘。他們不認同部落生活，也反對知識青年只知激進不知改善貧窮。

其次，部落主義者與抗爭自決者，在某些方面的想法其實是類同的。例如，雙方都是一種傳統主義者。前者要維持保留區部落的生活形態，後者則期望依自己的方式規劃生活，其中尤重標榜講自己的語言、信自己的宗教、用自己的方法教育下一代、遷回祖先住址、及重建歷史等。不過，雖然如此，抗爭自決派的領袖，卻批評部落主義者，完全屈服在白人政體之下，在外在權勢架構中偷生。反之，部落主義者卻直接認為，部落現狀（或各部落重組後的保留區）原與祖先生活形態相去不遠，維持保留區制度乃是天經地義的。

然而，即使是單在保留區之內，問題也不如想像中的容易。誠如本文前段已提及的，保留區內有多個部落存在，各自為政的結果，部落主義色彩更強，即使酋長們都是全國協會的一員，在日常部落事務上，彼此卻常為自身利益水火不容。此外，酋長或部落政府主席人選的問題，亦為衝突的導火線之一。傳統部落領袖制度，年輕的一代並不滿意，因為文化因素的限制，而使他們與當上領袖無緣，所以新一代的理念，始終沒有在自己家鄉推展的機會。因此，縱使保留區內大家都有部落主義的共識，世代間爭奪領導位置的問題，仍相當嚴重。甚至常居保留區的進步同化派支持者，即常因較易獲得外在物質支援（如申請到某一筆資金），而能夠在社區內進行反制部落主義的活動（例如積極鼓勵與政府合作開發區內農礦資源等）。有的保留區的議會，幾已被這派人士控制。另外，抗爭自決派的住民，更是完全不承認與白人政府有關係的任何部落政府，所以，他們一直是酋長們心中的大敵。

最後，抗爭自決派的領袖，除了常因外來反制力量強大而傷心黯然之外（如後繼無力而被迫放棄佔領），社團成員內部亦常有意見上的摩擦。大家都共同追求自決，甚至主權獨立；但問題是，如何自決；體制內或體制外的自決？主權要如何行使才算獨立？「武力型」的行動理念若始終得不到多數族人的支持怎麼辦？即使個別或短暫性成功了，下一步呢？盡是嚴辭批評部落酋長，對全體原住民有實質幫助嗎？他們畢竟仍是保留區中掌有實權的人物，如此，恐怕只易激起更對立的情緒。「美洲印地安運動」的領袖們在揭櫫理想之餘，幾乎就長期陷於矛盾的爭辯中。

北美原住民今天的分立現象，有其缺乏共組邦國經驗，及彼此不易合作之多樣性文化語言群存在的歷史文化根，也有在生活適應過程中的現實考量因素。各派領袖都認為自己所作所為，對族人最有利。然而，眼前所呈現的保留區與非保留區，鄉間與城市，部落傳統與進步同化，激進抗爭與溫和妥協，年輕與老年，有土地者與無土地者，阿拉斯加與美國本土，東岸與西岸，平原區與阿帕拉契山，南方沙漠與北方森林，支持印地安事務局與反事務局，在美國體制內與體制外，以及自己保留區利益至上與所有印地安人利益為先等各種議題或領域之間的對立，卻仍難以讓使命感充塞的各方領袖們，摒棄私見，以取得一真正能夠代表全部族人的共有認同象徵。總之，僵持的現狀，在目前看來，似乎不容易獲得改善。

不少美國人心目中，印地安人是美國一「未完成的任務」(unfinished business)。想到「印地安」就想到「問題」，印地安作為一種人群組成，它同時也是「問題」的同義詞。他們的問題，在想像中，包含了衛生、教育、福利、經濟、及發展等各種「進步」指標的範疇。一個世紀以來，印地安人在以「全國」或「全美洲」為名的號召下，提出各種新的原住民價值，但事實證明，「全國」永遠只是「部分」，而各套理念，也都出不了幾個領袖的圈談小世界。原住民的所謂自主力量，輿論文字再怎麼膨脹，在現實上，終是弱不禁風；反而，那「印地安人＝問題」的主題意識型態，卻一直強有力控制美國白人與原住民間族群關係的發展方向。大家看到一年年大學畢業的印地安人數比率增加（改善教育），政府撥來預算的逐年提高（改善福利），及社區醫療服務的次數愈來愈多（改善衛生）等的數據，就可以瞭其然了。

——本文原刊於《自立早報》一九九三年四月十九日。

（本文為一九九三年三月六日「臺灣原住民人文中心」主辦北區原住民大專院校生「自我挑戰營」對學員的演講修訂稿。為篇幅的考量，文中數則實例描述、標註、及引文等，均從略。）

導言──傣泐研究與臺灣

本書的九個章節，係以我於一九九〇年三月至十一月在《世界地理》連刊的九篇文章為主體所構成。在為該「瞭解傣族」系列所寫的導言中，我說道：

當一個人類學家選定某一特定非主體或非優勢族群為其研究對象時，她（他）就成了該族群成員們本身以外，最可能瞭解這一個群體的候選人之一。這個族群一方面提供這位幸運的學術工作者無盡的資源，讓她（他）得以在探究社會文化的範疇內，批判他人的理論，建立自己的理論，再激動地駁回他人對自己的批判。簡單地說，這名學者經濟上的穩固與精神上的滿足，常就是基於該族群所賜。因此，種種經驗顯示，人類學者與所研究之族群的關係，常呈現出一種金蘭兄弟義氣貫通的特質。

換句話說，除了創建學術理論之外，學者或會以同等數量的文字，在「最可能瞭解該族群的候選人」之資格的允許下，對付著來自主體社會或優勢族群對該「兄弟族群」各種扭曲的探問或判斷。

選擇「傣族」，並沒有特別的理由。我到那兒作過田野研究，現在準備把我所知的寫出來，以表達我的一份興趣及一份感覺。傣族與任何其它非優勢族群一樣有天賦的生存權利，也有百分之百過自己喜歡之生活方式的權利。然而，她所獲得之享受權利的機會似乎仍有限。

我是個人類學工作者，也假設自己是傣族本身以外最可能瞭解傣族的候選人之一。但是，「瞭解」是何其難的事。「瞭解」不是風花雪月，不是華麗辭藻，也不是白日夢兼夜半夢遊的勇氣，瞭解是一種「我能快樂，我能有自信心；他也應能快樂，應能有自信心」的信念與敦促力量。從本期開始的一系列關及傣族的探討，或許只是我們最初步的一個努力。請大家共同來參與「瞭解」他人和他族，畢竟我們都不願意只當一個自利的俗氣人。

當時的這番話，所反映的是一個人類學工作者，在向雜誌讀者介紹某一特定族群時的態度與期許，它無關乎該族群與讀者們間的基本關係（如是否同屬一國，同一種族，同一文化背景，或共負同一歷史等）。簡單地說，它直接代表著在「文化相對論」規範架構下，研究者，被研究者，及閱讀報告者間所構成的一個人際關係網絡。我的假設是，在這個例子中所學到認識人的角度，自然也可應用於其它任何可能的族群接觸經驗。

現在，自立報系文化出版部準備將這些文章合集出版。獨樹本土風格的「自立」對這批研究大陸的文獻感興趣，先是令我頗為訝異，繼之則認知對我和「自立」，這都是一新的機會與經驗。「自立」關懷的觸角，將因本書的出版而更加廣遠，我自己則能以一專書，系統化地與臺灣讀者共同欣賞一個居處滇緬邊境族群的生活設計，同時，也得以看到中國政權與漢族有效的政治操控技巧，及其身為統治者和剝削者內心的不安定表現。

不過，雖然如此，我仍很不願意看到「自立」出版部的書架上，唐突地冒出一本違背傳統出版方向的書，而該書的作者又正是我。一本敘述中國地區非漢族族群故事的書，對臺灣能有什麼樣的啟迪？我一直在思索這個問題，也希望以下所提出的一些觀點，能使本書也具有關懷本土的功能，從而不至於不像「自立」的書。

提到「中國少數民族」，在臺灣原本人人會想及滿蒙回藏等的族名。最近幾年，動態和平面媒體在大量捕捉大陸點滴之餘，自然不會忽略報導或製作（有的是中國相關單位的推荐，有的是自己去尋找）一些「歌舞亮麗」、「服裝鮮豔」、「傳說神祕」、及「男子壯女子美」的少數民族情事。一個一個族在節目或專欄中被描述，觀眾或讀者的新少數民族印象，也漸漸被塑模。有人可以說出如彝、傣、納西、哈尼等幾個原本陌生而奇怪的族名，有人知道有火把節、潑水節或盤皇節，更有人聽到了自治區、自治州或自治縣等的機關名號。

「少數民族」一稱從大陸傳來臺灣，現在流行了起來。對多數人而言，在任何可能的時刻，口中蹦出「少數民族」或聽到看到該名稱，大概都不會覺得尷尬，畢竟，人們或多或少知道它所指為何。如今，大家知道臺灣也有個少數民族，那就是「山胞」。「山胞」是少數民族，並非得自社會主義中國早已把「高山族」列入五十五個中國少數民族之一的資訊，反之，在我的觀察中，那是一種「轉認」(recognition by transposition)的結果。換句話說，在臺灣漢人內心深處，早已認定「山胞」或「番仔」是一個和他們不同，且人數很少的群體。現在，已成為少數民族標誌之在媒體上湧現的「鮮豔服飾」與「團體歌舞」，簡單地被拿來與臺灣「山胞」的豐年祭和各觀光地文化村表演景觀掛上等號，那麼「山胞」之成為「少數民族」也就不足為奇了。

中國少數民族的資訊傳遞及轉認作用，同樣對臺灣原住民本身，也產生了影響。原住民們除了很自然地把自己認定為少數民族之外，有的急切想知道更多中國少數民族的情況，有的則直接一項項地比較中臺少數民族的各種處境。其中最讓多數原住民知識份子和民意代表感到動心的，就是中國的少數民族區域自治。最近，原住民自治的聲音日漸增大，政府方面也召集了專家學者討論又討論，我們可以想見原住民與政府雙方所面臨的都將是棘手的難題。

臺灣原住民追求自治的急迫心願，我們當然不難理解，而把假設上關係與臺灣最密切的大陸情境，當作首要參考對象，也是一自然的舉動。不過，中國非漢族群在區域自治之下的真正生活情況是什麼？恐怕比較少人會去做解剖的工作。本書的九個章節，或許在某種定義下，已提供有興趣的朋友，尤其是原住民朋友們，一個初步的瞭解架構。一九八七年我的《認同的污名——臺灣原住民的族群變遷》一書，以對原住民自身族群問題的研究，提出一些觀點來和原住民朋友們對話；今天，這本書的出版，事實上就是以一臺灣以外的族群現象研究，同樣地也想和原住民朋友們在廣闊的空間上彼此對流思考。

第一、第二兩章，我試圖釐清什麼是「民族」。它到底和一個活生生進行社會生活的人群有何不同？其中強調的是，「民族」完全為國家政權的創造，我們不應太輕易接受它與自然族群相互對等的假設。第三章談到什麼是「傣族」。事實上，這個問題可以問所有官定的五十五個少數民族，甚至漢族。民族誌的材料證實，輕率地認定「一個民族即有其固定的範圍」，是頗為不智的。第四章我們跳出土司的窠臼，直接從 Sipsong Panna 傣泐人出發，來看自己的歷史，結論是，她是一被長久隱埋於霸權歷史（即中國人一向詮釋 Sipsong Panna 自古屬於中國，而西方人治東南亞史者，又忽略了泰、寮、緬、高、越之外還有這個小國）之下的獨立或半獨立王國（向中、緬兩方朝貢）。第五章談到中泰兩國國族主義 (nationalism) 大行其道之際，所揭櫫出來的中泰傣三邊縱深關係，這個問題迄今仍然敏感。第六章反映了統治政權在政權利益前題下，對傣泐家園的技術操控，使她一切為「祖國」而存在。第七章的主題側重在南傳佛教的生存危機，及它的被政治化與觀光化。第八章描述西雙版納地區族群關係的變遷過程。現在的情景是，傣族自治州中的漢族，實際控有資源利用的大權，而這也反映了大部分中國少數民族地區的事實。第九章所陳述者，是一悲劇性之自然環境墮落的故事。由於族群政治與國家經濟策略的作用結果，西雙版納正好與南美的亞馬遜流域東西呼應，大家瘋狂地消耗與住民生存憑藉息息相關的原始森林。

這些章節自然仍不足勾勒出傣泐社會文化生活的全貌，不過，我們相信，一些基本的思考角度已被提出。任何一個族群都沒有義務同意只被描繪成圍圈圈跳舞，或穿著紅花綠紋再鑲上羽毛的忘憂者，傣泐人如此，臺灣原住民亦然。生存本來就是一件嚴肅的事，生存的尊嚴更常常足以取代肉體生命的價值。臺灣讀者是聰慧的，我們特抱以無限的希望。

本書的完成與出版，感謝可愛的妻子李莎莉小姐協同研究；世界地理前社長賴森源先生，前總編輯簡淑芳小姐，文字編輯宋金芳小姐，及前編輯顧問林素卿小姐等當初在該刊撰稿時的支持與鼓勵；以及自立報系文化出版部總編輯魏淑貞女士和諸位同仁的眼光、勇氣與耐心。當然，所有提供大大小小資訊之在中國，在臺灣，及在美國擁有自己獨特認同的各族（尤其是傣泐）朋友，更是書後的第一功臣。

寫於美國西雅圖餵雞屋　一九九一年七月廿一日

——本文原係《傣泐——西雙版納的族群現象》序文。1993 謝世忠著。臺北：自立報系。

輯四

原住民觀

《認同的污名》序

族群 (ethnic group)、族群意識 (ethnicity)、及族群變遷 (ethnic change) 等的課題，在西方社會科學之社會種族關係、社會生物學理論、文化與族群認同關係、政治與族群形成的關係、及多數與少數族群關係等的研究中，一直是很重要的。然而，在臺灣，包括人類學與社會學在內的當代中國研究中，無論是田野民族誌的材料蒐集，或是理論建立的方向，卻都尚未觸及該等課題。因此，在一定的程度上，這本小書所傳達的研究心得，或已象徵著一種新的嘗試與努力。

一九八四年秋季，透過了對當時所修之「當代族群意識專題討論」一課的濃厚興趣，我決定把族群關係、族群意識、及族群變遷等相關課題，當作在華盛頓大學人類學系學習的主要對象。除了單純興趣的原因之外，上述之臺灣人類學界缺乏這類研究的事實，自然亦是影響選擇的要因。就在我確立研究方向的同時，臺灣原住民也傳出了社會運動的訊息。很快地，我提出了研究計畫，並於一九八五年七月返回臺灣，一方面想在純學術的領域內注入點新血，另一方面，我則有一種把關懷原住民從僅止於報導、同情或爭論的架構，提升至理論層次的理想。

在我的看法裡，研究臺灣原住民族群變遷的問題，目前應是一成熟的時刻。一來係因原住民本身在當今社會文化劇烈變動下，已被迫不得不作意識認同上的根本變遷。再者，近幾年來，他們的知識份子以主動的姿態，加上有組織的策劃，正企圖尋求一種具復振本質的新認同。前者就是原住民普遍地產生一種對自己族群的負面認同感，我稱之為「污名化的認同」(stigmatized identity)。而後者則是一種透過各族群的聯合運動，冀使原住民超越原屬族群（如阿美或泰雅等），來正面地認同「原住民」這個範疇。我稱之為「泛臺灣原住民運動」(Pan-Taiwan aboriginalism)。

由於這項研究具有介紹一新研究取向的性質，因此，上述兩個主導整個研究過程的概念，在翻譯和名詞定義上，都煞費了心機。其中又以對「stigmatize」的詞譯感到最為困難。我考慮過「恥感」、「辱名」、及「愧名」等名詞，但最後都或因它們已有約定俗成的意義，如恥感係指一種以羞慚感來制裁自己的心理情結，而愧名則意為一種暫時的羞愧感，而未予選定。

Stigmatized feeling 是一種負面感覺的最極致。我雖決定把它譯為「污名感」，但因「污」字的負面意思非常強烈，即使這項研究係一具客觀基礎的論述，惟恐怕會在個人的價值系統上產生出直覺的反感或偏見，我仍願在該名詞上作整體的保留。

這項研究從設計研究綱要、申請經費、田野調查、以迄完稿，一共花了兩年時間。以英文撰寫的一份，名為 Ethnic Contacts, Stigmatized Identity, and Pan-aboriginalism: A study on

Ethnic Change of Taiwan Aborigines，其摘要已於一九八六年七月七日在芝加哥大學主辦的「臺灣研究國際研討會」上宣讀。中文的一份在完稿後，曾先送請中央研究院民族學研究所審核，並要求發表。後因全文過長，不合該所集刊規格，始轉送自立晚報以專書出版。

這兩年研究期間曾得 Stevan Harrell 教授、Charles F. Keyes 教授、張桂生教授、劉斌雄教授、李莎莉女士、臺灣原住民權利促進會、玉山神學院、及包括原住民和漢人在內所有報導人等的指導或協助，謹致最深的謝意。

——本文原係《認同的污名——臺灣原住民的族群變遷》序言。1987 謝世忠著。頁 1-3。臺北：自立晚報社。

《「山胞觀光」——當代山地文化展現的人類學詮釋》序

一九九〇年三月，就在我至臺大服務的半年後，由於一個欲解決的學術問題，一直盤據著當時的生活思緒中樞，因此，就向行政院國家科學委員會提了專題研究計畫，計畫名稱是《「山地文化」的模塑：一個多重詮釋體系間互動關係的研究》。我一直懷疑，是否有一客觀的山地文化存在，山地文化應是一組組依主觀認知與詮釋而存在的各自獨立，然卻又相互絡通的抽象概念。換句話說，在臺灣，大家都知道有「山地人」，也有「山地文化」；而什麼是山地文化？我的假設是，它是依個人的經驗、想像、及現實目的而決定的述說系統。我們或可能找得到無數的述說系統，不過，主導各種述說產生的幾個系統源起或作用中心，應也可分別提煉而出。認定這些系統中心，並釐清它們之間所構成的網絡關係，正是我專題計畫研究的目的。

我認為，在臺灣，至少有五個對「山地文化」的詮釋系統中心：分析的文化（人類學學術的研究）、政宣文化（官方的政策需要）、漢人民間理論文化（漢人對山地文化的認知）、原住民民間理論文化（原住民對山地文化的認知）、以及商業性展示文化（觀光企業中的山地文化展售）。原先，我準備分別建立這五種呈現山地文化的模式，再進一步對彼此的互動關係進行研究。然而，開始執行計畫之後不久，我發現自己的野心過大，架構雖清楚，但卻難以在有限的時間內，完成這個龐大的研究工程。換句話說，處理五個詮釋系統中的任何一個，均足以讓我們忙上一、二年。於是，我決定在分析領域（如學術、政權、觀光商業、一般漢人、及原住民自身等）不更動的原則下，以單一現象為研究對象，調整題目。由於我發現在觀光的情境中，可以很清楚地找到學、政、商、漢、原五要素共同作用的事實，因此，以觀光現象作為問題探究的中心，就在這個情況下被凸顯而出了。

一九九三年十二月廿四日，我完成了研究報告，為了配合原提計畫的名稱，仍以《「山地文化」的模塑：一個文化多重詮釋體系的建構》作為提交報告的題目，後來經簽請聯繫在徵得國科會同意後，將題目改為《「山胞觀光」：當代山地文化展現的人類學詮釋》，以期更符合內容，並轉請自立晚報文化出版部以專書出版。

人類學的觀光研究，在西方至少有二十年以上的歷史。學者發現到，戰後以降，「工業—資本—都會」社群成員大量地前赴「非工業—傳統—鄉民部落」社會遊覽的現象，日愈明顯，挾帶豐沛政經資源的觀光客，到各地尋奇休閒，促使被觀光地幾乎成了當代影響或指導文化變遷的最重要要素之一。人類學家會注意到這個問題，其實也不難理解。因為，長久以來建立人類學主流理論的主要民族誌來源地非洲、東南亞及太平洋島區，已經多數成為觀光活動的「被征服者」。人類學家要延續他們對該等文化的觀察，勢必會遇上觀光的人潮，也勢必要加入對它的分析。

在臺灣，對原住民社會文化的學術研究，往往因著重在幾個有限層面的探討，以致一些對社群或部落生活具高度影響力的要素，即使就在田野中之學者身邊作用著，卻常被忽略了。例如，觀光強烈衝擊蘭嶼已有多年了，分析雅美文化的學者，卻始終未將之納為學理關注的對象；又如烏來居民幾乎全數以觀光為生，但泰雅族的專家，卻少有人會嚴肅地將之視為一分析的議題；再如東埔溫泉觀光地的存在，對布農族社會變遷的影響，可以想像得到一定相當明顯，然而，我們也看不到布農族專家的重視。本書的研究是一個起步，也是一個提示。觀光是嚴肅的社會科學學術議題，而不是不正經的玩票；它是社會關係、族群接觸、文化變遷，及力量對話等理論分析取向的具體素材。為了將研讀之關及觀光研究的文獻與人分享，並開啟較具挑戰性的思考，在一九九三年三月至六月的學期中，我於人類學系開授「觀光人類學」(Anthropology of Tourism) 一課，果然，如我所料的，多位同學表示他們的視野拓展了許多。但是，所料未及，竟有系裡的同事，在看到課名五個字之後，立即對我直接表達嚴重而激動的質疑（或是責難？）。我認為觀光的主題是「正常」、「普通」、「重要」，而她卻認為它是「枝節」、「旁門左道」、及「不會走路就想跑」的。其實，只要有空翻翻以英文發表之近二十年的人類學期刊，或去參考英美各主要大學人類學系的課程，就不難發現觀光的議題並不陌生。更何況，開拓新的（其實早已不新了）研究取向，亦是學術工作者的任務之一，我因而堅持，自己的考量是合理而應可被接受的。

國科會與自立晚報在和我聯繫出版事宜時，都分別問及本書用「山胞」和「山地文化」一詞是否得體，因為原住民的正名已成定論，我們好似又走回頭路了。首先，對兩個機構的用心，我很感佩，畢竟支持合理的族群訴求，一向是我們努力的目標。不過，我想強調的是，當前在臺灣與原住民有關的觀光地點或機構，一方面均仍標榜「山地文化」、「山地歌舞」、或「山地文物」；另一方面觀光客的「原住民」概念亦不甚清楚，他們只知看的是「山胞」、「山地人」、或甚至「番仔」。此外，更重要的一點是，多數的觀光地點均由非原住民的資本家或政府所操控或主持，原住民僅負責演出工作，他們只能接受公司或上級的安排。我們主張，既然「原住民」一稱象徵著土著族群自主意識的展現，那「原住族群觀光」(indigenous tourism) 一稱的使用，至少應等到原住民自己生成運用觀光資源的動機，並積極而有計畫地規劃，同時也能充分地掌握獲益的時候。換句話說，「山胞觀光」指的是，他人安排「山地人」和「山地文化」的演出供遊客觀光；而「原住族群觀光」則是指原住民自己安排自我文化的呈現方式，並主持觀光過程中的所有活動。如果觀光是無法免除的人際和族際之活動的話，我們當然期待著原住族群觀光時代的到來。

依國科會專題計畫合約的規定，在計畫執行屆滿之後（按本計畫執行期為從一九九〇年八月一日至一九九一年七月卅一日）的二個月內，必須向該會提交研究報告。換句話說，一九九一年九月三十日之前，我應完成報告。然而，由於堅持要寫就一本專書（而不只是一篇文章），不得不「違反」規定，自行拖延，直至一九九三年十二月廿四日才完稿。在此特向國科會及全體納稅人致歉。有時候不能如期交出，是為了精求品質，而並不是無理的失約，我想應在此說明這一點。

研究期間，擔任兼任助理當時就讀於臺大人類學系四年級蘇幸娟（現於美國 Carnegie Mellon 大學攻讀企管碩士）、武珊珊（現於美國 Wisconsin 大學 Madison 分校攻讀人類學碩士）、林玲珀（現在臺北工作）及鄭鳳儀（現於美國 Rochester 大學攻讀人類學碩士）等四位同學，曾給予最大的協助。幸娟和鳳儀在九族村與文化工作隊同住時，臨時拼成的房間內，養著老鼠，曾把她們嚇得夜不敢眠。幸娟白天工作賣力，到了晚上，亦常為了務必寫全田野日記，而與筋疲力盡的身子搏鬥良久。珊珊和玲珀負責瑪家的田野，住在水門，不習慣附近太過油膩的食堂，又常頂著傾盆大雨上山下山，倍極辛苦。回到臺北後，鳳儀熟練的報帳工夫，讓我放心許多。有一段時間和她們一起在田野工作，看到學生學得快，既滿足又欽佩。現在想起她們的努力，就為人類學系的學生感到驕傲。原本答應她們，初稿會請四位過目後，才正式送印成書，但當前情勢恐怕不允，特請其見諒。

花蓮和蘭嶼部分，我自己負責。就如我過去的每一次田野一樣，學生們的師母娘娘，莎莉小姐，必定隨身協助，因此，使工作進度與效率均增添數倍。說實在的，常常我都弄不清楚，到底係她是我助手，還是我當她大跟班！

給我幫助和指導的人實在太多，不能一一列名。不過，仍必須特別提及所有報導人和受訪的公民營機構、國科會，以及自立晚報文化部魏淑貞總編輯和她那一群對我們始終抱著最大耐心的年輕同仁朋友們，謝謝妳（你）們。

末了，也許畫蛇添足，不過，我仍想一提。第一章所附之照片中，右邊站立皺著小眉頭的男孩，就是謝世忠。一九五九年（也可能是一九六〇年），充當一小小「山胞觀光」觀光客的我，似乎極不情願地穿著日月潭德化社商家提供的原住民服裝，與家人共影。我對那一次的旅遊已毫無印象，只是，故事就是這樣出演，日子一過，卅四年了！今天，長大了的小男孩寫就本書，也許馬上又會湧來一批尊敬「謝教授」的讀者。只是德化社早已涼淒落寂多年，而邵族更在九族的分類之外，望盡了歷史和未來的惆悵。

寫於一九九四年四月廿四日原住民揮別山胞的歷史時刻

——本文原係《「山胞觀光」——當代山地文化展現的人類學詮釋》序言。1994 謝世忠著。頁 1-6。臺北：自立報系。

「山地服務」——一個不可避免的都會行動

「山地服務」（簡稱山服）在大學校園中，是個熱門的社團活動。甚至，我們可以說，它是當代知識青年，踏出校門服務社會之前，一個幾近「必選」的非正式課程。經過學生們二十年來熱烈而澎湃地邁向山地之後，現在應是將山服當成一社會科學題目研究的好時機。今天，我準備在人類學的概念領域內，提出一些假設，希望可以用來解釋山服為什麼會在臺灣的大學生社群生活中，成為一顯著的焦點。換句話說，我們想瞭解他們為何要走上山去！

山服的四個表層特質

今天準備跟各位分析山服六個深度層次不等的特質。首先第一個層次，是一個比較表層的層次，我們可以從各大專院校的山服現象中，歸納出它所顯示的四個特點。第一個是它的存在普同性。幾乎各校都有山服社團。它的普同存在事實，反應了大專同學，有一個共同的認知基礎，那就是大家都認為山地需要被服務，而我更是義不容辭地必須參與服務。

第二個是常續的傳承性。各學校的山服，多是很大的社團，這個社團不怕沒有新生，總會有人去報名，有人去參與，所以它是種常續的傳承，這亦反應出剛剛提到的共同認知，也就是說，山地需要被服務，「誰去？我去！」的這種看法上認知。

第三個是工作的類似性。不管是哪個學校的山服社團，到了山地之後，工作的性質都非常類似，服務的項目也很相同。其實，各個學校的山服社團，彼此不一定有聯絡，但他們在山地服務做的事情卻很相似，其中最典型者，包括服務老人、服務小孩、教書……等等。

第四個是組織的土著性。有些山服組織會模仿某一部落的文化特質，來自我認定。比如它會替每一位社員找個山地名字，或是它會模仿部落年齡級來組織自己的社團，這就是組織的土著性。社團成員們，把自己想像成山地部落的一員，如此在參與的時候，比較有一合理的地位。事實上，這與觀光客到山地部落，然後穿上山地服裝，虛擬一下動作的效果差不多，它會以一種很表象或刻意凸顯的山地有限特徵，來自我包裝，以期據此獲得一能與對方融合的角色。

山服是校園文化的特質之一

山服的第二個特質是，它為校園文化的一部分，也是校園知識份子的專利之一。山服是在校園中產生的一個行為，離開校園之後，類似的行為就很少見。這表示，山服的同學在校園時，會參與這樣的活動，但離開校園後，繼續同類行為的人，並不是多數。所以，它是校園裏的一項文化特質。也就是說，校園裏有很多特定因子在作用，而這些作用會刺激同學，產生一種造成大家想去參與活動的動機。另外，它也是知識份子在特定情境中的行動。在大學讀書的時候，你是知識份子，畢業之後你也是，但，這時產生參與動機的特定因子消失了，因為，讓你繼續維持當初熱情的條件早已不再。所以，它是知識份子在有限時空下（空間就是所讀的大學，時間就是在當學生的這段時間內）的行為。當時空改變之後，類似山服的活動就消失了，因此，它是校園專有的文化特質之一。

山服是一個道德性的觀光行為

山服的第三個特質是，他可被視作為一個道德性的觀光行為。什麼叫道德性的觀光？社會科學家在研究觀光活動的時候，一般會把觀光分為文化觀光和自然觀光。文化觀光例如到羅馬看競技場、到中國看長城、到埃及看金字塔等，或到一個地方參觀古蹟的歷史性觀光。自然觀光則包含生態觀光與環境觀光兩種。屬於生態性觀光的，比如高難度的登山。這些山沒有經過人工改造，我們可去欣賞它自然存在的狀態，而不用去修飾它。環境觀光則比較有休閒遊憩的意味，比如墾丁，它就是屬於環境觀光中的休憩型。墾丁經人工化設計，有很好設備的飯店，可以幫助觀光客欣賞整個環境，與剛剛所講的自然生態性不一樣。另外，還有一種環境觀光，類似打獵、釣魚等比較動態性的，參與者想要從環境中獲得征服的滿足感。

最後，還有一種介於文化和自然兩種觀光間的「異族觀光」。從臺灣到蘭嶼去看雅美族，到烏來看泰雅族，到花蓮看阿美族等等，都是異族觀光的範疇。觀光客去看這些人，形式上好像已達到接觸他們文化的目的了。

山服的特質，實際上包含了我剛剛所提的異族觀光、生態觀光以及環境觀光裏的休憩型觀光等三類。同學都是在寒暑假時去山地服務，所以它有在假期裏進行類似休閒活動的性質。再者，大部分的山服成員都是漢人學生，他們跟與己不同的族群在一起，所以已然表現出了類似異族觀光的特性。另外，它也類似生態觀光。同學們去的時候，並沒有企圖改造對方的生活環境，只是到那裏做些活動。總之，山服兼有異族、生態、環境休憩型這三種觀光特性，但這只能解釋山服的部分行為，因此，我提出「道德性觀光」一詞，希望能比較充分解釋山服行為。換句話說，有一種道德力量，驅使山服同學作此選擇。在整個過程中，同學們必須付出一些道德力量，而這個道德就變成了一種責任、感覺和表現，而且有一種自我教育的滿足感。這種道德性的觀光，在山服隊的定義下，轉變成了「服務」或「協助」。山服的同學認為自己在執行一種責任、一種滿足道德感的追求，當這個理念充塞於山服成員身上時，外人根本無法打破。他們一定要把整個事情做完，才能把道德上的情緒，作一完整的宣洩。

山服是建構對方形象、製造服務形象的過程

山服的第四個特質是，建構對方形象，又為對方製造吸引力，這是一個過程。也就是說，對方的形象，由山服所建構出來，這個形象（諸如山地的偏遠、貧困、教育缺乏或資源有限）會產生某種吸引力，吸引同學去山地。部落本來是一個自然村，其實沒什麼特別。生活在裏面的人，如何感覺生活、如何評價世界，山服的成員並不知道，但他們會去建構、會去假想這個地方居民的生活形象，於是就會產生「他們是需要被服務的」想法。當這個形象被建立之後，即能吸引一些同學，前來加入社團。從選定地點、安排、設計、行前訓練、到任務執行，所有的動作都是一種預備，預備要向吸引力中心奔去。當這樣的熱度到達某一程度時，就必須出發，出發到這個吸引力的中心。

山服是尋找真實世界的一種行動

第五個山服特質是，它係一追求真實世界，尋找純真原我的行動。在都會中許多人已失去了人的原性，很多人都在把人性失去的徬徨表現出來。人類的原始性格，在現代社會中被許多制度、規範所約束，日常所看到者，都是人工空間，比如摩天建築、高架橋樑、多線馬路等等。在校園生活的同學，發展出山服活動，欲到山地中尋找一個真實的世界。他們到山

地充電，找回自然的原我，以為日後回到人工世界生活作準備。

山服是一個文化向自然炫耀的行動

第六個山服特質是，它為一個文化向自然炫耀的行動。都會代表人類創造文明的最高極致，它更與高等教育無法分開。在大學受教育的同學，本身背負著一個象徵文化發明創造最高極致的身分；相反地，山地則代表一種文化創造有限、發明有限、利用物質有限的世界，它象徵著自然。所謂「文化」，正是變造自然、修正自然的結果。我們把自然界改造成可以安逸生活的地方，但隨時也都在和自然界競爭。人們不時準備抵擋自然界的反撲，以確保自己充分掌握自然界資源利用的權力。另又因自然似乎已被長期「制伏」，人類總不會忘記在必要的時候，向自然界炫耀。

山服到山地之時，帶著很流行的服飾，有照相機，會講英文，操用標準國語，這些都是都會校園中所特有的，它代表一種文化範疇。所以，當它從都會或校園進到部落時，就是文化向自然炫耀的一個過程。

不可避免的都會行動

以上的六點山服特性，基本上已能解釋社團能長期存在於大專院校的道理了。人類有一種普同的文化向自然炫耀天性，我們很難把他去掉。另外，當代都會化的人工社會，向純淨自然社會尋求自我的需求，也很難消除；而部落或山地形象，既已被長期固定，同時又形成很強的吸引力，所以也很難去阻止新的成員或學生，不斷地參與山服活動，在求學過程中，小學和大學這兩個階段，對道德的反應最高，所以，道德任務加上觀光的樂趣，就更加強了山服的吸引力。

總而言之，山服是一以人類普同的潛意識為基礎，續以當代人類社區的結構為推動力，再以形象吸引、自我道德感、文化價值為觸媒劑的一項行動。它是一牽涉非常廣泛，從人類生存本質到校園文化特質，整體串起來的一個過程；所以我才說山地服務是個「不可避免的都會行動」。

——本文原刊於《臺灣時報》一九九四年一月廿七日。

山地歌舞在哪兒上演——原住民的歌舞場域

在臺灣，大概很少人沒有看過山地歌舞表演，這裏所稱的「山地歌舞」，意指所有以「山地」、「原住民」，或以某一特定族群、部落為名，以及宣稱受原住民文化內涵啟發之肢體藝術，或配合歌唱的表演。或許有人不太喜歡「山地歌舞」一稱，一方面在今天，理論上「原住民」實應已全面取代其他舊稱，另一方面，文化精緻主義與文化新傳統主義的信眾，也可能會在名稱用語上執著，以期能與「庸俗」或「虛假」者進行區辨。不過，首先，基於人類學對「文化」的界定求其最廣，以及價值論斷中立的原則，本文並不去考慮各類歌舞演出內容之美學價值高低的階序問題，同時，若我們同意將「原住民」作為一種自主意識的代表，那當前大部分的原住民在參與歌舞演出時，基本上多還未掌握自主的資源與機會。所以，傳統上以「被安排」為主的「山地歌舞」，或仍是一較近於事實的稱名。

我們想瞭解，人人都看過的山地歌舞，都在哪裏上演、什麼時候上演、為何能上演以及上演的場域又代表什麼特定意涵等等的問題。「看山地歌舞」似乎是一普通常識，因此看過、聽過的人，多數不太經意它。然而，我們知道，普通常識就是一種文化體系，山地歌舞現象也就是當前臺灣社會文化面貌的一環；在這個前提下，釐清那些多半出現於原鄉之外，並且人人可看到之非部落情境的山地歌舞展演內在意義，就相當值得嘗試了。

政治喜事與文化政策的消費

不知從何時起，各種政治性的慶典，就不忘請原住民來跳舞助興。一九九三年的雙十節，經行政院文化建設委員會的安排，被認為是「豐年祭儀保存得最完整的」花蓮縣豐濱鄉港口村阿美族人，幾乎全村動員，到臺北總統府前演出他們甫於八月初結束之豐年祭的歌舞精華。當時，領跳者為八十五歲的長老許金木。國慶如此。而一九九四年十月廿九日，臺北市建城百十週年的紀念活動——城慶，亦出現了黃大洲市長與外賓，共同和盛裝原住民一起跳舞的場面。另外，同年十一月廿四日中國國民黨黨慶大會上，山地舞蹈也是重頭戲。我想，大概很少人會去思考，到底臺灣原住民在中華民國國慶、臺北城慶及國民黨黨慶等這些政治喜事場合中，與主事者同歡的必然理由何在；反正，各種熱鬧鮮豔均來祝賀，或許就是想像中的普天同慶了。

此外，山地歌舞亦是各級政府文化政策實踐過程中的要角。一九九二年第一屆「山胞藝術季」由文建會、各縣市政府及中華文化復興運動總會一起策辦，活動的重點即是歌舞展演。當系列活動於三月廿二日在高雄中正文化中心廣場揭幕時，文建會主委郭為藩著排灣族頭目傳統服飾，和參與的舞者共跳「迎賓舞」。一九九四年三月文建會主辦的全國文藝季活動，在南投縣部分，著重於布農族祭典的表演。包括行政官員在內，前往觀賞的人相當多。他們在看了各種祭儀演出之後，也都參與了一場布農族歌舞大會串。另外，民族藝術薪傳獎的展演活動中，原住民歌舞也總不缺席，例如，一九九一年的該次活動，就請來了嘉蘭國小排灣族小學生到中正紀念堂廣場演出「那麓灣舞曲」和「結婚舞」等。

為消費國家文化政策預算而演出山地歌舞，除了上述直接由行政機關投入者之外，還有其他的展演系統。國家兩廳院在一九九〇年委託明立國和虞勘平策劃製作一為期五年有系統介紹原住民音樂舞蹈的「臺灣原住民樂舞系列」。迄今已有阿美、布農、卑南、鄒等族的歌舞，在專業舞臺展演藝術家引導下，經過「以原住民文化內在既有的邏輯為依據」之認知原則排練，最後呈現於國家戲劇院的舞臺上。對政府而言，這是文化政策實踐的一部分；文化官員期望在消費政策預算的過程中，能達到文化精緻或民俗生活藝術化的目的。而策劃製作人以「真」為基石的「新傳統主義」觀，則或正好是一能夠整合於政策理念方向的選擇。

國家中樞政治運作的場域，有上述山地歌舞得以出現的位置；而在地方政府方向，著實也不落人後。臺北市政府曾於一九九二年五月廿四日，舉辦由「臺北市山胞歌舞藝術文化服務團」所策劃的「臺北市八十一年度山胞民俗歌舞聯歡大會」，演出了「織布舞」、「祭神舞」、「豐年舞曲」、「婚禮的祝福」、「結婚舞」、「凱旋舞」等節目。一九九三年由臺北市政府民政局主辦，各區公所承辦的「中秋節月光晚會」，在大安區方面，就邀請了魯凱族人表演「迎賓舞」、「英雄舞」及「團圓舞」等。同年十二月，民政局又主辦了一次「原住民歌舞大會」，以配合八十三年度臺北市原住民系列活動。

臺北縣政府轄有烏來唯一山地鄉，縣屬文化中心和建設局分別於一九九三和九四兩年，在該鄉的烏來村舉辦「九族之夜」，廣邀包括噶瑪蘭族在內的各族原住民前來聯歡，並將「各族最具特色的歌舞表演或儀式呈獻給大家」。每次的活動，均有數千人參與，尤清縣長也都到場致詞。此外，汐止鎮一九九〇年起所舉辦的「秋季傳統藝術季」，每年都以鎮內山光社區阿美族豐年祭演出為主角，藉學校廣場載歌載舞，鎮公所甚至也曾以「汐止豐年祭」名之，期望能「文化立鎮」，推動傳統藝術工作。

總之，中央與地方政府分別有其文化政策，而原住民常常成為政策實踐中的寵兒。基本上，不論中央或地方，不同的執政黨派，對文化政策過程中，原住民位置的擺放，差異並不大。從對各種藝術季與文藝季的規劃，在露天廣場或在現代室內舞台演出，到所擬訂的節目等等，均顯現出消費文化政策預算的決策人或執行人，對展現「傳統」以及將「歌舞」作為原住民標誌的一種執著。

社會休閒文化的重要活動

除了為政治目的或政策實踐而跳的場域之外，山地歌舞也在提供臺灣社會休閒娛樂的範疇中，擔綱重要角色。首先，我們幾乎可在各山地觀光地點，看到山地歌舞的表演。在花蓮，除了「阿美文化村」、「紅葉山地文化村」、及「東方夏威夷」等三處山地歌舞表演地之外，數個大型藝品公司，也附設有小型歌舞場。在蘭嶼，紅頭村的婦女，常會臨時受邀為觀光客表演舞蹈。另外，臺北縣的烏來也有「山胞觀光股份公司」旗下的「泰耶魯文化村」，每天演出歌舞節目；新型態的山地觀光據點，如屏東瑪家「臺灣山地文化園區」和南投魚池「九族文化村」等，則分別有大型歌舞場，長駐跳舞工作人員，為觀光客服務。這些山地觀光場所，數十年來成為塑模臺灣原住民文化形象最重要的來源之一。

此外，有些民間商業慶典活動，或與政府合作，或自己主辦，也會有山地歌舞的節目。一九九二年二月，中華民藝華會在臺灣省旅遊局和花蓮縣政府的支持下，至花蓮市舉辦第四屆年會。當時安排了山地歌舞比賽，參加的各族各隊，分別獲得了不同名目的獎項。美洲旅遊協會第六十一屆世界年會，於一九九一年九月廿八日在臺北召開，主辦單位除了在會場大廳，請來了原住民以盛裝歡呼唱歌迎接來賓之外，晚上的「文化之夜」，也安排鄒族豐年舞和蘭嶼朗島雅美族的勇士舞。另外「臺灣省風景區休閒旅館經營者聯演會」會員業務發展會，於一九九二年一月中旬在臺北環亞大飯店舉行，南投縣仁愛鄉仁愛高農師生共組的歌舞團，也成了娛賓的主要節目之一。

再者，民間藝術劇團或舞蹈專業人士，常常也會以原住民生活故事為主題，創造或改編舞碼，依以文藝學界認可的形式進行展演。雲門舞集的「射日」，即改編自泰雅族神話故事，他們強調公演的舞台和服裝，全依泰雅族傳統文化轉化而成。日漸活躍的「臺東劇團」，今年度即製作了「鋼鐵豐年祭」，其中也以歌舞作為表達主題意念的主要方式，劉鳳學的「新古典」舞團，亦於九月廿三日至廿五日在臺北演出了「沈默的杵音」，其中有表達寧靜原鄉與當前生活遭遇的對比舞碼。最近國立藝術學院戲劇系的秋季公演，演出「海山傳說，環」，學生們在上學期「原住民歌舞」一課中，習得原住民部分歌謠與舞蹈的表現法，再將之整合成一組創作的舞劇。上述這些演出團體，均有濃厚的人文理想，一般而言，它們吸引了較多都會菁英的目光，也多會在「藝術」的名下，與商業慶典的山地歌舞劇劃清界限。但是，比較諷刺的是，後者的出演者，幾乎清一色是原住民，而前者的成員中，原住民籍者則佔少數。

不過，無論如何，山地歌舞對臺灣社會而言，既是異文化，也是一種本土文化。異文化的神秘新奇，直接導致商業休閒或娛樂活動少不了它，都會人或外來觀光客，或多想在山地歌舞的異國情調中，求得文化探險的滿足。反之，關懷本土的人，則多半會小心翼翼地維護原住民在歌舞藝術文化領域中的較高位階，所以，也難怪劇場或舞蹈家，會不斷去力求精緻形式的演出了。

肢體美學與族群文化認同

不論是因政治政策目標，還是依社會娛樂需要而演出的山地歌舞，原住民本身均鮮有主動的位置，換句話說，原住民籍的參與者，有如提供社會服務，以自己能歌善舞的才藝本事，在他人安排之下，加入貢獻對方的行列。不過，雖然如此，原住民自己以自主意識組成正式社團，或以非正式的群眾，來演出歌舞的情形，我們也不陌生。

最典型的例子，就是旅居外地族人所舉行的豐年祭。一九九二年十月廿五日，旅北排灣族曾在新莊恆毅中學舉辦聯歡豐年節，傳統歌舞自然是重頭戲之一。另外，今年十月六日，在臺北南港高工也舉辦了阿美族豐年祭，此外，還有「原住民文化藝術團」、「泰雅人文藝術團」等，也會在不同場合演出歌舞，其中前者就是阿美族籍北縣議員宋進財所籌畫組織者。不過，他們最初的動機，只是希望透過一起跳舞唱歌，來讓在都會中生活的同胞，心理有所寄託，正式團體的形成，是後來的衍生結果。

此外，原住民在追求自我政治權利的活動中，也會安排歌舞助陣。「臺灣原住民族權利促進會」在歷年來的週年慶大會上，以及為特定目的而籌辦的募款會，或如一九九三年揭示響應國際原住民年的「原權之夜」活動裏，均有歌舞演出。族人們在共舞氣氛中，將理念訴求宣示得更為熱烈。目前，臺北市議員選舉，原住民七位出馬，競選一個名額，有的候選人在抽到號次時，即有多位族人同胞以山地舞造勢。

原住民在故鄉之外的各種自主性歌舞演出，基本上與未離鄉之時所跳的動機與目的一樣。在家鄉時，跳給自己族人看，跳給造物者或某些特定神祇看；在旅居地，雖時空不同，演出形式或內容也可能不同，但仍是為自己族群而跳，為自己的信仰（不論是宗教性的或政治性的）而跳。都會中的演出，自然會出現許多非原住民觀眾，但那也無妨。畢竟，一方面家鄉中的歌舞活動（如豐年祭、矮靈祭、打耳祭等），現在亦是外來人潮洶湧，爭看表演的場面，所以，旅外族人自然能夠適應；另一方面，亦可藉此，以肢體美學的方式，對外族人宣示自己的族群文化認同。在將動機傳達於外的過程中，當擁有一份特殊驕傲。我想，「原舞者」就是最佳證明。

結語

哪邊可以看到山地歌舞呢？我們並不是在為您介紹有什麼人什麼社團在表演山地歌舞，反之，本文是想告訴讀者，我們所發現的幾個部落之外的山地歌舞展演場域：政治場域、社會場域及認同場域。其中，在政治與社會場域裏，原住民充當一社會服務的角色，他們的歌舞，讓國家增光，城市增彩，縣府鄉鎮歡樂，也使政黨獲得喜悅；而政府更以文化政策的預算，來對山地歌舞得以維繫，做出某種程度的保證。

工商業社會生活的苦悶，也因原住民所提供的山地歌舞，分別在商業休閒和藝術鑑賞兩範疇中，獲得部分紓解，不過，原住民舞者似乎一直就在那兒待命著。政治家、行政官員、商業人士、藝術家、文化工作者等，依其需要或理念，分別要求舞者來演，或指導舞者配合他們的策劃或目的來跳，或創作新款，讓原住民籍與非原住民籍的舞者，共同融入展演情境。要求者、安排者、指導者、創作者固然不少，山地歌舞演出的時空和被界定的階位水平也不同；但是，不要忘了，掙脫出操控者和階位架構的束縛之後，所有原住民籍的舞者均是族人同胞，他們的兄弟情，不必受所屬之演出團體，或地點在中山南路邊大劇院舞台還是汐止小鎮之小操場的影響。作為原住民舞藝成就象徵的原舞者專業團員朋友們，必瞭解這層道理。因此，她（他）們看到都市角落正進行的簡單豐年節慶，或聽到某一不知名社團的演出消息，同樣會加入共舞。畢竟，族人認同下的肢體美學，不必苛求，也不需工刻。各場域舞者的演出，正好告訴我們，原住民在族群生存危機下，一個能屈能伸的道理。

——本文原刊於《自立早報》一九九四年十二月十九日。

原住民事務委員會——原住民、少數民族與蒙藏，在臺灣情境上各有歸所

現在似乎是臺灣原住民族群前途的一個關鍵時刻。因為，當執政者做下最後決定之時，原住民可能自此成為國家施行非主體族群政策的主要對象（按：即成立「少數民族委員會」，而以原住民事務為主要的工作範圍），也可能成為在中央行政理念中的次一級非主體族群（按：即成立「少數民族委員會」或「蒙藏暨少數民族委員會」，而仍以原蒙藏委員會的架構為主導運作，原住民屬於次於蒙藏位階的一個少數民族）。原住民在這個族群政經資源可能得以重組的契機中，若僅為爭得稍佳結果，亦即將來原住民事務預算有所增加，主管層級亦略獲提升，那麼，恐怕十幾年來族人菁英所努力之得以在國家議題上展現自主意識的理想（即以獨立的族群地位與政府對話），仍難獲實現。而原住民政經資源分配，以及原有之文化、人口、語言、教育危機等的問題，也依舊存在。本文即希望透過對現實與學理的雙重討論，提出關及在臺灣主管非主體族群之中央部會設置的一些看法。

「少數民族」是什麼？

大陸時期的國民政府和臺灣地區的國民黨政府，從未以政府的立場定義過疆域範圍內的「少數民族」。換句話說，到底應依什麼樣的標準來予以界定，中華民國成立八十五年來，始終未被歷屆政府及其所信任的學術專家認真考慮過。甚至，什麼是「民族」，大家也多以常識性的認知方式來論說。在各種法律和行政的制定或運作過程中，「民族」（更遑論「少數民族」）始終未被正式制度化地認定。現在，雖然「少數民族」一稱成為熱門議題，但顯然包括政府決策者、民意代表、及多數關心者在內，均仍以過去習用之常識性認知模式來述說與它相關的問題。關心的人士之中，有沒有誰意識到「少數民族」和「民族」均必須清楚地制度性界定呢？在沒有具法律效力的定義之前，即冒然以該等稱謂設立部會機關，不會問題重重嗎？

在自然地談用「少數民族」一稱之時，大概多數人不會想到，這個使用習性，事實上是近幾年與大陸接觸所受的「潛移默化」結果。社會主義中國對民族和少數民族均有官定的規範標準。從五〇年代初開始，他們即以制度化的民族定義，及馬列主義的民族形成與消亡理論為基礎，進行全國的民族識別。中共政權自其在打天下時期開始，就認定有少數民族存在，而在臺灣戒嚴時期的「匪情研究」領域中，政府情治機關和半官方半學術機構裡的專家，即常以對岸的政策理念與行政名詞為對象，進行分析和批判。既然國家範圍中有「專屬於少數民族」的項目（包括民族識別、區域自治、及民族文字改製等），專家們也就隨之論起「少數民族」政策的種種不是了。解嚴並開放與大陸接觸後，臺灣民間開始廣泛地吸收大陸知識。如今，「少數民族」不再是「匪情研究」的對象，反之，它已透過個人經驗，成為人們自然認知的普通常識。在臺灣，幾乎大家都知道大陸有少數民族。除了回鄉或旅行團行程的安排而親自看到者之外，各類媒體的報導與節目製作，也有不少關及「少數民族」的內容。原住民菁英和有心的學政人士，藉著大陸傳來的少數民族訊息，多年來不斷地與臺灣情境進行比較。他們較少去在意臺灣原住民被中國劃歸為五十五個少數民族之一的「高山族」是否合宜，反之，「少數民族」的概念及其政經地位的問題，才是這些人士主要的論述焦點。

在中國，係先有定義、有理論，再去辨識少數民族，並設計相關的民族政策；反之，在臺灣，定義和理論從未建立，但卻出現了欲以常識性的少數民族想像，來改組政府的情形。或許有人會說，少數民族就是人數少的民族，簡單明瞭，何需多心。但若進一步問及「何謂民族」？恐怕就難以有人能論說清楚的了。我們擔心，「民族」若不清不楚，在律法上又不能規範，那麼各類的社會群體，均可能在某種情境下，自認為「民族」，並以此尋求更多的政經利益。

臺灣的少數民族

既然當前的臺灣已內化了「少數民族」的概念，而中國的少數民族分類，也少有人提出質疑，那五十五個少數民族，自然就會合理地進入人們思及「少數民族」的概念範疇裡。中國所類分的「高山族」一稱，雖不為臺灣民間與政府所採用，但它卻反映了島上土著已然屬於少數民族的範疇。這項事實更能驅動欲提升原住民權利或政經地位的族人菁英，企圖以「少數民族」的自我認知，來架構自己屬於國家層級的最高位階。畢竟，在中國，少數民族係由「國家民族事務委員會」管理，而原住民黨政菁英們，若確認自己為臺灣的少數民族，他們所冀望，自然就是一處理己身事務的中央專屬部會。基於上述的理解，對於最近力爭成立「少數民族委員會」的原住民立委，我們當然能夠體會他們的用心。

但是，在臺灣，所謂的少數民族，真的就只有為「蒙藏委員會」服務多年的有限藏族、蒙古族成員，以及各個原住族群嗎？答案恐怕是否定的。誠如前段所言，若「民族」和「少數民族」的界定不清，日後當某一社會群體依其自我認定方式，自稱為少數民族，並要求「少數民族委員會」提供服務時，政府如何以合法的理由予以拒絕呢？或許有人會說，這是庸人自擾，民族就是民族，少數民族就是少數民族，不是民族或少數民族者，憑常識即可判斷，不必多加操心。然而，即便是如此，問題仍未解決。為什麼？因為五十五個少數民族既是定論，中華民國政府的「少數民族委員會」勢必也要關顧全面，將來事務運作的對象中，蒙、藏、及原住民（相當於社會主義中國認定的高山族）只是五十五之三的份量而已。

如此的推斷性論述，可能會被視為破綻百出，因為現在國府治權僅及臺灣，我們大可只以原住民，頂多加上人數不多的蒙藏同胞為服務對象，其他的力未逮及，統一以後再說。然而，抱此想法者，恐怕仍會遇上難題。因為，在臺灣的少數民族，絕非只是原住民和蒙藏兩族；五十五族之中，有不算少數的不同族成員居於此地已超過四十年了。

一九五四年和一九六一兩年，分別有國軍殘部從泰北撤至臺灣。這些軍隊長期在雲南與北東南亞邊境上作戰，一方面新兵補充時，多找自當地非漢系的各族群或部落壯丁，另一方面官兵們也多娶該等異族的女子為妻（按：以居於山間盆地的泰語系族群為多）。很自然地，當他們踏上臺灣土地之時，這個島上就注定要添增除了原住民、漢語系各族、及一九四九年之後隨政府前來之蒙藏人士以外的族群。這些來自雲南一帶的人士，若依中國政府的判準依據，多數均能被類歸入五十五個少數民族之中。

一九八二年中央研究院歷史語言研究所宋光宇先生，曾發表了居於南投清境農場和高雄農場吉洋分場的前述兩次來自西南邊境之軍隊移民的民族學研究報告。據他的調查，清境農場的婦女（即官兵之妻）之中，有包括擺夷（中國將之歸類為傣族）廿六人、果洛泰（族屬不詳）一人、倮黑（拉祜族）十七人、阿佧（哈尼族）八人、傈僳（傈僳族）二人、佧佤（佤族）三人、蒲蠻（布朗族）二人，及傜家（瑤族）三人等在內的少數民族計六十二人。

另外吉洋分場也有包括擺夷三十八人、傣子（族屬不詳）二人、永人（族屬不詳）二人、傈黑十四人、阿佧十五人、阿克（族屬不詳）一人、傈僳一人、苗人（苗族）一人、傜人（瑤族）一人、佧佤三人及蒲蠻一人在內的少數民族計九十一人，兩地合起來共有一百五十三人。一九八九、九〇及九二年，我曾多次對北臺灣地區的擺夷人進行初步調查。在所掌握的資料中，這些亦是兩次從泰北遷移過來的擺夷人，主要住在桃園縣的忠貞新村、宵裡新村、貿易七村、貿商七村及干城五村等眷村。他們的家庭組成至少有如下幾種類型：漢人丈夫與擺夷妻子、擺夷丈夫與擺夷妻子、擺夷丈夫與漢人妻子、擺夷丈夫與原住民妻子、西南山區部落族籍的丈夫與擺夷妻子、以及擺夷單身漢等。總人數約共三百人（按：此數字包括擺夷人本身及其不一定是擺夷之配偶所生的子女在內）。另外，我們也都知道，除了西南背景的各族之外，滿族和來自新疆的維吾爾族，在臺灣也各有一些成員。以上所述的這些非漢族，既都在五十五族的範圍之內（按：其它族屬不明者，似應和大陸一些尚待識別的群體一樣，享有備受照顧的權利），那為何他們不能參與將來的「少數民族委員會」呢？這些問題不知一直主張成立該委員會的原住民菁英們曾否思及？我相信日後它會是委員會事務處理上的一大難題，既然如此，當然必須事先設法解決，以期達到政策順利推動的目的。

蒙藏與少數民族的歸處

今天，多數人認定「蒙藏委員會」必須改組，而新的機構可能為「蒙藏暨少數民族委員會」或「少數民族委員會」。然而，據我們上面的說明，在臺灣地區使用這兩個名稱，恐怕都會出現問題。一方面島上原住民獨享國家最高行政部會位階的機會將被剝奪，另一方面，臺灣的境況，實沒有理由要以中央政府的大量資源，去專顧從大陸遷來之人數不超過千人的少數民族。不過，話雖如此，稀少即珍，不論他們從何處來；特別設置一個處局，專門服務在臺大陸籍少數民族（包括蒙藏），應是可行的。行政院現在有一名為「大陸委員會」的部會單位。這個機構的成立，顯然是奠基於承認國府治權僅及於臺灣的事實（按：一般國家很少看到一個中央部會專以處理某一地區事務為設置對象）。換句話說，大陸是一個地區，這個地區對臺灣的生存深具關鍵，因此，必須特設一個專門處理該地區問題的行政機關。那麼，少數民族既在大陸地區是一重要的國政焦點，而臺灣對蒙藏和少數民族亦頗為關切，則為何陸委會不能設立一「少數民族事務處」呢？這個事務處可接下「蒙藏委員會」解散後的業務，更可重新出發，以服務全體大陸籍少數民族為目的，一方面關切居處大陸之非漢族的情況，另一方面即可專門照顧在臺的那一千位少數民族移民。我們相信，這項安排不但不會使當下居臺的蒙藏朋友失去既有利益，更可擴大照顧前述之西南或甚至新疆和東北的少數民族。

包括蒙藏在內的少數民族有所歸了，那臺灣的原住民呢？「少數民族委員會」既不適宜，而對爭取主導自我命運權利多年的原住民來說，我們認為最佳的配合方式，就是籌組「原住民事務委員會」。

結語：臺灣原住民的情境真理特權

臺灣原住民是島上現有族群中的最早住民。他們人數雖少，但各族祖先們在漢人及大陸籍少數民族移來之前的數百甚至上千年之間，很成功地維繫了島嶼的美麗，也留住了足以讓當今二千一百萬人得以開發享用的資源。依最先進的國家設計原則來看，土著或原住族群雖在近古以降，幾都成為被征服者，同時在政經資源的享有上亦多居於劣勢，但這種情況必須改變了，現在應是大家全面反省的時刻。將反省的意識付諸實踐的第一步驟，對政權而言，就是承認國家土地上的原住民或土著，有一掌握自我政治經濟生活的權利。這項使族人們得以真正享有權利的最基本條件，即是不論原住民人口的多寡，中央政府均必須有一服務他們的國家級最高專責機構。

臺灣是當前國家的所在地，而這裡既然存有原住民，那他們自應擁有一中央的部會，以享其身為原住族群的「特權真理」。中華民國政府認為，不論是「放眼」或「胸懷」，均不應侷限小臺灣，我們自要尊重她的理想。因此，如前所述，「大陸委員會」關懷大陸，所以它理應以具體的「少數民族事務處」，來表達主體族群對包括蒙藏在內之非主體族群的好意。至於臺灣原住民之必須另以「原住民事務委員會」來推動服務，即奠基於中華民國長期以來在臺灣運作的事實。臺灣為國家政策的實施範圍，這是一情境的事實（即只在臺灣的情境，未轄及大陸的情境），在地的原住民自然在這具象情境上，享有前述的「特權真理」。基於此理，中央政府之「原住民事務委員會」的成立，正是執政者認知此一原住民真理性之先進思想的實踐。

——本文原刊於《自立早報》一九九六年二月十六日。

從矮黑人到原住民——科學證據與認同價值

呂秀蓮副總統近來提到矮黑人為臺灣原始居民之說，引起廣泛的討論。言論發表之日，剛好遇上大水災痛苦難熬時，總總湊合，沒有人有論理之暇，諸多責難因此一起撲向副總統。事實上，能講出臺灣曾有矮黑人居住一語，即代表當事人的好學與具長遠史觀的修養。災難來了，大家共苦同悲，無一不思積極解決土地存續問題之道。不可能有人會在此時落井下石，身為副總統自然更不會失去立場。無論如何，副總統關及臺灣地方人種或族群歷史的科學知識，不應被無端抨擊，不過，若隨此而來懷疑今日南島系「原住民」之稱，尤其是「原」字是否合宜，則也大可不必。「矮黑人」是科學的探索，「原住民」則是今日世界對各土地現存最早住民族群的敬稱，它具有人際間有效相處的社會意涵。

環赤道一帶各地，包括非洲和亞洲太平洋地區，分佈有一膚色深黑身材短小的人種。由於早期對這群人的「發現者」和「界定者」多為西歐殖民探險家，與己身「高大白膚」相較，對方「短小黑膚」的特徵就被突顯報導，連帶而來者就是如「又黑又無人性」、「黑小孩不可教也」、「嗜食猿猴」、及「夜間好出怪聲」等諸多刻板印象的描述。馬來西亞半島的「黑種」原住民為 Orang Asli。該族只剩不足十萬人，一般多名之為 Semang 人。Semang 一稱，馬來語意指「終身債欠永為奴」。英國殖民期，半島上包括南島系的馬來人、華人、北印度人、阿拉伯人、及 Orang Asli 原住民均為被殖民者，大家同難。英國人走後，受其訓練接班的主體馬來人上層階級轉行內部殖民主義，惟華人人口眾多，抗衡有力，而北印度和阿裔居民與馬來人同信伊斯蘭，也免於壓迫。唯獨 Orang Asli 直接受害至今，他們總是被指控為國家發展的障礙、非伊斯蘭異端、及環境破壞者等。簡單來說，現今馬來西亞統治者為南島系馬來人，但他們不是政經教文資源被國家支配的典型第四世界「原住民」(indigenous people)。在該國，原住民指的是俗稱「矮黑人」，長久以來被稱為奴人 Semang，而自我族名為 Orang Asli 的群體。

馬來西亞的例子再次告訴我們，「原住民」的定義一方面科學另方面又不符科學。Orang Asli 比 Malay 早居半島上，這是科學報告結果。但卻無人能確定他們是真正最早的。換句話說，當地史前遺址的主人是否為 Orang Asli 仍是個謎。所以，稱 Orang Asli 為「原住民」，應是現生人群時序早晚比觀下的考量。事實上，人類始祖四百萬年前自非洲起源，接著四處遷徙，上古漂遠，要找到任一土地上所謂的第一人群，以目前的科研技術，恐怕並不可為。

臺灣呢？臺灣也在環赤道周邊，到底有沒有居住過「矮黑人」？呂副總統從她的閱讀經驗中說「有」，而不少原住民族群的傳說中也說「有」（雖不一定強調「黑」，但一定說他們是「矮小的」）。

全國知名的賽夏族矮靈（或矮人）祭，每兩年一次，每十年又舉行一大祭。對賽夏人而言，矮人族雖被滅，惟其靈力甚強，賽夏因此必須定期祭之慰撫之。泰雅族傳說中的矮人擅於烹飪，然卻因無肛，所以只能聞香飽肚。布農族記憶中有名為「伊古倫」的矮黑人，長有尾巴住在地洞裏，後因故自己將洞堵住，自此無人再見到之。魯凱族好茶部落傳說有一名為Tharikaegele的矮小族群，曾協助該部落建立社區並支援糧食。不過，後來矮人群卻神秘消失了。魯凱作家奧威尼・卡露斯曾撰文記述好茶人瑞具矮胖身材名為勒格勒格的故事。他就直接假設老人家所屬家族，或有可能即為傳說中之矮人群的後裔。排灣族的說法類似魯凱，亦即矮人族與排灣社會互動良好，惟該族後為山林內之怪異生物所滅食。另外，筆者在日月潭德化社邵族地區田野訪談時，也不止一次聽到該族頭目及長老提及矮人曾住在大潭山邊底洞，擅於游水捉魚情事。總之，原住民各族普遍存有矮人傳說，而事實上過去已有部分學者作家媒體進行過臺灣矮黑人研究（如中央研究院民族學研究所創所所長凌純聲）、報導（如二〇〇二年時報旅遊探訪行程）、或以小說體發表文章（如過去《自立晚報》的王家祥），足見它在國內並不是一最新的話題。

「學術研究」是當代人類所發明出的一項奇特生活場域。投入該場域者是所謂專業學者，但他們窮究畢生，往往仍得不出肯定答案。以下是幾個典型例子。臺灣史前文化人是否為今南島系原住民祖先？目前的回答是，只有極少部分可以確定，但大多數則是「尚不清楚」或「可能，但仍待研究」。又，臺灣原住民何時開始住在臺灣？文化人類學、遺傳人類學、語言學、考古學分別有意見相左的答案，但均是在「大約」或「推測」中結論之。再者，矮黑人是否曾存在於臺灣？答覆亦是「或許」或「傳說中」。

「傳說中」指的就是前舉各族傳說的景況。傳說是知識訊息，也多半是美麗的故事，但對學術研究來說，卻只是一充分的條件。要證明矮黑人是否存在過臺灣，即使存有諸多傳說或現行儀式（如賽夏矮靈祭）加上週遭各國如中、菲、馬均有當地分佈的歷史記錄或現生群體以為佐證，都嫌不甚足夠，因為缺乏必要條件。必要條件是什麼？它可能是發現矮人族的部落遺址，可能從語言上確定今南島系群體有矮人語彙採借或影響，或生物人類學的基因證據等。比較遺憾的是，這些必要條件迄今仍多闕如。至於學者們有否繼續再努力？我的看法是「並沒有」。主要原因是相關學科的主流研究取向已然脫離「探索矮黑人」一事甚遠，在中研院在臺大，可能都找不到專研此一議題的專家。所以副總統的類科學知識若欲待進一步證實，恐怕仍需很久時日。原住民留下的矮人浪漫唯美或高超能力說法引人想像，也豐富了臺灣的人文色彩。比起也是南島系的馬來人，正在內部殖民該國「矮黑人」Orang Asli，臺灣顯然更富人味。至少，一個想像中存在的「歷史人種」是如此智慧生動，而傳說中我們的原住民與其相處時，也多以敬重他族為發展過程的最高價值。今天，原住民遇到的是漢人群體，前者始終一秉傳統敬重後者（包括後者的各種言論意見），而後者自當也從中習得謙卑與敬人。臺灣就是這樣走出來的。矮黑人、南島人、及漢人，隨時間飛跑，在不同時空中，都可能成為真實或傳說。不必去計較「原住」或「原始」，今天社會生活中各個認同（如認同自己為原住民、平埔族、臺灣人、客家人、或其它等等）間的互諒，已成一普遍的價值，它或比唯理性的科學語彙思量來得重要。

——本文原刊於《臺灣日報》二〇〇四年七月廿八日。

「學」的論說——林編《賽夏學概論論文選集》評述

臺灣南島系原住民目前十二族，哪一族得以「顯赫」，背景因素或許多重，不過，學術的目光所在與否，以及學者的涉入深度，應是關鍵理由前矛。賽夏人口少，分佈地不大，又曾長期在族群認定上，時而平埔，時而高山，灰色位置難以論斷，甚至研判其已客家化泰雅化而不知是否尚存。今天，在國立政治大學民族學系主任兼原住民族語教文研究中心主任林修澈教授及其工作團隊努力之下，出版了《賽夏學概論論文選集》乙書，厚達八百廿六頁，除了大大凸顯了小族群赫赫活躍事實，更以「學」的用詞，建置了特定知識論述的上昇位階。

在十二族原住民中，學術研究資料多過賽夏者眾，但就是無人曾創用如「阿美學」、「泰雅學」或「排灣學」等之稱。本書編輯團隊於二〇〇四年十二月在苗栗南庄所主辦的「賽夏學國際學術研討會」是為開端，再以之為基礎（按：本書收錄四十文，其中該會議文章有十三篇，佔了三分之一的份量），拓展出大書的完成。本書雖只是「選集」，又以「概論」名之，但在編者心中，應是已盡收了書後四百六十七種「賽夏學文獻目錄」中的精華。否則就不可能達到主編所言「以賽夏族為研究對象，體系性描繪出全貌的一門學問」的效果目標。

編輯同仁心力付出，吾人不能吝於掌聲。的確，在學院、地方政府及族人作家成功合作，本國人外國人交心努力結晶，原漢攜手共同詮釋歷史文化，以及人類學、民族學、歷史學、語言學大團結等事蹟上，本書均是標準的典範。在此一認知前提下，推薦閱讀本書自是理所當然。

誠然，建置新「學」，恐怕不是自己說了算，否則孤零零「學」在那兒，無人對話回應，也是滄涼。本書收文最早一篇為一九三五年，最新著為二〇〇六年。前後七十一年光景，一九六〇之前六文，一九七〇年代掛零，八〇與九〇年代各三文和六文，甚餘廿五文全是二〇〇〇年之後產物。廿五文中有超過一半（十三文）為二〇〇四年會議文章，若再加上本書主編節自二〇〇〇年專書的四文，廿一世紀「賽夏學」若得以順利建置，政大團隊主筆或主導的十七文（佔二〇〇〇年來廿五文的三分之二）居功厥偉。

國際上以類似「族」的架構，而形成著名學術範疇者，有如「漢學」和「藏學」等。國內過去有客裔人士倡議「客家學」，雖經極力呼籲，但近幾年數個國立大學分別成立了三院一所客家相關研究單位，卻無一以「客家學」為名者。「學」(-ics, -logy, -try) 的確立，必須有明確穩固的方法論，豐沛的概念語言，理論建構的傳統與方向，以及永不歇息之跨時空對話的高昂興致。「客家學」終歸無此，所以難以為繼。

今政大團隊揭舉「賽夏學」，我們看到了資料、紀錄、圖片、檔案、比較、解釋、考證、追憶等等。但它們是否已然「體系性描繪全貌」？意即，「體系」到底在何處，或者「全貌」真的已出現？「賽夏學論」主導人應先清楚告知讀者。同時，往後該門學問的方法、概念、理論、及對話等學理四大原則，如何得以掌握，以及其他十一族紛紛殷望也為「學」，林教授團隊或許可以為我們解決前者疑惑，再一併建議後者應如何努力爭取而得。

——本文原刊於《原教界》2006/8:96-98。

《移民、返鄉與傳統祭典——北臺灣都市阿美族原住民的豐年祭參與及文化認同》序

執行一個學術研究計畫，常常出自偶然，但，其中的緣分巧遇妙趣，卻也直接促動了埋首於計畫的研究者，絲毫不敢怠懈。二十數年前，筆者正值準碩士青年，多次與「美女良伴」逗留花東阿美部落，記憶中，至少打擾過南華、壽豐、馬太鞍、港口、豐濱、馬蘭及德其里等社區。對於各地方，我們大致均留下了「寧靜悠揚」的印象。即使值豐年祭日子，在今日已成熱鬧滾滾之地的港口部落，當時亦僅見族人圈圍輕舞，沒有急切入影的攝像機制，找不到觀光人聲，也絕無文化使命在身的各類學問人。族人和我們的對話，就是微笑與招手。那是八〇年代初的東臺灣，筆者甘甜念之。

四分之一個世紀過往，大約就是「寧靜悠揚」時代的出生兒，已至「而立」年頭。今日阿美已大不同於前。港口豐年持續，樣態多彩，「微笑與招手」被文化規範的「真實」展演所取代。或者說，外來客蜂擁，跳過靜處四周可能的微笑與招手，人人爭睹節慶「傳統」步驟，以證歷史，以全文化。

二〇〇五年臺灣文獻館希望有人研究原住民族傳統祭儀，筆者觀乎身邊，人力充足，回想少年那時，情分澎湃，於是和國立臺灣大學人類學碩士劉瑞超先生（現為人類學系博士班

研究生）共提計畫，準備好好地田野原鄉田野都會，記下阿美豐年祭花東北臺灣，繼而進階討論其間族人往返加持，或在地承續與創造的過程。

計畫上路，才知困難。七月至八月，「從臺東一直跳到花蓮」是為當今族人敘述豐年祭景況常見的用語。然後，九月到十月，都會各區繼續跳。換句話說，要詳細記錄豐年祭，四個月內必須跑遍遍。筆者組織了一個將近十人的大團隊，二〇〇五和〇六兩年的夏秋季節，先是分駐各點，再串聯流動，務求親臨現場，大小都要。「大」的群落，經典名氣，成千成百人匯聚，浸染文化「真實性」。「小」的村舍，幾十人甚至十幾人也樂，同樣在慶豐年。北臺都會龐大，族人散處遼闊，所以，各區獨立舉辦，而我們也盡力參與。終於，資料彙進，統合書寫，完成了本書。

教授帶著研究生執行計畫，是大學研究工作常態。筆者的作法是，第一次上陣的學生助理，當以收集資料為主，而計畫書、報告書或論文，理當由老師自己操刀。有了資料處理經驗之後，再次計畫參與，就應訓練年輕助理共同執筆寫作。順利成功了，接續的計畫，如果同班師生人馬仍是合作，或許連計畫書的初始構想，均應請為生晚輩設法展現創意，為師就在旁輔助。如此，一名具獨立研究能力的學者，方可於系統經驗中養成。

本書阿美豐年祭初始構想由筆者而來，但瑞超的一句「都市原住民」，提醒了研究範圍必須跨越原鄉異鄉。畢竟，阿美有近半人口在都會，而新居地又處處見到豐年節慶活動，若未能納入他們，則任何阿美研究都是缺憾。田野派駐助理全是臺大的學生，她（他）們是人類學系的黃郁倫、蔡馨儀、張育綺、楊舒帆、賴冠蓉、葉煜培、李育英、林嘉運，歷史學系的李東亮，政治學系的李湘婷。瑞超是同學們的總將官。兩年的時間中，最常聽聞者，就是山間海邊的駐點少女少年，手機扣來呼求瑞超學長指點田野策略。

筆者除了也有分配區域之外，亦常和瑞超一起突襲現場，鼓勵同學，感謝族人長輩舊新好友的包容與指導。

田野助理大群人馬如上名單。不過，直接間接協助我們，或哈哈笑謝老師體重不凡仍在跑田野者，還有楊鈴慧、楊政賢、陳彥亘、郭倩婷、吳宜霖、郭欣諭、姜以琳等也是學生好友。其中鈴慧貢獻尤多，勞苦功高。筆者比她（他）們年長多多，卻深感能與此少女少年人類學稚氣班隊共事，即使自己氣質犧牲，變得也是「稚」，仍為畢生最大榮幸之一。感謝大家！

全書九章，筆者與瑞超言好，大致原鄉他寫，異鄉我來。其它不分故鄉他鄉者，也是我的任務。所以，第一、二、三、六的一半，七、八、九筆者主筆，四和五超大份量者以及六的另一半，瑞超負責。章節量我勝，字數則他贏。初稿草成後，筆者再從頭潤飾，求其語氣一致。

二〇〇七年的當下與二十數年前的「記得當時年紀小」時空交織，完筆序言之際，突然小小驚覺當年的「美女良伴」，依是以美女之姿良伴筆者。她是妻子。回憶情事與古典照片，多受惠於她。港口村往日淡悠，今日濃烈，北臺融入阿美，都會增光。豐年節慶常續，我們不止見證，更是期待。期待又一「二十數年」之後，阿美的「寧靜悠揚」有所再現，引領大家看得到「微笑與招手」，繼而細細品味文化的生命力。

寫於二〇〇七年十二月二日

——本文原係《移民、返鄉與傳統祭典——北臺灣都市阿美族原住民的豐年祭參與及文化認同》序一。2007謝世忠與劉瑞超合著。頁VI-IX。南投：國史館臺灣文獻館。

《原住民族傳統習慣之調查、整理及評估納入現行法制委託研究──泰雅族、太魯閣族》序

一九八九年筆者自美國西雅圖華盛頓大學畢業返國任教，當時曾聯繫擔任花蓮地檢署檢察官的姊夫，看看是否可與該署合作，進行原住民觸犯現代法律與其文化行為間關係的研究。後因種種理由，構想未能實現。自此，它成了筆者存於心底的研究夢想，時而蹦出，又立即回到隱身。

十多年過去了，原住民社會運動的蓬勃持續，直接間接點喚，甚至改變了人們的思維路徑。誰是原住民，原住民為何抗爭，原住民處境如何，及原住民的將來性何在等等問題，漸漸納入那些有感於原住民的確存在於週遭，因此理應瞭解關照他們之個別人士的念頭裡。這些「進步」或「覺醒」的個人，各行各業都有，當然也包括學者和司法人員。終究，「學」與「法」將有機會在「原住民」前提下，進行對話，而這份對話機會，亦必成為當事人和可能受到影響之各方人士的「進步」與「覺醒」再升階動力。

行政院原住民族委員會進入二十一世紀不久所規劃設計的「原住民族傳統習慣之調查、整理及評估納入現行法制委託研究」，是為促成學術與法律對話的良媒。筆者十數年長夢續想，如今遇上良媒，夢想成真在即，於是組織團隊，爭取該案第二期泰雅、太魯閣族範圍的

調查研究。

獲得審查先進的青睞後，團隊上路，戰戰兢兢，不敢懈怠。一年多以來，筆者身為「龍頭」，在王梅霞博士與楊志航律師兩位顧問鼓勵下，帶領年輕人類學子弟兵郭倩婷、楊鈴慧、劉瑞超、賴冠蓉逐步上軌道。另外，從計畫初始，包括原民會和筆者自己在內，均擔心研究會往人類學傾斜，從而弱化了法律的位置，於是，強化法學人力，就成了即時的必備要項。不久，陸續與幾位法律人結緣，她（他）們是：Yawi Hetay、李韋誠、賴俊兆、盛美元。Yawi一開始即進入團隊，直到二〇〇六年四月正式擔任公職為止。俊兆原已在公務機關上班，不適加入團隊，但仍以個人身分，多方引介法理知識，供大眾學習討論。韋誠在研究所唸書，全力協助，熱忱可嘉。美元一直從旁支持，增添團隊信心。

當然，既要調查泰雅、太魯閣兩族習慣法，以及族人觸犯現行國家法律的情形，就必須延聘本族高手加入團隊。筆者有幸，前後討與Yupas Watan、羅恩加、梁韶陽、蔣敏真、田掬芬等族人前輩同好結緣。她（他）們文化知識淵博，工作賣力，跑遍山地平地，田野資料因此極為豐富。筆者首先應向幾位敬大禮。

團隊一個月一次大型檢討會。人類學姐妹、法律兄弟、族人夥伴（按：Yupas、恩加、及韶陽均同時具人類學或民族學背景，功力雄厚）群聚分享，共求進步。另外三、五人的小群會議，則常常舉行，大家興致高昂，熱烈有勁。

連續通過了期中、期末報告。感謝原民會瓦歷斯・貝林主任委員、企畫處林江義處長及所有同仁，尤其是洪玲小姐的不斷鞭策打氣，亦對劉士豪老師、翁佳音老師、林淑雅小姐、林修澈老師、何明輝委員、阿棟・優帕司委員、余建國檢座、林長振律師等專家學者的指教，深表謝意。另外，新竹地檢署與花蓮地檢署多所協助，李莎莉、陳彥亘、郭欣諭、張嘉倩、陳靜文、黃鈺錠、王美青、黃郁倫、白宜君等多位小姐適時幫忙，一併感謝。本報告章節架構由筆者安排，而撰稿人除了筆者之外，尚有郭倩婷、楊鈴慧、劉瑞超、李韋誠等幾位。惟身為「龍頭」，文責理為筆者承擔。再次表達對所有長輩學友指導支持的感激之意。圓了十八年的研究之夢，感覺當然真好，而看到人類學果然能被「用」一下，實質嘉惠泰雅、太魯閣親朋好友，心情更是超級愉快。

寫於國立臺灣大學人類學系洄洄館二〇〇七年元月廿七日

——本文原係《原住民族傳統習慣之調查、整理及評估納入現行法制第二期委託研究——泰雅族、太魯閣族》序言。2007 謝世忠、郭倩婷、楊鈴慧、劉瑞超、李韋誠合著。頁 i-ii。行政院原住民族委員會委託研究。

《原住民族傳統習慣之調查、整理及評估列入現行法制第五期委託研究——布農族、邵族》序

行政院原住民族委員會刻正進行之原住民各族傳統習慣法納入國家法律可能性的整體研究方案，是為經典的應用研究性系列計畫。為何是「經典」？原民會多數族人同仁係來自原鄉，他們是參與中央政府的同胞代表。然從另向角度觀之，該會為行政院轄下單位，是為國家政務機關，必須執行政府策令。同仁們一方負有鄉親期待，另一方又須肩挑公務員任務，兩相碰撞，把握必然不易。但是，原民會上下一心，意志堅定地推出多年期計畫，務要在同胞日夜循行的「習慣法」與現代準繩的「國家法律」之間，開出一條併融道路，以期部落老幼長久嘉惠。經典如是，大家稱許。

筆者身為人類學專業工作者，二十數年來為求理解國內族群文化與社會力量關係作用景況，就教原住民長輩友人無數，久之，多少體會了各地族人「身處山中卻難續山緣，人在林間卻林香飄遠」的心境。山與林，原本屬於奔馳其中的部落族人。舉凡維生所繫、文化傳承、以及社會建置，無一不以山的經驗和林的資源為據。千百年來，山林和惜它如命的原住民為伍，雙向互動，造就大量人類智慧資產，自然 (the nature) 與人 (the human) 共同寫下了天長地久的共融佳話。今天，自清國與日本以降的國家架構，業已框限原住民及其山林母親多時，

每每族人僅欲接觸大地娘親，卻動輒得咎，法條監所無情伺候，怨氣早已瀰漫山地。

習慣法是為原住民與山林溪澗生態生命協和共生的約制律則。這套律法未曾文字造冊，也不設刑庭管制。它藏在心底中，也常現行動上。人們上山下山暢流，默契運行習慣律法，使得當事者在大自然慷慨供養情景中，充分了解謙遜之道，不逾越、不剝削。國家來了，先是盡收山林，直接摧毀習慣律則默契，奪去祖先傳續知識，再於法律名下，重新立據分配，並訂立條條限制。自此，明究理者（知曉法規如此，卻不願遵行，因習慣法沒有如是說）與不明究理者（不僅不知山林已非我有，也不懂國家在說什麼）觸法事件不斷，社區生活屢遭干擾，人民自信心深受打擊。

幾十年過去了，原民會的首長主管們，終於採取行動，推出經典序列研究計畫，每次兩族，一案接一案，試圖釐清各族相關問題所在。筆者的工作團隊，以在地部落族人為田野和文化知識轉譯班底，復以國立臺灣大學人類學系和法律學系數名師生為資料整理與分析寫作隊伍。團隊先是二〇〇七年完結泰雅和太魯閣兩族的研究，再於二〇〇八年續成布農與邵族的部分。迄今，原住民十四族中，我們已接辦了四族。大家始終戮力以赴，力求不負經典計畫美意，更常思及習慣法的承認策略。咸信「山有山緣，林飄林香」的日子，可再重回原住民的生活日常。吾人既常追夢祖先山水的美好，當然更理應讓子孫憶有今日終能擁抱山林的笑容。

田野班底有陳慶化先生、陳孟寧小姐、阿度勒・買布特先生、袁百興先生、毛喬慧小姐；寫作隊伍有楊鈴慧小姐、劉瑞超先生、李韋誠先生、黃昱中先生，以及筆者。兩隊成員每月至少會面討論一次，臺北寫手亦數趟造訪部落，會師在地夥伴。原則上，筆者設計章節架構並負責前言、結論和五、六兩章；楊小姐和劉先生分別書寫二、三、四章的布農與邵族部份；李與黃兩位先生則撰文七、八兩章法律篇幅。各章初成匯集，筆者再次調整段落安排，同時穿越全書文字多回，以求潤飾完備，語氣齊一。本書的協力同仁，尚有吳宜霖小姐、郭欣諭小姐、張嘉倩小姐、鄭月小姐、洪郁淇小姐，及林宏都先生，他們或美編或校訂或前赴地方司法機構抄謄檔案，勞苦功高。另外，自計畫書草成及至結案報告，承石慶龍委員、何明輝委員、鄭天財技監、洪良全參事、鍾興華處長、陳建村科長、王泰升教授、李建良教授、汪明輝教授，及海樹兒・友刺拉菲博士等先進評審查核，受惠良多，至為感激。當然，最大的謝意仍應歸向守著山林的部落族人，她（他）們的勇於表達，在地聲音方能現身，研究團隊謹予敬禮與祝福。

寫於臺北芝山岩 二〇〇八年十一月十六日

——本文原係《原住民族傳統習慣之調查整理及評估納入現行法制第五期委託研究——布農族、邵族》序言。2008 謝世忠、楊鈴慧、劉瑞超、李韋誠、黃昱中合著。行政院原住民族委員會委託研究。

《原住民女性的律法脈絡——三個高地族群的比較》序

完成大本書，費用了長長兩年時光，但仍不如作者完序來得艱難。寫序，必須抓回記憶，翻閱總體資料，然後投入感情。以前撰書，一人成行，孤芳自娛。近年轉而拉來博士班研究生，一起努力一本書，眾志成塔。國史館臺灣文獻館大致是當前國內公務機構提供此一機會的佼冠者。換句話說，做為大學教授，在爭取到館方研究計畫之後，即得以邀請博班學術才俊，共同研究事業，然後出書，積累成就紀錄。本書就是此一背景的產物，作者三名，劉瑞超君、楊鈴慧君，以及筆者。

我們三人自計畫書提出，經數次期中、期末、實質等審查名目，及至匯集十八萬字大任務，形影不離，真正名實相符之合作大業。筆者負責研究主題及其衍生而成之書本名稱的擬定，外加章節安排，同時主筆導論兩小章，結論一小章，再擴及前章後段「三對」論述，還有邵族的主體部分。至於第三章後之大篇幅的泰雅與布農兩族內容，則分由瑞超和鈴慧擔綱。瑞超碩論題目關西馬武督泰雅，熟悉該族情形，鈴慧曾廣閱布農文獻，執筆起來相當順手。中間原住民大政治社會經濟背景該章三節，則委由瑞超連夜趕出。當然，我們不可能閉門拼舟搭屋，三人之外，另有一批在地田野和法律事務助理，沒有他們，資料無法收得，也就不會有進階分析的機會。

筆者的團隊陣容，不僅常續穩固，而且實力鑽晶。泰雅方面，有尤巴斯・瓦旦君的資深田野，加上李慧慧君的主動貢獻心情故事，生動深沉。布農方面，陳慶化老師領軍，配以陳海雲君、陳孟寧君、史強勳君、以及阿度勒君的努力，族人心聲，娓娓道來。邵族方面，袁百興君與毛喬慧君付出不少，迷妳族群又添學術新意。法律專業方面，老朋友李韋誠君與黃昱中君，總是隨時待命，提供分析。其他學棣如吳宜霖君、王鵬惠君、郭欣諭君、以及張嘉倩君等年輕人，實質象徵協助亦多。大家齊心，搭以文獻館長以降各位同仁先進督促鼓勵，遂成美好事業。

原住民婦女、女性、女人議題可謂重要，但，過去似乎少有社會科學，尤其是人類學專論的投入。倒是近年族人女性文學作家抬頭多位，直接提醒包括筆者在內之人類學社群成員，勿忘詮釋女方半邊天的文化前世與未來。我們不僅注意陌生的女人領域，更大膽觸探律法範疇的婦女居處與女性敘事。於是，本書有所開創。但，也由於前史單薄，以致對話不豐，再加上採宏觀理解策略，多少會影響到民族誌的細緻與比較價值。不過，嘗試總得踏出，「女性人類學」與「律法人類學」領域專家，請多來參閱指正。

為了凸顯父系原質濃厚之三族「婦女↓女性↓女人」的主位性演進路線，及其面對當代另類法律父權之調應策略，我們特選接近臺灣紅的強烈女味色彩封面封底，以示族人女性的變遷力道。此一佔有人口半數的族群特定類屬成員，有「不滅傳統，自我同化」（婦女角色），有「集體躍出，涵化臺灣」（女性意象），也有「個人超越，追隨普世」（女人獨立）。完整表達她們的風華，實在太難。全書即使多字，各方敘述仍然不夠。目前的情況就是，我們師徒三人先行「合擊」，大體泛說三個高地原住民女性，接下來，諸位讀者寫手，不妨「分進」一下，微觀敘說一族一部落景況，以收對照之效。寫序難，難在不知千字上下，告訴了妳（你）本書的什麼。所以，閱畢序，記得往下細讀，還是有看頭幾分，讓人點頭滿意。

寫於馬來西亞聯邦馬來亞大學 (University of Malaya) 文明對話中心 (Centre for Civilisational Dialogue) 訪問教授兩整月時日的第五天 November 5, 2009

——本文原係《原住民女性的律法脈絡——三個高地族群的比較》序言。2009 謝世忠、劉瑞超、楊鈴慧合著。頁Ⅳ - Ⅴ。南投：國史館臺灣文獻館。

我們一家都是人

原住民朋友喜歡一首歌，歌名是「我們都是一家人」。「團結起來，相親相愛，因為我們都是一家人，永遠都是一家人」，曲子樸實，詞意親切深刻，大小聚會，沒有聽到它，就覺得怪怪的。唱聲中，大家溶解壓力，心情齊一，族群全數在此擁抱。唱著唱著，笑聲大作，因為詼諧歌者總是調皮改編，其中最經典者，莫過於唸歌成「我們一家都是人」。馬英九在說出「我把你們當人看」之餘，竟又辯解「我是原住民最好的朋友」。筆者相信，馬先生應該沒有光臨過從「我們都是一家人」唱到「我們一家都是人」的深層幽默場合。與原住民心情齊一者，當會淚伴笑翻「我們一家都是人」的詞達，但是，絕不會說出「我把你們當人看」的類種族主義話語。

「華夏／漢人—中國」的世界觀，大約於宋朝之際，開始有了根本性轉變。隋唐皇室跨族裔婚姻的多元相受模式，到了「純」漢系的宋王朝時期，不再出現。以「喝匈奴血，吃胡虜肉」之言，表達出對異族之恨的多元相斥情緒，也是端起於當時。宋帝國版圖小，但卻做出了一件自此延續八、九百年嚴重污名非華夏族系的事，那就是，奉儒敬孔的學者們，在敘述邊境族國之時，陸續發明出加置犬牛羊等蟲獸偏旁的新字如玀、猄、獝、獠等。一直到一九三六年，國民政府才委請中央研究院研究整理後，公佈去掉這些不當字邊。不過，有些字，尤其是附加進「虫」者，卻永遠改不了。例如，「蠻」古字原無下面的虫，中研院建議回復古寫，政府也同意，並要求全國更正，但是，時至今日，帶虫的蠻，仍在橫行。

「華夏／漢」與「非華夏／非漢」的二元相對觀，主宰中國歷史多年，甚至早已成了文化根，政府法令也斷不了。今天，中國將全國分成漢族和五十五個少數民族，事實上即是依循傳統的作法。中國人的世界觀移植到臺灣，也是繼續實踐。「山地人」與「平地人」之分，就是二元的再版。一九六〇年代，國民黨政府曾大力推行「山地平地化」政策，顯然是欲滅絕「非華夏／非漢」的社會與文化於一役。一九八〇初以迄一九九〇年代中葉，南島系原住族群成功的社會運動，主體創意了「原住民」概念，自此，原住民族完全脫離漢人一方編導之二元族群類疇的框限。「原住民」是自己選定的稱名，它代表臺灣主人族群整體的再出發，大家深以祝福。

無料，努力經年，原以為相互了解早已成熟，卻仍跑出了「我把你們當人看」的老朽「華不被夷所染」舊觀念。近幾日，各地族人與著述等身的族群關係專家，實如戰敗將軍般，憤慨加氣餒。二十年來，族群是臺灣顯學，各樣出版滿櫃，但，好似有人就是不唸書，無怪仍盡是宋代以降的糟糕優劣二元族群思維。

——本文原刊於《自由時報》二〇〇七年十二月廿八日。

從漂泊水岸到親水經典部落

二〇〇八年農曆年後，發生臺北縣阿美族溪洲與三鶯部落拆遷事件，一年後的同一時間，桃園大溪阿美族撒烏瓦知（河濱）部落，被夷為平地。附近的崁津部落則極度焦慮，「剉」著等下一波。為什麼這些事就發生在最近？原來臺灣已進入高度資本開發階段，「休閒資本」成了主政者的利器，無不冀望以鬆懈天天緊繃的國民，來換取肯定。

休閒資本的實踐，最為典型者，即是大都會區內的河川規置。韓國大統領李明博擔任首爾市長之時，整頓漢江，都市頓然美麗清新，市民河邊享受午後，市長政績傳為佳話。臺北縣、桃園縣就是依循此路，投資河川休閒，試圖構造北臺灣政治佳話。依國際都會河流發展實例經驗，臺灣大抵擋不住潮流，國家也亟欲使自己所屬，快快擠入「先進」都市之林。

大漢溪、淡水河、新店溪主導北臺縣市的都會水域景觀。縣市政府正努力使它們表現出現代性都市河流的樣態。於是，近水邊的步道、自行車路、公園、咖啡，以及稍遠處的高爾夫球場、五星旅店、新式大廈等，就自動出現在規劃藍圖內。偏偏阿美族人早早在沿岸幾處，建有部落，「水利法」此時現身，拆除有理。但是，法條早就存在，為何現在才搬出？當然就是當下此刻被認為正是休閒資本下場的時候，事不遲疑。面臨拆除，族人深陷困境。他們自花東前來，離鄉漂泊，好不容易選定水岸新鄉地點，也快樂了數十年（按，崁津部落原名即是「快樂村」），如今一切成空。政府有可能讓該等水邊部落繼續存在？否定的答案，可想而知。

除非，可以尋覓出一對價的報償關係，以期與休閒投資相呼應，否則各部落前景大概仍是堪慮。何不我們仍然歡迎政府先進都會水區休閒的規劃，然後同時將幾個部落，避開行水區，移至較高階臺地，建成兼具生態文化歷史教育功能之「親水經典部落」？換句話說，自大溪北走，行至三峽鶯歌新店，慢跑或單車行過，阿美族人以復古村舍和親切微笑歡迎大家，市民縣民除了健身休憩，更有機會認識原住民與水的眾多故事，也能領會阿美拓墾的精神。臺灣以多元族群社會之姿，正朝成熟公民社會邁進，此時，平等守法的後者價值，尤應充分接納前者的包容氣度。阿美人並非無理佔地為王，而是在數十年前，擇定小片無人之處，以傳統先佔權習慣法開墾建屋罷了。所謂尊重多元文化，正是必須瞭解至此，相信政府國人均能理解。而前項建議若得以實現，臺灣必成世界首一，都會大河如此溫馨有情。

——本文原刊於《自由時報》二〇〇九年三月十四日。

這一杯敬到你了嗎?

國家音樂廳不久前剛結束連三天「很久沒有敬我了你」混合部落演出、交響樂團協奏以及影片故事的節目，週末時分，爆滿連日，喝采不止。原住民音樂走上國家展演場域，著實多人夢想，如今事成，喜極而泣，立即出現在演後的續演幕上。這是一個正式演出作品，就如同成就一份學術報告一般，它必有固定甚至單一的成果代表人。日後同業們即依此參引申論，代表人因此會一次次地現身論述舞台，社會文化資本不停積累，英雄人物就此定調。那麼，此次的英雄代表將會是誰，答案或許不難尋得。

武俠敘事中，常見主人翁瘦弱秀才狀，然而卻是功夫蓋世。他靜靜深思於雜鬧紛擾週遭，無人知其厲害。最後劍拔躍跳，眾人恍然驚聲，原來大俠在此。節目影片的下鄉探訪者，文質彬彬，罵不還口，憨厚到不行，誰人知大指揮家其人是也!?此鄉出產多位深具原味的流行音樂歌手，來到這裡，到底找什麼？邏輯推論，當是看看地有多靈，才會人如此之傑，但是，靈傑雙氣，似乎主要還是聚凝於外來斯文人身上，因為他即使不動聲色，亦可能力超強地短時間整合團體，然後光鮮上場。

這真是原住民的場子嗎？或者，它按理應是原住民的場子，但……？前者若然，原民光輝，萬一後者，那到底族人賺到什麼？資本主義風行，不得不用上「賺」字。唱將演者大小朋友回到部落，依是面對現實。現實為何？探奇尋異的文明旅人不會知曉。就是因為來來去去，總是大俠人物，鎂光燈鐵定跟他走；族人一行，人多勢不眾，未來還是牆腳彈吉他度日，訴求果真簡單。

樂團齊力，澎湃交織，震撼動人。然而，那終是交響樂團的傳統功力，它會在音樂廳內長命千百歲。部落人呢？他們仍在唱，但，就是只能窩在已然紊亂違建四處的社區內。攝影師傅跳過鐵皮殘瓦，另刻意加上茅屋平臺工作的類中國少數民族樣態虛景，全然製造了原住民社區的浪漫想像，觀眾因此更見高亢。只是，節目終了後，不知有無憂心人等，忙著問已問他，認識了幾分原住民？

酒來了！開始找尋原民英雄代表，然而，東西轉向，就是一個大俠擋路，應該敬他？還是再繼續尋覓？不管它了，就隨處敬一下吧！只是，不知有沒有不小心敬到了你？

——寫於二〇一〇年三月十七日

相互想像與彼此認識——臺灣原住民與愛努民族的第四世界接觸

二〇〇五年十二月，筆者應邀參加北海道大學即將成立之北方民族研究中心（後改稱愛努民族與原住民研究中心）所主辦之「先住民與大學」國際學術研討會。當時對愛努相關訊息，一無所知。會中，先是看到校方安排愛努領袖開幕演講，代表學術界對原住民的尊重，令人印象深刻，然而，稍後卻又見著另一愛努長者發言批判大學，直接道出彼此關係或有「隱情」。此一前後二十分鐘內出現的相對情境，促使筆者在「震憾」中，決定未來幾年將設法探索箇中道理，以期進一步了解亞洲地區原住民面對當代國家的種種課題。於是，過去將近三年的時間，筆者多次造訪北海道，在研究助理森若裕子小姐、北大加藤博文準教授自開始即全力協助的契機下，結識了不少愛努族人，以及關心民族問題的和人朋友，各項學術與人文關懷議題，正逐一思索分析中。

筆者與臺灣原住民相識已近三十年，復常田野於東南亞泰寮邊陲境域，對於如何看待作為第四世界一員的原住民族，略有心得。第四世界即指國際原住民世界，也就是想像中之世界所有原住民族的統合體。第四世界不是多國家單元的組織，自然就不存在自我政體或政府。全數成員分別屬於特定國家內的原住民團體，他們在不確定的時間與地點上，聚合連繫，共同尋求更理想的未來出路。因此，第四世界是超越文化語言政治國度等等限制的情份交流，患難友誼往往據之形成。臺灣原住民和日本愛努先住民正是典例。

愛努人遲至二〇〇八年六月六日方為日本國會與政府承認為「先住民」。對世界多數先進國家來說，日本的原住民政策思維，簡直敬陪末座，因此，才會晚到今天終於看到原住民的存在。但是，就日人而言，此事無疑是一劃時代創舉。百年來根生蒂固的唯一大和民族信念，如今面臨至少尚有另一愛努民族共存於國家的現實景況。大家都必須調整心情，實質適應。愛努人在尚未有法定地位的漫漫長時裡，總有先驅思想族人，設法爭取族群尊嚴，而他們也始終獲有外來支持情誼，臺灣原住民就是其一。

筆者在北海道愛努家庭、相關博物館（例如白老愛努博物館和二封谷宣野茂紀念館）、重要慶典活動（例如迎札幌和千歲捲鮭儀式、祖先供養祭儀）、以及個人敘事等等場域裡，就常遇到曾至臺灣參加原住民會議或與某某原住民歌手保有連繫的族人，也見著臺灣原住民來訪留下之團隊旗幟、贈送的紀念品、以及合影留念，甚至多件阿美、排灣、泰雅、雅美（達悟）各族文物，也被公開展示。更有多次族人朋友提及即將訪台，希望可以臺北見面敘舊。另有族群社會運動積極參與者，基於前兩世紀共同被日本帝國殖民經驗，總將臺灣和北海道相提並論，認為雙方利害與共，心情相通，足為兄弟。尤有甚者，幾位族人領袖最喜問及臺灣原住民權利爭得歷程情事，然後必會感嘆自己現況遠劣於對方的遭遇。愛努人不僅具豐富臺灣經驗或原住民知識，更視臺灣原住民的幸運福份（例如早就為國家所承認、擁有中央部會、全國計有上百位各級行政首長或民意代表、有廿五個形如自治的山地鄉、子弟升學加分優惠、學生教育獎助學金豐沛、還有大片原住民保留地等等），為自我前途追求之標竿。

在臺灣，對南島族系原住民而言，可能屬於北方阿爾泰語族的愛努民族，原本應是陌生遙遠，文化語言歷史干係甚少的一群。但是，非常有趣地，每每以南島語族為名之會議論壇展演互訪等活動，主事者總會想到愛努。一篇愛努文章在南島主題會議上宣讀，沒人感覺怪，更不會有所質疑。一般認為，臺灣人對曾統治過島國五十年的日本人有特殊感覺，其中原住民部落族人行動展現尤為顯著。換句話說，當下充分想像日本的模樣，即足以連上對方警察當初首度以國家之姿進駐部落的祖先時代。日本幾乎成了子孫與先輩溝通的橋樑。因此，原住民喜歡到北海道瞧瞧當地愛努，畢竟，兩族的橋樑也是日本，即使彼此對同一統治者的看法大有不同。二〇〇八年夏天在北海道舉行的世界先住民高峰會議，臺灣當然也派了代表，因為，雙方自然而然就需相會。這也就是筆者所稱的「第四世界的逢遇」。

「第四世界的逢遇」的基礎在於原住民各方彼此永不間斷的相互想像，以及從不吝於爭取大家得以碰面的機會。相互想像除了即是扎實地感覺到對方生活與我融通，從而期望相見之外，更是人口稀少之原住民各族渴於獲有更多地球友親的深層心境。於是，每逢見面之機，無論來自天涯海角，人人必互道兄弟。臺灣原住民和日本愛努民族就在不停地交互想像和互動往來中，步步認識，而第四世界的內容，即因兩族人各項思維與參與活動的熱絡，益形豐富創意，值得吾人品味學習。所以，筆者的愛努探索將會持續，人人亦必期待日本多元民族新風貌。國家與原住／先住民間之百年「隱情」或許可解，也可能依舊不解，而族人主體「震憾」發聲，亦或不時來臨，一切都在妳我自身與眾祖先的故事裡，我們理應態度自然地面對。

——本文日文版（森若裕子譯）原刊於《交流》2009/825:39-41。

輯五

人類學觀

餵雞屋人類學——迷妳論述101

人類學與人權

前言：人類學的矛盾

人類學是社會科學中最奇特的一門學科，一百多年來，它無法成為學生們心目中的顯學，也沒能在就業市場上打下足夠的地盤。然而，這門學科卻在有限的研究人員、經費及工作機會的不利條件下，陸陸續續，直接間接地與幾次人類世紀大糾紛，扯上難以分捨的關係。先是 Darwin 進化論的提出，造成科學與神學的大分裂；繼而文化進化的理論，促成了日後人們對人類學為殖民者幫兇的指控。再來由於對種族 (race) 研究的興趣，使種族被霸權領袖（如希特勒）操控成種族優越主義的神話，演成了種族滅絕的悲劇。接著，早先提出的人類從野蠻到文明的進化架構，被馬克思主義者採用，並發展出社會主義、共產主義比資本主義更先進文明的教條，許多國家或地區先後被這個教條的信奉者所攻佔。

這一系列的歷史經驗，使得當代人類學家總會花相當的時間和精神，對這門學科和自己作一些反省。畢竟科學研究的態度、方法論，或所建立的理論，絕不是理想上認定的只是「純學術」，它們不只會在各個時空中影響人類的生活，甚至於可能因被「利用」而造成極大的殺傷力。今天，人類學家小心翼翼地處理田野道德的問題，為的是使自己的研究不再惹小禍，而理論發展的愈抽象化，多少也有避免再造成過去因具體性理論被借用，而衍生出大禍的心理。

但是，人類學家也是人，他不僅同樣有血有肉有感情，更具有關及某些特定社會與文化的專業知識。在當今世界互動網絡愈形密切發展，「國族—國家」(nation-state) 權力無限伸張之際，學者們在一非主體社群中作研究，無法不去對該社群受世界經濟及國家統治力量的影響表示關注。在關注過程中，學者們或會感受到社群成員因衝擊帶來的痛苦，也或會發覺到社群因無有效適應對策，而造成其前途的不穩定性。人類學家至此有了新的矛盾，那就是「人權」(human right) 的思考與科學目的間取捨的問題。換句話說，以一個追求科學知識，同時又屬於一在歷史傳統中惹過無數大小禍之學科的學者而言，「該不該，要不要或能不能為非主體社群說話，為人權表態」的矛盾，始終是一個困擾。我們今天要談的，就是這個矛盾過程，並希望能在社會科學追求人類更高福祉的原則下，找出解決的策略。

文化相對論的論戰

每個學人類學的學生，都可以說出「文化相對論」(cultural relativism) 這個名詞，也大都能簡單地描述出它的意思：要以你所研究之社會文化的自身標準去衡量該文化。這個出發點基本上沒錯，但學者在將這個原則運用到所研究的社群時，不論是早期或當代，都在實際工作中遇到了一些困境。例如，在早期（如二十世紀前期）的民族誌中，我們常發現某些特定社群成員的行為，與學者自己文化道德標準之間有極大的差距，以致使堅持「相對論」的學者，仍難以控制自己的感受，繼而影響工作，並可能損及客觀記錄的信度。到了現在，學者們在受國族—國家霸權對該社群的過度干預或剝削，卻仍必須持守「中立」，不方便作政策批評，而感到困擾。人類學者的經驗，使得學界生成檢討「文化相對論」的動機。在各個不同看法中，我總歸成三大類疇。

1. 極端文化相對論 (radical cultural relativism)

主張這個論點的學者，強調全世界各式各樣文化類型的存在，所以，科學工作者一定要從各文化本身來定義所謂的「是」「非」才可以。這一派的缺點在於他們對「各式各樣文化類型」的特別強調，因為它似乎只在暗示著這些文化類型各自「獨立地」或「不受影響地」存在，從而缺乏文化或社群間互動的動力過程考慮。事實上，今天提到「是」「非」，已絕不是完全依各社群傳統標準即可認定，畢竟，各種價值間無法分割的交錯影響太深刻了。

2. 文化多樣性論 (cultural diversivism)

這個論點的支持者認為各文化有維持其多樣性存在的權利，因為他們堅信各文化、種族及族群均平等的普同原則是存在的。這一派很顯然是理想主義與人道主義的綜合。平等的原則固然不錯，但現世的發展趨向卻與平等的原則大相徑庭。換句話說，文化、種族、及族群間的不平等關係愈來愈明顯，學者們卻無解決之道。

3. 新實用相對論 (neo-realistic relativism)

第三個論點也是我所認同的。即主張以踏實的態度，考量不同力量的交作要素，再設法認識社群成員適應過程中的真實感受。假設我們正觀察兩個接觸中的族群，在今天世界性國族—國家的架構中，大多的情況是，這兩群的接觸也就代表兩個地位高低不同之價值或道德標準的碰頭。雙方的優劣位置很快可以決定，而劣勢的一方在沒有第三力量保護的情況下（因為在國族—國家內，一切事務均被規範為內政問題，外力不得干涉），就成為優勢一方的侵犯或剝削的對象。人類學家到這些社群作研究，發現可能已被合理化的侵犯或剝削事實，也觀察到成員們因此而導致生活的不舒適甚至痛苦，應該將它反映出來。畢竟這只是事實陳述，也是一種關係過程研究的判斷，並未損及相對論的原則。

「文化相對論」觀念的演變，與今天人類活動趨於一統性發展有很密切的關係。它也象徵著人類學者在面對「人類活動一統性發展」的趨勢中，必須有一些新的反省和調適。

「全球村文化」與普同人權

1.「全球村」(global village)：價值與意識型態的統一

人類活動一統性發展的結果，就是全球村文化的形成。所謂全球村，就是指在全世界各大小社區中，幾乎都能找到世界性主流文化的特質，各社群因此有如屬於同一文化的不同村落一樣，以呈現出類同特色的形式分散各處。

二次大戰以來全面性現代化的潮流，及全球性國族—國家的建立，是全球村文化形成的第一步。而八十年代結束之際，世界性共產政治制度的崩潰，和民主共和政體的採行，則代表全球村文化建立的第二步。全球村文化代表人類對價值標準趨於同一的心理傾向，以反映了人類淘汰其他意識型態，而擇定唯一的過程。「民主、自由、共和」意識型態的大勝利，事實上係象徵著非馬克思系之西方文化統治全球的最後勝利。既然以西方文化為基礎的「民主、自由、共和」意識型態被廣泛認同，所以，由它衍生出的各種價值體系，也多產生了相當大的影響力量。「普同人權」(universal human right) 的觀念就是其中的重要典型。

2.普同人權的建構

有許多國際性組織，自二十世紀中葉以來，紛紛提出「國際人權」或「普同人權」的觀念，並予以明確的界定。大致上，我們可將各種定義中的要項，歸納出普同人權所涵蓋的六類範疇。

(1) 各種族、膚色、性別、語言、宗教、政治意見、國家或社會出身、財產數量、出生背景，或其他不均等地位的人，均有自決權。

(2) 法庭上平等權，未定罪前的無罪權，死刑犯的人權，不被用刑權。

(3) 不被奴役權，自由行為權，追求安全權，選擇居住地權，自由進出自己國家權，認同任一國家權。

(4) 思想權，表達意見權，堅持己見權，信仰宗教權。

(5) 隱私權，家庭保護權，婚配權。

(6) 參加公共事務權，選舉與被選舉權。

非西方國家面對這些壓力，它們必須作出反應動作，以抒解壓力。雖然，表面上各國都早已堅持自己是「民主」國家，「人權」國家，好似均已認可西方所主張的人權概念，但這大都是一種最表面的應付策略。基本上，各國政府在對內政策運作上，卻分別表現出如下三種特質中的一種：

(1) 保留「人權」或「民主」的名詞，卻也成立相關組織，或主動宣揚它，但卻給予新的包裝，新定義。所以，我們有所謂「中國式民主」的說法，也有「中國人權協會」的機構，卻還常看到有人在爭民主，爭人權。總之，這類的「新包裝」反應，即是對西方概念拒絕的表現。

(2)由於文化的因素，限制了政權主政者對西方概念的認知能力。比較淺顯地說，就是某一文化有某種機制，控制著該文化成員，無法或很難生成去認識、體念、或瞭解另一文化中之某些概念的動機。如此，前一文化成員對後一文化之該等概念的介紹，無法產生有效的共鳴。

(3)對外認同西方的概念，但卻認知到它們對本土政權可能的威脅，所以對內就進行全面封鎖，不讓人權觀念得到宣傳。社會主義中國就是一個最典型的例子。

然而，不管是哪一種反應，今天，西方人權概念既已被轉知為世界性、普同性的人權，它會經由各種可能的管道，傳進非西方世界中，繼而影響政治反對運動者、學者、及知識份子等。所以，受影響的個人或團體，往往會對所屬政權的忽略或打壓普同人權的潮流表示抗議。對立與衝突也就時有所聞。社會科學家中的人類學者會對這個議題敏感，主要在於他們所研究的對象，大多是非主體群體或主流社會，例如，原住族群、弱勢團體、鄉民社區、民俗傳統、甚至地下社會等。而這些群體的處境，以普同人權的內容與角度來看，往往是不合標準的。亦即，他們普遍被剝奪了人權。

我們常常可以看到社會科學家，尤其是人類學家，在替弱勢群體說話，事實上，這就是一護衛普同人權的行動。但是，若政權沒反應，弱勢群體成員沒感覺，那學者們的努力就成了紙上談兵，無法產生作用。所以，人類學在面對人權的議題之時，必須有進一步的策略，其中，廣泛而深入的研究，就是一個重要的工作。

結論：人類學的立場

人權為當今人類的文化現象，人類學者自然會對它表達高度的關切。限於篇幅，無法列舉介紹他們的研究，只能把自己的一些看法，作為講演的結論。

人權在各種複雜的詮釋經驗中，產生了許多變型，大致上也可分為三大範疇：普同人權、國定人權 (state defined human right)、及群定人權 (local group defined human right)。其中「國定人權」係指人權標準由國家所制定，而「群定人權」則指各既存社群傳統或自我認定的人際關係權利範圍。前段已述及政權對普同人權表現出的三種可能反應，現在，我們再從三類人權範疇錯動現象的角度來看這些問題。

其一，政權控有者積極認同普同人權的標準，然後拿自己認為合於這些標準的例子，來宣稱自己為「人權國家」、「人權政府」、「人權社會」了。

其二，政權堅定自己的「國定人權」，以文化、社會背景不同為由，質疑普同人權的存在。但他們卻又完全忽略「群定人權」。在國族—國家中，非主體群體被認為應同化於主體社會，即與主體社會成員一樣是國家公民，享有「國定人權」。然而，該非主體群體傳統的權利觀念卻不被重視。成員們因此被迫接受「國定人權」的標準。

這兩個現象本質上不相衝突，前者為對國際環境的適應策略，後者則為對內之「國定人權」的施行；兩者大都是並存的。

總之，人類學者因面臨了兩個事實：1.普同人權對「國定人權」的壓力，使國族—國家不舒服，而有抗拒的動作；2.「國定人權」對「群定人權」的壓力，使非主體群體或社群不舒服，而有抗拒的動作。文化相對論的信奉者遇到1.時，似乎應對普同人權提出批判，因為尊重「國定人權」，即代表對該國文化的尊重。而遇到2.時，則又似應對「國定人權」提出批判，因為尊重「群定人權」，即代表對該群體文化的尊重。

問題是，當我們發現普同人權對國族—國家雖有形式壓力，卻無實質約束力，亦即國族—國家的利益並未受損時，那似乎也不必太為國族—國家可能的受害操心了。倒是，國族—國家對內部非主體群的壓力，卻常造成這些群體實際上的痛苦。他們的傳統習慣被迫改變，生活秩序紊亂，更面對許多自己文化無法提供解決的問題。那是不是人類學家應有一些表示或行動呢？否則就坐視國家政權破壞文化相對論的原則，更遠遠乖離普同人權的標準了。

如果我們承認普同人權的原則，將使人類在「免於各種束縛」的條件下（政府束縛、傳統束縛），得以享受到被平等對待的機會。那是不是我們應該突破一些學術的傳統束縛（如極端文化相對論或文化多樣性論），從而積極主張在當今人類仍受各種造成生理心理分裂之政治、經濟、或意識型態因素所操弄時，規劃出一套普同人權教育系統，讓普同人權的概念與原則公開於各社群，以使大家能共同思索這個關及人類生命價值提高的問題。不過，其中最關鍵的學術問題，仍在人類學家除了傳統上對非主體社群有較深刻的瞭解之外，今後更應「往上研究」，在人權的範疇下，研究「國定人權」與普同人權的交作過程。如此，才能使我們「泛文化比較」的技術，再一次地發揮說服人的作用，也可以使準備推廣普同人權教育的理想，有一紮實的民族誌研究基礎。

此外，人類學對於「人」的研究，以前僅在各社群觀察成員們對「人」的詮釋與定義，所以有不同文化界定「人」的辯證理論出現。今天，既然大家都認可全世界的人為同一物種的人類，是不是我們應提高層次來看「人」，而非只重某一社群的「人」？普同人權的傳播，正是對全世界人之整合的第一步。我們承認人的價值不斷在提升，所以，也樂於見到在普同人權基礎下整合人類，而不是在其他形式（如集體被奴役，被共產化，或被愚民化）的情況下達到「制式的統一」。

——本文係一九九〇年十一月二十七日臺大校園講座講稿，原刊於《臺大校訊》一九九一年三月二十六日與四月十六日。

走進田野，感受周遭的物質世界

在人類學博物館工作的專家，陸陸續續提出了不少博物館藏品的研究策略。這些策略配以合理化的說明，構成一套套博物館學的方法論。理論上，依循系統的方法論，博物館藏品的研究成果必將一一出爐，以充實知識的領域。然而，事實的反映似乎並非如此。與博物館相關的出版文獻中，我們最常看到的有三類著作：藏品目錄、展示過程及情境現象的觀察與反思、以及理想化之博物館研究架構的規劃。其中與藏品本身研究有關的為第一和第三兩類。很不幸的，這兩類作品圖文呈現的形式與內容，也正好代表了人類學藏品研究的發展困境與學者的焦慮。

圖錄中，文字說明的簡略，直接告訴了我們，各項藏品記錄的嚴重不足；而所謂理想的研究架構，亦正是博物館藏品研究之方法論的代名詞。換句話說，方法論可以被認可，可以存在於學術文字中，但百分之八十以上藏品之原始記錄的貧乏（據加拿大學者Margaret A. Stott和澳洲學者Barrie Reynolds的估計），卻也使得漂亮的方法論體系沒有用武之地。一件件人類社群（尤其是無文字的部落社會）的日常用品，先是脫離了它們的主人，然後在博物館中被集中。人類學博物館像一座都會中的「文化墓園」，文化成品在「玻璃棺」內被以人類學家所類分出的曲肢、仰身、或俯身直肢等各式葬法陳列，這是「墓」，因為物品的主人早已不在，子孫們也不識此物了。而天天有遊客進來，「園」的功能自然相當清楚。博物館將一個社群的「古典物質世界」（傳統的穿著、住屋、用具）和「當代物質世界」（現在的西式服裝、建築、機械與合成物品）一分為二，我們在博物館中看不到後者，到社區去也見不到前者，時空的決裂，始終是個問題。

從十九世紀到二十世紀初期，人類學家充分享受了部落社會工藝品描繪的樂趣，「原始藝術」(primitive art) 的觀念與臨摹、測量和圖製等的處理技術，幾乎是成為一個學者必備的條件。然而，人類學行為科學化的革命，卻造成物質藝術研究取向的快速沒落。因為，行為背後意義的探索，倘若一定要與「物」有所關連，也必須將「物」和「人」連成一體，才能顯出「物」在脈絡 (context)，或「人」在操作過程上的意義。部落的傳統文物，多數早已交代不清地（即使交代再清，也難達物人相連的現實動力性觀察）被送至都會、科學、或主體社會價值所認可的博物館中。學者們摸得到物，看不到人，只得撤退另尋天地。

近十年來，部分人類學家抱怨物質文化研究不僅長期消沈，連一本好的教科書也難找；有興趣的學生，不知往哪裏去。其實，基於上述的瞭解，出現這種現象，我們也不難理解。只是，人的生活脫離不了物質，人類學作為最主要研究人的學科，對物質視而不見，必定會影響研究過程的價值。

文化人類學家近半個世紀以來，在價值、意識型態、觀念形成、內在心靈、符號表現以及象徵的意義等範疇上，累積了豐沛的詮釋性知識財產；另一方面，社會人類學家也在關係、結構、組織及發展的議題上，留下諸多膾炙人口的理論。然而，學者們藉用了自己社會多重物質的幫助，到田野地和土著的物質世界相遇，卻往往同時忽略了這兩個物質體系的存在。文化與社會的研究，不可能離得開物質而只論一個個人或一群人。從這一點思考出發，呼籲人類學進行物質的研究，就不能不說是已擠入燃眉的層次了。

人類在他（她）所處的空間中，天天發明、使用、丟棄、借用、修理、組合、珍藏、交換、買賣及想像或喜惡各種物質用品，石器時代的老祖宗如此，當代消費成癮的物化牌摩登大眾亦不例外。人類學家對這些複雜的物質現象，應該培養關懷的視野，並擬訂出分析的策略。博物館的藏品或許可以提供某些協助，但這一個個存放無數反應人類手巧天賦的物品中心，卻絕不是物質文化研究的唯一地點，甚至它們應只配屬次要位置。物質體系在我們生活四周運作著，當然也在人類學家的田野地有機地呼吸——它正與活生生的人共同生活。我們因此必須說，「研究物質，到田野去！」

李莎莉的這本書讓我燃起了對人類學物質文化研究的興趣。她的材料大多取自於博物館的藏品，細細地描繪、臨摹及圖製的過程中，反映了一位秀外慧中的年輕研究者對消失中之部落傳統物質的珍惜。我們看到了一件件或一款款當代排灣族人或已不再擁有的衣服或紋飾，在她的文字上與美術工筆上出現。這個特色述說了一個大家塵忘許久之物質人類學史上的故事。我們不會忽略這些衣飾的美學價值，也很願意去想像它們主人生活的情形，但功能論以降的人類學發展經驗，終究早已清楚地指示了學者一個個傳承、延續和創新的任務。我們因此必須承認，手頭邊雖是一本新書，它回歸古典的味道仍是特濃的。

為這本書寫序，不僅因肯定莎莉的努力，更欲藉此作為轉折，從而踏出物質關懷的下一步。當然，還有一點不太好意思講，但又很想讓妳（你）知道的，那就是，她是我的妻子！

寫於臺大人類學系物質滿堆，又不知何以來的地下室。一九九三年三月廿二日

——本文原係李莎莉著《排灣族的衣飾文化》序言。1993:3-6。臺北：自立晚報社文化出版部。

細觀宏眼，出神文藻

一九八四年春天某日，正值 Clifford Geertz 的《在地知識：詮釋人類學進階論文集》(Local Knowledge: Further Essays in Interpretive Anthropology) 一書出版不久（按，本書中文版譯者將 local knowledge 譯成「地方知識」，筆者以為「在地」或「本地」較具從當事人自身看自己生活世界的意涵，而「地方」則分析概念的色彩較濃。另，譯者未譯出「further」一字，筆者建議加上「進階」，以期別於 Geertz《文化的詮釋》前書的基礎論述），在筆者所就讀之美國西雅圖華盛頓大學 (University of Washington, Seattle) 人類學系專論 Geertz 學說的「方法理論」(Methodtheories) 一課上，教師請來了當事人 Geertz 教授。原本選課人數僅十數人的討論教室，頓時擠滿了聆聽者。兩個鐘頭間，大家浸潤於繼 Margaret Mead 與 Ruth Benedict 之後，北美人類學足稱能力縱橫四海，微宏觀察兼備，同時又深具藻彙運用技術的大師氣氛之中。講演結束，果不其然，聽眾們的問題幾乎全數繞在「寫作風格」、「詮釋的方法論」、以及「土著觀點」等的範疇上。一直到今天，Geertz 學派 (Geertzianism) 的奉行者（如 Michael Herzfeld, Charles F. Keyes）或反對者（如 Marvin Harris, James Clifford, Jonathan Spencer, Vincent Crapanzano），依然在上述論題上繼續提出觀點。

Geertz 第一本論文集著作《文化的詮釋》(The Interpretation of Cultures)(1973) 所收入的文

章，剛好一半一半，一半仍保有他早期求學與工作雙重之指導者 Talcott Parsons 講求「工整社會體系」分析的特色，另一半則已冒出「充滿創意與想像性意義之象徵體系」理論建構的未來三十年個人招牌。到了《在地知識》一書，則舊書之前半特色早已不見，而後半招牌愈見發揮。透過 Geertz 文類（按，他「埋怨」了人文社會科學文類的交互混淆，卻同時自己創新了風格，並達到了「嘲諷」人類學固版文類的功能）所呈現出之 Geertz 求得各文化所立基的人類心靈故事，想必足以使是書的聽者（按，書中多篇文章為對非典型人類學社團組織所做的演講稿）和讀者產生數日繞音，盪氣迴腸之感。對人類學學者學生而言，主要的工作即是一方面繼續在 Geertz 文字中找尋「偶見」之民族誌以為寬心，另一方面則在苦苦解讀「常見」之二千年文史哲瀚海，以使自己確定學問已然昇華。

《文化的詮釋》計十五章，《在地知識》則有八章，而一共二十三篇的論文，最常被討論 Geertz 學派的作者（如 Nicholas Thomas, Vincent Crapanzano, Fred Inglis, Tim Ingold, James Clifford, Stevan Sangren）所引用者，約有前者的〈深厚描述：邁向文化的詮釋理論〉、〈宗教是為一文化體系〉、〈深度玩樂：巴里人鬥雞備忘錄〉，以及後者的〈「根據土著的觀點」：試論人類學式之瞭解的本質〉和〈在地知識：事實與法律的比較〉等五種。以有限的資料來界定一名研究者，當然有失公允，不過，此一現象剛好也印證了 Geertz 所提醒的，詮釋的景況之一定要被認知，就是避免對尋求「真實」有所迷思。換句話說，人類學者論及 Geertz 之時，顯然是經過對當事人著作有限選取所進行的詮釋。任一個人對事件或生活週遭的詮釋（包括民族誌學者對文化）不也都是如此？「真實」的Geertz不會經由三、五種文獻而成功現身，至於「真實」的人類活動或文化，在人們詮釋過程中，恐怕也一樣不克露臉。

不過，雖然如此，本能上，作為一名讀者，我們仍會自我說服地要掌握「全書」。Geertz的《在地知識》所欲表達者，依筆者所見，不外乎如下六項。

1. 生活即為一種文本，它係透過如笑話、成語，及大眾藝術等來傳達某種想像的形式。
2. 對方所創造的事物，被吾人以「翻譯」過程納為自己的一部分，或再回歸至創者身上，並固化其意涵，基本上就是一道德性想像的事實。
3. 從笑話、成語及閒聊中進入對方內在生活，依各個背景情境逐一識出被層層「脈絡化之個人的自我」，就是所謂的「根據土著的觀點」。而它也是從「近身經驗」的在地情境，轉至「遠距經驗」之分析定論的旅程。在任何地方均可發現之「普通常識」或一般知識，是為一種文化形式，它也是經由歷史建構而來的。「普通常識」代表著人人有能力應對天天所出現之事，所以自然有其「整體性」的性質。
4. 各地的藝術理論就是一種文化。吾人應留意各種言說(talks)，以期發現人們對生活的敏銳回應。藝術正是把經驗物品化，再將一神聖心思灌入物身的世界，終而使人人可見之感應之。

5. 思想為一種社會活動，吾人應特別留意「思維」的民族誌研究。而其中在方法上的關鍵任務，就是能有效處理翻譯上的困惑。

6. 律法與民族誌均有其對「真實」之想像的特定態度，而此一態度往往造成某種最後的「定案」。對一律法事件的分析，就如同政治、美學、歷史或社會議題一般，均為探索「文化脈絡化」的一環。意義的結構因此亦可從中提煉而出。

以上六項提示，均係依據文化詮釋的方法論而來。對 Geertz 而言，文化或許已是一「詮釋團」或「詮釋合體兼流體」。今天的跨文化 (transculturalism)、跨國 (transnationalism) 研究焦點，二十年以前的 Geertz 就已開了風氣。爪哇、峇里島及摩洛哥的穿插出現，熟練的類比功夫，在民族誌比較方法上創造了新局，而前述文史哲的造詣，也帶動倫理精神的躍昇。換句話說，「文明」國度的藝術文學或君王哲人，往往被 Geertz 置於三個田野地方的人事物之旁，以為通曉「人」之「共通性」的入徑。自此，非西方、部落、村舍、北非小鎮等，不再是一個落伍代表，它們與歐洲文藝或西方人文傳統的內在精神可然交叉通意。這是 Geertz「細觀宏眼」的功力，也為他出神入化之藻彙系統的運用使然。總而言之，過去民族誌證據的絕對「科學化」，被 Geertz 的自我內在革命徹底瓦解。他之後的民族誌證據正往「哲學化」和「文學化」質變路徑發展，前者係為尋求人的內在心靈，後者則扮演充分緩和部分社會科學帶有絕對「真實」想像的危險。

讀《在地知識》一書，得以重新體認「在地人」（包括筆者自己、田野地居民、Geertz及所有古人今人）的意涵，及其延伸出之人類知識 (human knowledge) 的建構經驗。經典的文獻今天仍然閱之有津有味，而 Geertz 第三本論文集《導航之光：哲學議題的人類學回應》(Available Light: Anthropological Reflection on Philosophical Topics) 亦已於 2000 年悄然登場。我們欣喜於大師的進一步啟迪，也盼望詮釋命脈如同不朽之哲人哲學一般永續不墜。

——本文原刊於《誠品好讀》2002/27:81。

性觀光的人類學分析

以人類學的角度來看觀光的本質，一般有兩種主要的理論：觀光是為一帝國主義的形式（即工業／都會／資本／中產對傳統／社區／農牧／鄉民的剝削）及觀光使人獲致神聖洗滌的感覺（即從象徵性死亡重獲生命）。另外，研究者之間也有對觀光過程旨在尋求虛構世界抑或真實面貌的學理爭論。無論如何，在歷史、文化、農鄉、異族、環境、生態等各類觀光型態中，我們或多或少均可參考上述理論，來對之進行深層的了解。

在這些「常態」觀光活動之外，還有一些特殊或不刻意被公開啟齒的觀光行為。它們也有類似帝國主義或神聖洗滌屬性的特質，「性觀光」(sex tourism) 就是其中較著名的典例。我們若要較有效掌握性觀光的本質，就必須從文化的角度來予以分析。

交易與感情

既然是「帝國主義」本質，即有具政經財實力者對不具該等力量者的資源汲取之意。人身，尤其是女性身體，也可能是一種觀光過程中的主要汲取資源。因此，有不少地區即於內外在因素的驅使下，成了著名的性觀光地點。泰國大概可作為亞洲地區的代表性國家之一。

泰國從事性觀光工作者，多數來自於東北貧窮農村地區。她們多半個人行動，由於服務特別周到，使得外國尤其是西方觀光客趨之若鶩。性工作者社群 (sex workers community) 中普遍認為，服務西方人是一成為群內菁英的憑證，因此，許多女孩即只限接應外國來的客人。由於主客雙方在觀光時間內相處愉快，使得泰國地區的性觀光過程發展出一特殊的人際關係型態，那就是女孩與男人間同時生成交易與感情混雜的情緒。交易時不談價錢，只有事後客人慷慨給與的現金禮物，而女孩的個人性行動，使之可以全程陪同特定客人，因此更易發展出情誼關係。然而，後來的演變則常是悲劇的收場。

有些初出茅廬的女孩一下子陷入感情，與客人結了婚，但往往不多時即離婚。離了婚之後，回到老本行，由於有前次經驗，她們一方面小心自己的重蹈覆轍，另一方面則發展出一種「舞臺的真實性」(staged authenticity)，亦即以演出「對你已有感情」的方式，來掙得對方更多的金錢。不少西方男子去了一趟泰國，回國之後難以自拔，不斷寫情書加上匯款，直到自己破產為止。

文化的作用

泰國一般被界定為一結構鬆散的社會。國人篤信南傳佛教，相信這一世的景況為上一世的積業，因此，當下生活不可能有太大的改變。他們以不斷禮佛累積功德，以求得下一世生活位階的提昇。每一位男子從數日至數年不等均須進佛寺當和尚，以確定自己成為佛陀庇祐的對象。女子不用出家，但也因此使她們不必背負太大的宗教義務，人身行動比男子自由許多。再加上泰語系社會具有父母雙系繼嗣的傳統，女性有一定的主體位置，使得從事性工作的女子，並未承受社會文化太大的壓力。

泰國是一對「女性身體」不太在意的社會。換句話說，女性身體並非男人們的財產，因此後者也不會太焦慮女性同胞在性工作場域上的遭遇。相反地，漢人中國是一對「女性身體」非常在意的社會，她們是男人的財產。因此，失去了財產的漢人父系傳統成員，即常會以性工作者被剝削的觀點，批判日本男人來台性觀光的行為。

異族性幻想

西方人到泰國性觀光是異族性幻想的實踐，臺灣男人找「大陸妹」或日本男人渴望臺灣女人等，亦是同類心理文化潛意識或意識的表現。所謂異族性幻想就是征服異族的另類心理，其中尤以歷史上常以征服者姿態建構自我的文化成員更容易有此行為（按：西方人以殖民帝國主義征服全球、漢人從華北一隅二千年來一步步擴展勢力到今中國全境、以及日本人近代的大東亞征服之夢等均是典例）。

西方在經歷兩性平權革命之後，男人們在現實生活中，已不易找到如過去以無限地自虐身體（如以外在束裝改變體態）來服侍、取悅、迎奉對方的女人（按，即使女人仍尋求美麗性感，但大致均能在控制自我身體的景況下進行社會關係）。男人理想中的性俘虜女人特質，全化為色情書刊影視的虛構事實（而非生活中的事實）。父系社會傳統下的西方男性若要找尋男人自尊，只有兩種選擇，一為在色情資料中想像自慰，另一即為走出西方邁向神秘的東方。泰國在西方人印象中是為大陸東南亞地區唯一的文明（其它越、寮、柬、緬均為落後的社會主義封閉國家），境內的文明女子又提供語文無以形容的貼心服務，自然能吸引大量極欲覓得失落自我的西方男人。總之，他們在泰國找到了另一生命的中心 (another center out there)。

日本人來台尋春是一種延續殖民臺灣的歷史記憶。男人代表日本國家，女人則為臺灣國家的象徵。男人以金錢帝國主義式地征服女人，即意指日本仍如過去擁有臺灣，可以大量汲取資源，只是過去為檜木、樟腦、糖，而今為女人罷了。至於臺灣男人的大陸妹幻想，反映的則是敵對兩岸間的「武器」戰爭。中國有較強的軍事武器，臺灣在驚懼中備受壓制，然臺灣相對上掌握了經濟武器，它可以男人的身體為代理人，「很便宜的」即可消費軍事強大之對方的女人。男人控制軍事，男人也控制經濟。中國的「男人—軍事架構」在福建設置飛彈恫嚇，臺灣的「男人—經濟架構」，則在臺灣島上及在大陸各地以另類子彈攻伐對岸民間。「異族性幻想」於此例中，正處在激烈的戰鬥性實踐狀態中。

結語

性觀光是當代世界性觀光的一種特殊形式，本文討論了泰國、西方、日本及臺灣各方所參與的相關活動。我們希望社會各界能在嘆息、批判、導正或反制的行動出現之前，先有前述類似本質性分析的理解，或許如此方能比較宏觀地看問題，也才能進一步了解文化與人類本身。有了分析的角度，才有破解問題的可能。停留於表面指責，只會使道理教條化，大家擔心的問題仍舊會不斷地發生。

——本文原刊於《臺灣日報》二〇〇二年一月二十四日。

「亂」的物質與身體人類學

一九八〇、九〇年代之交，正當臺北市民苦於大家共同認知的交通亂象時，某天傍晚，一位美籍人類學者花了近二小時半，才從三峽抵達臺北與我約見之處。正想以「亂」的緣由，表達作為一個臺北人的歉意時，對方卻搶先說道，「我覺得臺北交通並不亂，是車太多了！」人類學家社會文化觀察一向敏銳，他的「多而不亂」之論，引申說明臺灣仍存續迄今的道理，似乎頗具釋效。換句話說，臺灣就是在發展過程中，生成出一「似亂而不亂」的社會運作機制，才能免於被共產中國劫據。

一九九三年，另一位也是美籍的年輕人類學博士候選人，則在造訪臺北後，以「這裡不亂，只是人人都在瘋狂式地拼老命」向我表達觀感。一般習於制度生活（即工作與休閒分離，住宅與商區分隔，或城鄉分野等）與規範文化（即按規矩步驟計畫組織行事）的美英人士，或會以「亂」來感受日本以外包括臺灣在內之泛東方世界，但在典型功能理論無形影響下的人類學者，卻深知一個社會的得以運行，絕不可能依靠「亂」的作用。「亂」如何界定？以美英觀點看臺灣，必定陷入文化中心主義之槽。人類學家可不願與凡人同進，他們因此避用「亂」(chaos) 字，從而轉以「多」和「拼命」，形容臺北異社會的交通與住民。

但是，臺北真的不亂嗎？過去二十年間，數不盡的輿論、著述、批評或言說，集中以「亂」

字概括臺北甚至臺灣。這是一種土著觀點，亦即臺北人對自我世界的評論。不過，論述歸論述，它是口誅筆伐的場域，而與之異處的人們生活現實，卻是在天天的食衣住行。寫出來是一種宣洩或一種理想的想像建構，因此，寫手們可以隨意責「亂」。但日常中，大家其實並不把亂當成亂。非制度性的「亂」，被有效便宜行事，人們默契十足，早晚輕輕繞過行道物質障礙，不怨不唸；搖晃於公車變速途中，無知無感，回了家就好。車子、招牌、商品、鐵皮、違建、鐵窗、及棄物等的無限量多，或許正是使臺灣進不了已開發國家的都市景觀亂源，而阿扁市長最大的貢獻之一，就是為治此類之亂奠下基礎。

不過，「已開發」與否的標準，畢竟仍是西方的價值。市政成果滿足於該項標準，並不表示人們已然脫「亂」成功，進而大家恭喜新生。因為，臺北人的身體感知與物質量多而亂之間，是相互分離的。換句話說，泛臺北人身體始終依現實生活所需，視亂不在四周地按部就班日常行動。而物質的續增亂置（阿扁任前）與整頓規制（阿扁任後）終究不是在地文化的脈絡。有的人或會對進步簡單微笑，但忘卻甚速，因為，制度或「已開發」標準下的「亂」與「不亂」，均與自我文化早已作用多時的「視亂不亂」機制無所牽連。在此景況下，政績一等的市長未獲連任，實不足為奇。

我在大學教書，前一陣子好事地數了一下一間約近十坪教室內所見的物質種類，除了上課必備的桌子、椅子、黑板、粉筆、板擦、及視聽設備（按：美國大學教室內大抵只見得到這些）之外，尚有報紙、海報、水桶、燈管、電話、茶葉罐、屏風、垃圾桶、杯子、布塊、筷子、盤子、及非課用桌椅等等。它們大多均是不全、舊式、散裝、破損、殘缺、骯髒或已被廢棄的。這間教室天天有人上課，教授飽學進出，學生也新裝髮炫地上下課，愉快非常。雜物不是不亂，而是進不了意識，阻擋不住身體與之分離的行動。它們的存在與否，與教師賣力講演和同學竭力於筆記無關，因為，「亂」之中，課照上。小教室和大都會內的物質世界，宣告了臺北的文化屬性，那就是「不把物質的亂當作亂，我的身體只負責目的性的行為（如走到家、開抵終點或上完課）」，所以，環境的亂，影響不了自我身體美好的獨立感覺。

現在有人憂心政壇媒體不斷在亂說、亂哭、亂跪、亂告、亂挖、亂辯、或亂刪，對國家社會頗為不利。其實操心大可不必太過，這是一場連續的「亂」情劇碼，上場者只是共織「亂演」的今日臺灣。以前用的是口語文字言說，當下則因有直播幕前，使人物們多了現場表現舞臺。但無論如何，臺灣人畢竟早已習慣了亂的演出。從上文「亂」之物質與「序」之身體一向分離的觀察角度來看，「視亂不亂」、「亂在形式，規矩在生活」、以及「去亂機制端在我行動」等的文化，一定可繼續四兩撥千金地對付「亂來」的政治。

寫於 Frenzi, Italy, Hotel Laurus #405 2003.7.10 10:34am

——本文原刊於《臺灣日報》二〇〇三年八月二十九日。

原住民、人類學家與「漢族——中國」文化

前言

七、八年來的臺灣原住民族群政治運動，在人際關係調整的努力上所獲得的成就，至少有如下二項。其一，民間社會透過了「原住民」一稱的接納，對原住民有了新一層的認識。其二，九十年代以來，反體制的抗爭菁英（以「臺灣原住民族權利促進會」為代表）與體制內的政治菁英（國民黨籍的各級山胞民意代表）和大專院校的學生菁英，在共同認同「原住民」的前提下，形成了新的整合力量。我們可以很清楚的看到，不論是那一項成果，「原住民」一稱的發明與作用，正是其間最大的功臣。然而，為什麼我要用「成就」、「成果」、及「功臣」等詞彙來形容這個現象呢？因為，民間的認可「原住民」，代表主體族群「漢族」，一種學習自我謙遜的過程，這是族群關係改善的一個徵兆。而原住民各派菁英的整合，則顯示出一個原本極弱勢並形成分裂之族群的再覺醒。這份覺醒具有群策群力以自我改善不利處境的重大意義，尤值得我們肯定。然而，「原住民」現象的正面意義，在它必須與政權接觸時，卻完全走了樣。

最近數月，原住民立委、國代、及各級議員，往來奔波，在各種可能的場合中，大力呼籲，以期能對將「原住民」一稱用於憲法條文內容，求得最大的支持。其中，尤以九位國代幾週來所做的各項努力，更令人印象深刻。

學術界中與原住民關係最深的就是人類學。臺灣人類學家自光復以來，一方面承續日本學者「高砂族」研究的基礎，另一方面執著於人類學以無文字社會（或稱原始社會、部落社會、傳統社會等）為主要研究對象的傳統，始終對原住民保持高度的學術興趣。四十幾年來也的確累積了不少研究的成績。今天，原住民面臨了問題，很自然地，人類學家基於傳統的工作情感，會表示關心；而原住民們也會自然地以學者為諮詢或求助的對象。然而，從前一陣子九位國代連袂走訪中央研究院民族學研究所失望而歸，到這幾天人類學家們關於「原住民」、「早住民」、「先住民」所發表之意見的觀察，似乎有理由開始對臺灣原住民與人類學家間的傳統良好互惠關係擔心了。

人類學家與報導人社會

凡必須以人類本身當作研究對象或實驗品的學科，如醫學、護理學、心理學、社會學、及人類學等，都會涉及複雜的工作倫理或學術道德的問題。在社會文化人類學方面，一般所稱的學術道德，就是指田野或民族誌研究過程中的倫理考量。人類學家在一個社區長期居住，從住民（或稱報導人）方面獲取大量有利於自己為學位、升等、實習或科學探索等目的所需的材料。這些材料本身和汲取它們的過程，均可能觸及許多報導人的隱私、權益、利害關係、及生活正常運作等方面的問題。學者們被要求在這些可能對報導人有負面影響的範疇中，務必要盡到保護對方的責任，一個在學術倫理上漫不經心的田野工作者，基本上就沒有資格被稱為人類學家。

關於人類學家如何遵守田野倫理，「美國人類學會」訂有明確的條文；然而，這個表面上並不難做到的要求，在面臨實際情況時，卻往往出現許多兩難的困境。畢竟，一個部落、村莊、城鎮社區、正式機構（如工廠、公司、學校等），或其它人群組成體（如族群、幫派、同鄉團體、俱樂部等），絕不是一與外界隔離的單位。學者們保護的對象為該被研究單位，但當這個單位因與外面世界互動而產生權益維護方面的問題時，困難就出現了。其中，最常見的就是，當主體族群或政權的政經資源或抽象性之認同符號的選擇上，對學者所研究之社區或人群，進行一意孤行的侵權或剝削時，人類學家的立場往往極為尷尬。一來學者被要求必須尊重報導人社會所屬之國家政體，然而，他或她卻也同時千真萬確地知道這個政令不僅完全不瞭解該社區或人群，還正以令人難以忍受的方式，在造成對方成員生活上的痛苦。視而不見是不道德表現，挺身說話又恐危及政權利益（套一句通俗的話——干涉內政）。如何處理這類問題，國際學界仍繼續在辯論中。

臺灣的情況有它的特殊之處，那就是，本土人類學家幾乎全數研究臺灣本土，所以絕少有可能發生因到國外研究而造成「干涉內政」的問題。現在的情形因此就成了，人類學家在原住民與本土政權之間的利益衝突過程中，如何安排自我立場的問題了。對學者而言，這是一個更艱難的挑戰，因為他（她）不僅是體制內學院中的人物，也是主體族群的一員。我在前面提過，在臺灣，人類學家與原住民之間的關係一向良好。然而，那是在原住民未展現族群政治力量，以及國家政權力量沒有公開對立於當代原住民運動之前的事。「原住民」一稱所引發出來的難題，臺灣人類學家並非沒有主動面對。只是，他們這時好像突然都變成「感情中立」（與原住民的傳統感情消失了），「研究獨立」（學術問題不涉及政治問題），及「理性至上」（一切依證據說話）的「純科學家」了。不過，這並不是臺灣學者專有的作法，我們應把空間與時間拉大拉長，才能看得清楚問題。把中國的例子納入討論，正是一個深入瞭解的關鍵。

中國民族學家與臺灣人類學家

傳統中國有以「夷狄」、「蠻夷」及「東夷、西戎、南蠻、北狄」等籠統名來指稱非漢族群者，也有以如匈奴、鮮卑、閩、猺、猓等專稱來類歸他們者。到了科學的觀念與應用的方法傳入中國後，研究人群的學科——人類學、民族學及社會學，便在科學的指引下，重新探索中國地區的非漢族群。自民國以來，即有學者陸續在類分這些族群。不過，過去習慣的統稱與專稱原則，卻仍繼續被採用著。民國時期國民政府統稱非漢族群為「邊疆民族」，至於專稱方面，則等不及在參考學者分類並提出官方分類之時，就跑來臺灣了。

社會主義中國的國家力量無限發揮，短短幾年內，即在理論上規範了所屬的非漢族群。這個時候的統稱從「邊疆民族」變成了「少數民族」，專稱則經國務院一個個審訂，迄今共官定了五十五個（漢族除外）。一九四九年之前及之後的民族學家，雖身屬敵對意識型態的不同政權，卻都深信自己的非漢族分類研究是科學的。所謂科學的，自然係指在想像中是合理而正確的。然而，不幸的是，當科學的迷思籠罩於進行對人群認識與瞭解的過程時，善解人意或尊重並體會對方感覺的動機，往往是相當微弱的。沒有人認真關心過哪個非漢族群真正的認同意識，及其背後的認同理由是什麼。我們看到的，只是對一九五〇年前赴北京爭取「民族」地位之廣東客家人的嘲笑，或認為數十種苗人均欲自成一獨立民族的要求，根本是在鬧一個非常無知的笑話。大家普遍相信「民族」必須要由學者才能科學界定出來的。

在臺灣，人類學家從未認真的考量過到底「民族」是什麼，然卻也模模糊糊地劃了原住民有九族或十族。這個劃定並有效地影響了民間的認知方向。從此，九族或十族漸漸地被廣泛接受了。不過，雖然如此，學者們仍不時表現出自己是很科學地在研究「高山族」。例如，語言的要素就常被拿來作為各族特徵的依據。

基本上，統稱的原則到了臺灣就成了「高山族」或行政上的「山胞」；至於九族或十族的專稱，學術人員雖已普遍使用，執政者卻將之列入國家正式承認的人群單位。今天對「原住民」稱名的問題，幾位發言的人類學家提出了一些看法。其一，原住民（高山族）之前，應有更早的臺灣住民，「原住民」一稱因此並不合理；其二，若將來證明或發現有比原住民更早的人住在臺灣，那今天稱自己為原住民的人，如何去彌補為爭這個「不科學」的族稱所耗掉的政治社會成本；其三，「原住民」與其它如「先住民」等的名稱一樣，五十步笑百步，都只是不適合被專詞化的普通名詞而已。這些觀點清楚地說明學者們正努力地維繫自己科學家的立場。然而，如同前面所述的，科學價值充塞時，也正是一個人不知去感受九位國代集體懇訪的悲壯精神，以及不知去比心於一個為求得自己尊嚴名份而不可得的人之撕裂心境的時候了。

「漢族？中國」文化與自覺的原住民

你不覺得其實受過西方教育的臺灣人類學家與國民政府大陸時期的民族學家，以及社會主義中國民族學家，基本上很像嗎？說穿了也不難理解，大家都是「漢族—中國」文化下的忠實成員。他們所做的，只是履行文化所要求的一些習慣或傳統而已。

父權的中國，經過西方文化近百年的洗禮，在許多文化變遷研究者的筆下，似乎已經搖搖欲墜了。的確，充當父權角色的各式個人與組織，如尊嚴的父親，威望的教師，氣昂的官員，高貴的主管，及祖權的國家等，在大陸曾於文革時，地位一落千丈；而二十年來的臺灣，則多多少少也受到兒子自決，學生抗辯，人民不服，屬下叛變，及民間力量湧現等的衝擊。然而，文化的價值認定，畢竟是抽象性的存在於潛意識心理深處；表面上，父權的代理人一個個怯陣了，但他們心底所崇拜的父權至上信念，卻絲毫未減。通俗地說，就是「口服心不服」。我們發現，在與少數民族或原住民的互動過程中，中國的父權要角們更顯現出了這種特質。

傳統告訴我們，所有非漢族群的族名，整體存在的形式，外顯的特質，以及內心的世界，均由主體族群或「漢族一統中國」政權一手操控。說他們是「夷」就是「夷」，指他們為「蠻」便變成「蠻」；因此，今天，規定誰一定是「苗族」，一定是「彝族」，一定是「傣族」，一定是「納西族」，或一定是「山胞」，「高山族」，「山地人」，就幾乎沒有任何妥協餘地了。所謂的父親決定孩子的一生事務，或說父權安排勢單力薄者的生存理由（因我的照顧，你才存在）與條件（必須服從我，你才得生存），非漢族完全領受到了。

中國的民族學家專門研究少數民族，只知與政權充分合作，以便有效地管理少數民族。

他們一再認為自己就是西方所稱的人類學家。然而，我個人並不接受這種任意的連線。人類學有其行為科學學術的傳統與精神，她絕不是又稱「少數民族學」。臺灣的人類學家花很大的心力研究原住民，那只是恰巧這樣，人類學也不是「原住民學」。不過，既多關注了原住民，自然就成了該人群社會文化的分析專家。許多學者因此直接認為自己的名字配上「抬頭」（某某機關某某學教授或研究員），就能有效地在原住民問題上權威發言。在完全忽略了自己與報導人社會只是單純的知識與文化資訊交換本質，以及完全忘卻了自己必須保護對方權益的倫理約束情況下，學者們被自身所屬的文化——中國文化——所驅策。他們再次以科學家的外衣扮演了父權角色；一方面理性地評論「原」、「先」、「早」的實證性；另一方面正在有形無形的動作上，與政權共同操控了這個「山上的同胞」的存在定位。

原住民的自覺基礎與未來發展，都繫在「原住民」一稱的前途。為什麼？因為這幾乎是「漢族—中國」文化的近代各時空中，唯一一次非漢族主動告訴主體族群與政權「我是誰——我不是你認為的我應該是誰，我是我認為的我是誰」。人本精神的口號人人會唸，尤其是社會科學家；然而，一個小小的尊重他們自我認同的舉手之勞，對於諸位博士教授，竟是那麼的困難。仍被文化規範或傳統習慣牢牢套住的人類學家，是不是可以考慮日後不要再研究文化變遷的課題了？不覺得諷刺嗎？

結論

談了許多觀念的問題，我想應在最後提一些具體的意見，至少是用來與我的人類學家朋友們共同參研的。

1. 從心底結結實實地支持原住民們的「原住民」族稱認同。若真的將來有找到比今原住民祖先更「原住」的臺灣古代人遺跡，何妨把該遺跡的主人也一起放進「原住民」的範疇內？人類在地球活動了數百萬年，東遷西移，我們為什麼一定要因自我幻想地能找到一個地區的原住之人，而嚴重傷了當前與你我共同生活於此之族群朋友的心？

此外，我們也不必去操到底「原住民」是專有或普通名詞的心。他們在「原住民」之下，還清楚的知道我是泰雅、你是阿美、他是排灣；「原住民」只是一個單純地代表這些族群的統稱而已。既是單純的稱名，我們不也就可以單純地看待它了嗎？

2. 美國、加拿大和澳大利亞都自然接受該等地區的 Indians, Eskimos 及 Aborigines 為原住民。而這些原住民也不時以原住民的身分，向所屬政府爭權。試問，這些國家有因此被拖垮嗎？她們不是仍為世上最重要的強國？如果將來臺灣原住民以原住民的名義，向政府爭權（自治權、土地權、經濟權等），而造成後者常感頭疼，我們有必要因此而擔心嗎？之所以成為真正的民主國家、人權國家及第一流國家，本來就是因有更願花腦筋，更期望匯集多樣智慧的政府，否則乾脆當一言堂三流國家，讓人民子孫永久蒙羞。原住民有權提出任何要求，但沒有什麼事是不能談的，一切端看民主政府的智慧，雙方總有辦法在各種問題上，求得一個和平而圓滿的解決。

3. 如果當初「臺灣原住民族權利促進會」不是選用「原住民」一稱，而是「早住民」，那政府及權威學者們會在今天決定族名時，接受該稱嗎？我的推測是「不會」。說不定執政者還會為他們創造出「原住民」一詞呢！主要的衝突關鍵並不在於使用那個族名，而是在於誰提出族名。「漢族—中國」從來未有讓非漢族自己決定族稱的經驗，因為父權制度下不可能如此做。今天在臺灣的這個非漢族群主動為自己定名，顯然嚴重破壞了漢族—非漢族關係的傳統習慣，所以任何自主性的名稱都不可能被執政者與權威學者看得順眼。然而，我們一定要持續這個安排他人一切的傳統才痛快嗎？政權領袖天天大忙，因此，在這一點上很可能反省細胞不活動而糊塗到底；但是，只負責專心讀書的學者，有理由唸書唸到含混了自己了嗎？不可能的，是不!?

——本文原刊於《自立晚報》一九九二年五月二十二日至二十三日。

從迷妳社群到泛社群——臺灣人類學的情誼故事

臺灣人類學是否有一學術社群存在，或者，臺灣人類學到底需不需要一個學術社群？這可能是一個頗為尷尬的問題。「中國民族學會」在臺五十多年，它是全國泛人類學學院成員學術活動的總代表，自然也就是臺灣人類學學術社群的代名詞。的確，一九九〇年以前，它活動力強，參與人數眾多，名符其實是社群總代表，但，過去十數年來，學會的學術生命力大幅滑落，猶如東周帝國天子失權，只留空名，各地大學研究機構博物館等學術諸侯，各顧各的，學會到底還在不在，根本午夜夢迴也迴不到對它的一絲絲想念。但是，人類學真的不再有實質的社群了嗎？有的，它們在哪兒？待我稍稍敘述。

迷妳型社群的新興力道

不知從何時起，人類學界某些工作範疇，開始流行一種泛稱「讀書會」的小型讀書會。本來是學生修習課程時常常會採用的讀書會，現在被早已當了老師的老大不小學者們，繼續沿用。讀一讀，開了會，出版文集。結果是常見同一批人，不斷做同樣事，看了他們的報告論文，就知是同一「社群」成員的作品，因為語氣類同，結構相彷，筆法一致，還有，書目亦見重疊。學者理應是「獨立學者」，而當下所出現之高同質氣息的迷妳型「學術社群」，卻有如模子的模樣成果，它恐怕是國際學術界難見之臺灣目前發展已成氣候的特殊學術文化現象。不過，後現代的今天，既然地方或區域，均有其無限文化發展的可能性，臺灣在地人類學此一力道充沛的特殊景觀，當要予以重視，它應足以成為臺灣人類學史上的重要段落。

中小型法定社群的湧現

所謂「法定」社群，指的就是政府認可的範圍。對傳統人類學學術範疇而言，法定社群涵蓋所有公私立大學院校、研究機關、博物館、及如民族學會之類的民間學術社團。前頭提及，形式上超大型的民族學會好似已年老力衰，但中小型的獨立學術單位，卻於近二十年間，在急切慌亂的心情下，一個個成立。比較老牌的機構，傳統主義較強。新單位的出現，當然會觸動某些老單位成員的心，後者人士中，有的想去前者單位移植己所堅持的傳統，有的則似乎覺得新單位新希望，若欲脫離傳統，到那兒去最好。此外，中小型法定獨立學術社群單位的出現，也給了年輕學生未來的曙光。君不見報考博士班者眾，各校申請成立博班者亦多？兩相搭配，本土泛人類學高級學位擁有者很快可打破從國外獲致者的人數。至於中小型社群之間的關係呢？我想，人人對此有看法，各個看法必不同。臺灣的學術會議活動之多名聞於外，但泛人類學社群間是否都開心地相互邀請參與相關會議？答案恐怕不怎麼樂觀吧！以前述讀書會系統為班底的會議，必是讀書成員的擴大讀書寫作成果會，別的人不一定能在該特定場域獲有學術創造機會。另外，堅持自己單位必須展現自我學術表現方式與內涵之理念者，大抵也會設法「控管」主要與會者。無論如何，諸侯各忙各，學會中央有如消失，諸侯間不互通有無，學會中央沒力協調，自然也就沒機會鼓勵大家有情兄弟宜多碰面的了。

泛社群成員其實有不少

「讀書會」學術社群臺灣僅見，「文史工作者」也是臺灣特產品。我的意思並不是說臺灣以外國家人民不重文史，而是臺灣近二十年來的文史工作者大量出現景象，真的是太特別了。文史工作者的工作內容與成果表現方式，像極了泛人類學社群成員所做的事。那，雙方如何看待對方呢？這是一有趣有意義的問題，值得大家多關注。事實上，已經有前述之迷妳型讀書會系統和中小型法定學術單位，接受了部分文史工作者的加入。會議上有後者的文章，前者論文引用書目中，也查得到非學院著作名稱。學院間相互往來不見多，倒是一部分學者和一部分文史工作者合作有樣，這會是趨勢嗎？今後，倘若民族學會含容文史工作者申請入會，說不定很快地他們就成了多數，在今日學院成員興趣缺缺情況下，學會體質必會汰換。不過，老老的店，也不盡然吸引得了人。學者不想來，文史工作者為何一定要來？人家的在地工作室組織，說不定經費比你多，活動力也超強。超乎學院的泛社群成員好像遍在全國，但學院方面似乎對之拒遠不受，比接受他們研究成果以為參考者還來得明顯。因此，雙方仍是鴻溝。除非文史工作者決定進入學校攻讀學位，而校方系所方也歡迎，如此大家才有機會多認識。否則民族學會的確需好好扮演敲門扣關的角色。這是臺灣，民族學會在臺灣，文史工作者記錄本土研究臺灣，自然應雙手歡迎加入行列。在美國，原本人類學界對文化研究（cultural studies）領域相當排斥，但自一九九〇年代下半葉起，從東岸到西岸，越來越多人類學系改弦易轍，紛紛同意兩門學問並無大不同。自此，北美人類學不僅未蕭條沒落，反而更活潑多樣，一門傳統的學問轉型成了多色彩的論述體系。臺灣人類學加入文史工作成果之後，會不會有類此效果，大家不妨拭目以待。

看不到情誼故事的學門

讀書會小小一群，不太理會人，我族認同超強。中小型法定學術單位數量越來越多，卻合作往來有限，各自有認同，卻缺乏跨族意識。民族學會做為整合機制的所在，無奈認同感更弱，年年或隔年年會聚會，來者多半你看我我看你，靦腆不知所措，然後搖頭它的衰落。

所以，事實上，泛人類學社群在臺灣是名存實亡的。為何會亡？原來，我們是身處於以家庭為認同和向心力中心的文化裡。以前，學會理事長猶如家長，整個學會就是一個家庭。每年年會，大家都很期待，好像過年到了，在外子弟均興奮地準備返家一樣。會上，人人互道安好，泛人類學社群團圓大拜拜，溫馨有趣。如今，這個場景已消失不復返了。家庭形同解組，家長無力，子弟不回家。情誼故事唯有歷史記憶好的人，才會在心情不錯時，隨口聊聊。人類學門果真無情？九二一地震，各個學門人力大啟動進行大搶救，人類學除外。臺灣社會族群紛擾多年，人類學靜寂無聲。小黑人到底臺灣有沒有？人類學不願理會眾人焦慮詢問。卑南出土物研究典藏展示等等如何處置一事，滿城風雨，人類學卻彷如不干我事。我們既無力引導國家社會的文化思維品質，也沒有反應重大社會文化議題的能力，泛人類學不僅學術社群內家庭情誼消失殆盡，對臺灣大社群更是冷漠到冰凍。今天不是我在「咒罵」或責難，事實上，問題的嚴重性程度遠在我所講述者之上。妳（你）真願意自己的人類學永遠被誤解？我可是忍受不住。如何的好？除了繼續讀書會並歡迎文史工作者之外，大家總得想想其他辦法吧！

——本文原刊於《中國民族學會通訊》2005/38:60-62。

導論與評論：透釋「傳統」

在今天臺灣，一般人只要稍費心思，應可發現具原住民藝術風格的飾品、隨身配件或衣裝，早已悄悄成為一特定的流行時尚。而部分平常關心原住民各項社會文化議題的人類學者和博物館學家，以及原住民文字工作者本身，自然也已密切注意到該等現象的發展多時了。本專輯的策劃，就是吾人在初步感受到現象的顯性之後，冀望集合數位研究者共同參與探討原住民「顯形／物質／藝術／美學」(expressive / material / artistic / aesthetic) 傳統在當代展現的景況及其意義。

作者的角色

六位參與寫作的研究者，包括兩位（謝世忠、胡家瑜）在大學人類學系任教的學者、一位民俗文物館的主事人（李莎莉）、一位國立博物館的專業研究者（林志興）、一位大學研究生（悠蘭．多又），及一位口簧琴製演專家（江明清）。前五位共同具有人類學的訓練背景，因此大抵可將之統歸為人類學研究者。不過，由於其中有的強調實務工作，有的進行學理分析，而林志興、悠蘭和江明清本身即是原住民，因此，在論述的觀點上，各自表現出了各人背景或旨趣的特性，如此也使得專輯內容呈現較為多樣的取向。

謝世忠和林志興均注意到了「泛原住民」的工藝現象，不過與謝只是平述事實不同者，林對自己卑南族當代物藝產品「泛排灣魯凱化」的情形，顯然有所焦慮。他認為這是「傳統文化的斷層」，亦是「對傳統文化認識不足」。類似的景況，亦見於謝與悠蘭及江明清對傳統記憶或典慶活動展現之界說上的不同理解方式。

謝曾在數年前為文（〈「傳統文化」的操控與管理：國家文化體系下的臺灣原住民文化〉，《山海文化》1996/13:85-101）指出，原住民向政府掙得經費「演出」傳統，基本上是一「文化示範」的現象，亦即它具有對外表現的公演性質，而一旦計畫結束，表演也隨之中止，所有道具拆卸拋棄，一切又如往昔。一直到本專輯的文章，謝似仍未改變原有的看法。不過，悠蘭則視自己泰雅族同胞在社區展演傳統的活動為「族群的集體記憶」的再現。她相信族人已然「打破權威式的歷史詮釋」，從而強烈地表達「族群的認同意識」。在文中，悠蘭自己建立了一套推演的邏輯系統，那就是，由於族群危機的感知，而促成展演活動過程具有「文化表徵／歷史記憶／主體詮釋／族群意識／認同鞏固」的堅強作用力。她認為，活動的出現，充分提供了「新契機」和「新的文化空間」。至於江則強調泰雅（爾）口簧琴為「珍貴的技藝」必須予以傳承。林志興的憂心、悠蘭的樂觀，以及江明清的使命感，均讓我們感受到了原住民知識份子對自我族群文化的深切感情和理想性的期待。

此外，李莎莉和胡家瑜亦表現出不同典型的作者角色。基於多次與原住民藝術家和物藝專家們同辦活動或共推工藝成就的經驗，李非常肯定各族好友的各類創藝貢獻，而胡則比較關切自己近年來所研究之賽夏族物質文化的演變過程。作者們的立場和切入點有宏觀有微觀，有「冷靜」有「深情」。很顯然地，現象的意義對不同的觀察者而言，確有其各自傾向的特定詮釋信念。

現象的觀察

雖然作者們有其角度的偏重，但幾乎每人都注意到了舊新演變、交替或併存的議題。謝和林討論了「傳統」與「新傳統」的現身，李和胡比較了「傳統」與「當代工藝」或「現代商品」間的差異，悠蘭另以「舊傳統」和「新文化」的對應事實來進行說明，而江則認為從「傳統」到「創新」是必須的。在大家的假設或認定上，文化總有傳統的主體面向，而且它理也應先尋得或確立。如此，吾人方能據之來判定新產品的文化位置。太商業者可能被指失落了文化，而具跨族或具泛原住民主題或意象者，也可能有失去「真義」的危機。不過，包括經濟產業和內在尊嚴在內之有形無形與原住民生存基礎或價值有關的範疇，亦有數位研究者（如李、江和悠蘭）積極地表示關切。在她（他）們的想法中，對當代創藝現象或展演活動的熱情支持，似乎比文化史分析或文化失落的批判，來得重要的多。

概念的發明

在這六篇文章中，作者們均企圖以自我認定的概念，來使解釋更具效性，而其中又以謝世忠為最。他的論文中，至少有如下幾項自創的「多字類」概念：「第二波原運主流」、「原住民全民文化運動」、「多元國家文化建構運動」、「儲藏型與推廣型博物館」，及「泛原住民認同的新表徵」。另外，李莎莉的「文化再創造」和「新傳統的形成」，悠蘭的「演文化」和「想像共同體」，江明清的「內觀性」和「多元文化」，林志興的「社會內在動員能力的疲乏與退化」，以及胡家瑜的「族群工藝運動」、「文化（族群）意象生產（傳遞或延伸）」、「視覺溝通對話」等，亦是典型的例子。

概念的湧現是否真能幫助瞭解現象，自然需要讀者的判斷。不過，若使用過於輕率，或只見概念不見說明，甚或只是直接轉譯西方學者的原文用語，那它們對原住民文化展現之時代意義的瞭解，恐怕就不甚具深刻意義了。

人物的界定

幾位作者對如何指稱當前參與原住民藝術創作的個人，也各有看法。謝世忠所使用者有「藝術家」、「物藝創作者」、「準藝術家」；李莎莉稱之為「文化藝術家工作者」、「工匠藝師」；林志興則試圖分辨負責「文化工藝」的藝術家或「民族藝術家」（按：林並未直接採用此稱，惟筆者以為他文章的原意裡，似已表達了類似的想法）和主事「生活工藝」的「工藝家」。事實上，臺灣的學界和文化界對界定當代的原住民藝術人才一事，始終難有一致的意見。畢竟，對藝術的習慣性定義（如非實用性、個人落款創作、非量產、非生活消費市場的買賣，及菁英社群的認可等），使得其他「類藝術」項類（如部落工藝、商業藝品、實用藝品、古畫藝品），常被擠入邊緣，終而長久難以獲得尊重。今天蓬勃發展的原住民藝術創作或物藝製作，基本上也面臨了類似的困境。然而，由於原住民傳統藝術原本就一直被界定在「文化」範疇上，而較少被視作「純藝術」，因此，當前的新式創作品，只要仍具濃厚原住民傳統意象、圖案或母題，則仍不易「擠入」主流藝術的領域。不過，雖然如此，情勢也不盡然如此悲觀，一方面，有部分原住民創藝者已然掌握純藝術的規範，從而以之為本，創作了不少有名的抽象或主題作品，也陸續為幾間主要美術館或藝廊接受展覽。

支持的言說

多位作者均對當前原住民創藝發展途徑，提出了一些建言。胡家瑜建議思考「如何商品化才最能夠發揮作用」；李莎莉呼籲「文化產業化、產業文化化」，並應致力「創造商機」。另外，江明清主張口簧琴電子音樂化，並以合奏演出；而悠蘭則直接認定族人耆老的文化詮釋權威性遠高於文字的報告。換句話說，吾人應積極向原住民長輩請教，方能得到真實的文化知識。不論是肯定當代創作，並為其得以常續存在而努力，還是主張回歸部落耆老的內在世界，本專輯的作者們已然表達了對原住民文化運動或再現傳統的支持。部分研究者或因不同原因而仍有些擔憂，但基本上原住民的重現力量（包括藝術創造、樂器奏製，及歷史文化的講述演出），應都能獲人類學者、博物館學者，及文化工作者的認同，而它也直接使謝世忠認定的「全民文化運動」更具可能性。

「傳統」是什麼？大家或許不必去強以釋之，也不需以某些教條來區辨「真的」或「假的」。傳統可以是一種自然的感覺，舊傳統和新傳統均是傳統，它在歷史的過去曾具體的存在，到了今天，依然強而有力，並從未休止地繼續在創造。本專輯的作者以自身特定的背景角色，創用多種解釋概念，來對現象和第一線工藝製作參與者、美學藝術家、音樂執著者或部落文化代表人，進行界說或討論。他們對原住民物藝或藝術傳統的再現、重組、發明或沿用景況，均有分析性的獨見，此外，在關心與掛心之中，大家亦多表達出對走出希望之原住民同胞的支持，而這也正是本專輯推出的目的。

——本文原刊於《宜蘭文獻雜誌》2000 / 44:2-6。

「族」是什麼?——人類群體的多類組合

在日常用語中,常見「族」字的使用。「族」,有「群」的意涵,例如現今流行的香腸族、頂客族、草莓族等,就是指一群群具特定生活理念或社會習性的人。

然而,「族」的出現極早,它有歷史文化界定下的指涉範圍,也是當今人類學中包括種族、民族、宗族等重要學術詞彙的字源。

人類源起與種族

人類始祖拉瑪猿(Ramapithecus)約在一千八百萬年前下樹生活,繼而前肢解放,椎脊挺直,雙足行走。到了三、四百萬年前,生活於非洲,被學者稱為南猿(Australopithecus)的群落,開始製造工具,自此「猿」方可稱為「人」。雖有不少動物能使用天然物品如樹枝、石塊、葉子等做為捕食或築窩的生活工具,但唯有人類會把天然物加工轉化成創新用具。有「發明」,才有人類的百萬年史。

南猿系統人類遠祖在距今約二百萬年前,開始一波波離開非洲,四處探路。歷經四次冰河期，時間加上空間，體質特徵日漸變化，基因符碼增減突變。

人類原本包括巧人 (Homo habilis)、直立人（Homo erectus，五十萬至一百萬年前的北京人和爪哇人屬之）、智人（Homo sapiens，克羅馬儂人屬之）等多個物種，後經物競天擇，只剩智人一支於二、三十萬年前開始繁衍成了今日大家共屬的現代（智）人 (Homo sapiens sapiens)。據基因圖譜學和遺傳學的推算，約在八千代之前，所有現今人類同屬於一位超級祖母。以一代三十年計，八千代約二十四萬年。

人類學很少用「族」的概念去說明現代（智）人之前的人群，常見的如尼安德塔人 (Neanderthal man) 和克羅馬儂人 (Cro-Magnon) 都僅以籠統的「人」稱之。「族」多半用來指現代智人之下的次群人類，「種族」(race) 大抵是其中範圍最大的類項。

經過十五至十八世紀歐洲人地理大發現之後，整個地球面貌才完全攤開在世人面前。研究人的科學，開始進行對人類群屬的分類工作。其中最簡明的歐洲人「白種」或高加索種 (Caucasoid)、非洲人「黑種」或尼格羅種 (Negroid) 和亞洲人「黃種」或蒙古種 (Mongoloid) 的三大種族架構，迄今仍最為人所知悉。

「種族」是以生物學的標準做為界定依據，過去一個世紀中，從頭型、膚色、髮型、身軀、眼褶等表型 (phynotype) 測量，到基因、血型、遺傳疾病等的基型 (genotype) 分析，各項量表證據告訴了我們種族間因長期環境適應產生的體質差距。

不過，很不幸地，單純科學是一回事，人的主觀分類往往才是決定種族關係的關鍵。也就是說，人在社會生活中，也會憑自我的先驗或不充分證據，以人體表面特徵區辨他群我群，然後再加上優劣價值判斷，這就是「社會判準種族」，它有別於前述具科學基礎的「生物學種族」。

「社會判準種族」的極端發揮，就成了「種族主義」(racism)。種族主義在人類近現代史上，曾造成無數殺戮滅絕的悲劇（如二十世紀前半葉德國納粹屠殺猶太人）。因此，它已被聯合國和多數國家列為最嚴重的罪惡理論。

國族與民族

以大的種族範疇來看，除了前述的黑、白、黃三種以外，有的學者也加入北美洲原住民的紅色人種和馬來族系原住民的棕色人種。不過，無論如何，種族的種類是相當有限的。現今世界有近兩百個國家，但見黑、白、黃、紅及棕，各種族人口散處於這些國家之間，而許多國家更擁有兩個以上的種族人口。

十五世紀以後，位處在西歐的英、法、西班牙、普魯士（德國前身）等國興起「民族主義」(nationalism) 浪潮，強調自我國家內可貴的共享祖先、文化傳統、歷史、語言、領地等，戮力把國家形制成「民族國家」(national state)。

歷經二、三個世紀帝國主義式的殖民，約在兩次世界大戰結束前後，殖民母國紛紛撤回西歐，亞、非、南美及太平洋各殖民地，無不積極藉此建立新的獨立國家。她們從殖民母國身上學到了「民族國家」架構，期望獲得政治掌握的完整性。不過，不少殖民地都是處於極其複雜的多語言、多文化、多歧異自我認同的情況，因此，主政者就設法創出「國族」的意象，企使全境人民超越自己語言文化認同，效忠更高階的國族。

這些新興國家內部群體情況，遠比十五、六世紀西歐各「民族國家」複雜得多，所以稱它是「國族—國家」(nation-state)或許更為適合。Nation 因此可以是「民族」，也可以是「國族」，一切端看論述的社會背景與歷史脈絡而定。

族類與族群

人類在對群體進行分類時，並非只有以體質特徵做為標準。事實上，從自我祖先追溯、歷史經驗、宗教信仰、文化傳統、風俗習慣、祭典儀式、語言、地域範圍，乃至於飲食方式等方面，來分辨我群他群的作法，反而更為常見。這就是人類學用詞中的「族類」與「族群」。

愛爾蘭人最重要的年度節慶是「聖派崔克節」(St. Patrick's Day)。移民美國的愛爾蘭後裔，在節日到臨時，都會熱情參與，歡樂遊行。不過，表現出「愛爾蘭人」記憶的行為，大概也就只有這一節慶活動。平時，後裔們並不會以「愛爾蘭人」做為認同的基礎組成社團，繼而追求共同社會利益。這種未具組織性，一般多只呈現鬆散族裔感知狀態的群體，就是「族裔泛類」或稱「族類」(**ethnic category**)。

在沿緬甸與泰國邊界的地區有一名為甲良(**Karen**)的群體，他們有不少地域性的次群團體，約計三分之二在緬甸，三分之一在泰國。該族人有強烈的族群意識(**ethnic consciousness**)，反對國家所施行的同化政策，尤其是身處緬甸的族裔，更是組成武裝，直接與緬國政府抗衡。對此一隨時具有清晰我族認同，又會以組織態勢追求我群社會政治利益的人群，人類學就以「族裔群體」或「族群」(**ethnic group**)稱之。

每一族類和族群，都有一套認定自己祖先傳承的想像依據。而這些依據的要素，可簡單可複雜，前例的美籍愛爾蘭人只有節日一項，而東南亞大陸的甲良族則是特定祖先人物、歷史、語言、生活方式、信仰、衣飾、價值觀等樣樣來。緬甸國家欲建構緬甸「國族」，因此包括甲良人在內的各族群，被要求必須積極效忠唯一國族，但具有明顯獨立族群意識的甲良人，則以未間斷的抗拒，來維繫自己的認同。

當然，並非所有族群與國家的相處，都如甲良與緬甸般地慘烈，尤其是講求多元文化主義(**multiculturalism**)的今天，多數族群獲有較大展現認同的空間，各方關係大致融合，吾人也得以在此和平的時空環境下，有機會欣賞到多元族群的豐富文化世界。

氏族、宗族與家族

族類或族群大體是人類各種具共同祖先想像的最大群體。為何只是「想像」？主要是多數族群的祖先都非客觀科學研究所能確認的，例如中國漢族認為自己是黃帝子孫，但到底有無黃帝其人，恐是一大問題。祖先是由族人主觀認定，因此它是一種深富力量的想像。其他至少還有三種也具共祖追溯意涵的「族」：氏族 (clan)、宗族 (lineage) 及家族 (family)。比起族群，這三個「族」的祖先更形具象，也就是多數情況是在歷史上真的有一位共祖存在。

漢人都有姓氏，姓李的人合為「李姓氏族」，大家相信從一個李氏祖先傳下，這位共祖有的人說是老子李耳，有的則更遠溯傳說中黃帝二十五個兒子之一。總之，凡有祖譜或家譜的李姓人家，多見譜上追到久遠的李氏始祖。不過，在如漢人世界這種人口超級龐大的國度裡，氏族與上節的「族類」類似，多半成員彼此間只有淡淡感覺，甚至毫無所感，他們一般不會以同氏族的共有利益為追求或考量的目標。

宗族或稱世系群，是氏族之下的較小群體，它的親族傳遞系譜真確，成員親人感強，也可能具有共同追求社會利益的動機和功能。以漢人為例，同一宗族成員往往就是指自己與父母的家，再加上伯叔父的家和祖父母。當然，在傳統臺灣社會中，超過三代的宗族也不在少數，他們往往擁有宗族祠堂，也有全族共有的田產和資助子弟求學工作的基金。今天常見祭祀公業分產的法律爭端，就肇因於同一宗族因社會變遷所衍生的族內分合問題。

一般而言，宗族成員關係遠較氏族來得緊密。不過，臺灣原住民中居處於中央山脈兩側的布農，以及分布在竹苗丘陵地的賽夏兩族，雖為典型的父系氏族社會，但因人口不多，所以氏族成員關係就有如漢人宗族一般地密切。也正因為如此，兩族氏族之下的「宗族」組成，就不甚明顯，畢竟，想像共祖的後裔，大多活動於鄰近，人數也有限，若再細分宗族或亞氏族，其實也無太大意義。

家族也可稱家庭，前者比較強調成員的身分，後者則重於同庭同院的共居意涵。無論如何，同家族成員的密合程度，當遠超過宗族。家族的組織形式有一夫一妻及其子女、一夫多妻及其子女、一妻多夫及其子女、自己加上父母再加上某一方親輩的父母、以及多對夫妻及其親輩子輩共組的聯合制等，它是人類最基本的社會組合。

「族」字的使用

人類是群居的動物，從南猿乃至拉瑪猿時代起，遠祖們就已在類分我群他群。待離開非洲四處奔移，經數百萬年的變化，最後只剩現代（智）人一個物種。屬於現代（智）人的我們，如同老祖宗一般，繼續再分類、組織、區辨，從以膚色體質為識的種族，經民族主義和國族主義運動所生成的民族、國族、以及具文化性共祖想像的族類與族群，到以親屬世系族譜做為標準的氏族、宗族、家族等，各類「族」體，分別以各式組合樣態輩出於人類江湖，有的已然過往，有的則正在活躍。

人類學家觀察到了人的這些類組身分認同形式，於是紛紛予以定義。定義過程中，當然有學者學理間的爭辯，不過，總而言之，人之下確實有「族」，而且是各式各樣的族態內容。因此，在一般言說中，若欲用上「族」字，的確應先充分了解各類「族」所指到底為何，本文的用意，即係為此提供初步的參考知識。

——本文原刊於《科學月刊》2006/405:66-71。

原住民與南島／東南亞與島嶼——人類學長遠橋樑的搭建

臺大校園國內外貴賓訪客不斷，正式拜會之餘，人類學系的博物館（正式名稱為「民族學標本陳列室」與「考古學標本陳列室」），常是校院主管推薦前來參觀的地點。人類學系照顧兩個陳列室，除了提供外賓欣賞之外，其典藏展示內容當然也是系上教師學生研究的範圍。不過，六十年來（按，人類學系創立於一九四九年）參訪者雖始終不斷，然對標本的研究，卻曾有過長期間斷，此一現象述說著人類學系研究取向的變遷歷史。

人類學傳統上較著重於原住族群、少數人群、及邊陲或角落社群等的生活文化研究。臺大人類學系成立之後，自然追隨此一學術特性建置學問。南島系臺灣原住民在臺北帝國大學時期，即是日籍民族學者的調查研究對象，人類學系承接傳統，繼續山地、東海岸、或外島田野。兩個標本室所藏標本，尤其是民族學方面，多為日籍學者和戰後二十年間的收集。今天，臺大被公認為原住民傳統文物最豐富的集中之地。典藏如此，人類學系師生目光亦快速聚焦。第一波「標本人類學」或「博物館民族誌」就盛況於一九五〇至一九七〇年代。

自二〇〇〇年開始的數位典藏國家型科技計畫是人類學系標本研究的第二波高峰。配合數位計畫的推動，多位教師動員大批助理學生團隊，對文物進行逐項電腦資料庫建檔與記錄資訊再研究的工作，目前任務大致已近完成。不過，該計畫畢竟是以多層次維護文化資產為主要目的，因此急於整理基本材料列入首要，而典型的學術學理再生產一事，就相對有限。所以，形式上雖有兩波標本研究熱潮，但事實上第一波才是真正「為研究而研究」的動機促成。

第一波盛況之後，眾人突然紛紛遠離博物館標本，主要是人類學強調社群地方的現場參與，促使師生必須「出田野」，而蹲坐標本室內的靜物景況分析，就不再受歡迎。人類學系師生即使繼續原住民社會文化研究，但民族學標本陳列室卻變成人類學系系館人來人往所忘卻的「孤星」，它和考古學陳列室一起就真的成了接待外賓唯一功能。

不過，嚴格來說，臺灣大學人類學系秉持日人所留下之原住民研究傳統雖是一項事實，但一九五五年中央研究院民族學研究所成立之後，原住民研究重心有轉移至此之勢。人類學系自一九七〇年代以降所新聘之教師，其博士論文主題均無關原住民，直到二〇〇一年方見相關專長新秀加入行列。情勢影響所及，人類學過去三十年所開課程直接以「臺灣土著」、「臺灣南島語族」或「臺灣原住民」為名者，基本上相當有限。學生倘若未選到課程，人類學系畢業仍陌生於原住民，並不為奇。

筆者一九八九年獲聘為人類學系教師，如前所述，自己正是非原住民博士論文研究而進入系上任教者之一。在美國西雅圖華盛頓大學求學時（1983-1989），教授群期望訓練筆者成為東南亞人類學專家，所以就從學習泰文開始，一直到在中國雲南西雙版納完成傣族研究博士論文為止，本身已累積了相當的東南亞社會文化專業知識。回到臺灣，一方面自覺至少該貢獻本土研究十年；另一方面，又因一九八四、八五年曾以原住民社會運動與族群現象進行碩士論文研究，所以決定延續興趣，結緣原住民。於是，來校任教始起，即讓自己慢慢成為原住民議題的「專家」。

只是筆者的「專家」屬性，與典型專注於特定一族一聚落的臺灣原住民人類學模式不同。筆者認識千百個原住民，他們或多或少都與八十年代以降的社會運動有關，各族都有，部落原鄉與都市新鄉各半。臺灣有不少從事某一族研究的人類學專家，因此，類似「某某人是研究泰雅族的」話語，就成為普通應答常識。在此一前提下，即使不少原住民朋友認定筆者係少數瞭解他們的學者之一，筆者始終就不是某一族專家。

作為一名非專家的專家，著實稍感尷尬。就在部分研究同仁設法專精於某族之同時，筆者自社會運動拓展而出的族群理論、觀光人類學、第四世界論述，以及文化展演等議題，可謂為原住民研究的「異數」，若再合起一群弟子學生，大概就可稱為「異軍」吧！異軍不一定突起，但至少為臺灣人類學的原住民研究，灑下多元種子。

時間匆匆，原訂貢獻家鄉議題十年，如今卻已滿了二十（即一九八九至二〇〇九）。十年之時（即一九九九）曾思「中止」原住民研究，轉而回至華盛頓大學教授們當初期望的東南亞人類學專家本分。但是如切豆腐般地每十年一個範疇的規劃，真是天真，根本行不通。

原住民早已不是只有被研究。多年來筆者知心朋友兩大群，一為三、五位學界同仁外加助理學生們；其二就是原住民老中青少男生女生。回望自己的原住民研究史，頓然發覺原來標準的田野筆記、錄音、訪談、攝影等等程序，幾乎早已全被忘卻了。道理很簡單——「你和朋友相處把歡會記錄謄寫嗎？」

這麼多年下來，沒有錄音，沒有訪談，沒有筆記，但卻與無數原住民有著悲苦歡樂經驗的分享。端此，竟也理出了原住民社會運動二十五年來的五大型態：族群政治運動、藝術文化運動、躍進學術運動、文學建構運動，以及族稱獨立運動。這五大運動並無絕對的演化關係，它們或有前後時間落差，但也相當程度地並置存在，當然，力量或聲勢消長亦所難免。

話說原住民的學術關懷雖不能中斷，然東南亞研究卻也已悄悄排進筆者的研究進程。自二〇〇一年起，開始密集走訪寮國（主要在極北近中國之處）、臺灣（主要在南投清境與中壢龍崗）、北美的 **Tai-Lue** 人（即博士論文所研究之中國所稱的傣族）社區，啟動另一個十年計畫，探討同一族系人群遷移與面對不同國族—國家的文化族群主導性展現機制。換句話說，筆者回到了東南亞「老本行」。事實上，雖說是「老本行」，但應是「新本行」，畢竟「老本行」位置早已為原住民研究所取代。

在人類學系，自一九九〇年起迄今，計開授過「大陸東南亞部落與文明傳統」(1990)、「大陸東南亞人類學專題」(1994)、「北東南亞與西南中國跨境研究」(2000)、「大陸東南亞民族誌專題討論」(2002)、「東南亞南傳佛教社會專題」(2005)，及「東南亞族群遷動專題討論」(2009) 等六門關及東南亞人類學之課程，意欲推動臺灣東南亞研究之企圖心甚強。然而，系內系外、校內校外始終靜悄悄，回應者稀疏寥少。九十年代中葉，突然國內起了東南亞熱，從中央研究院到幾所大學，紛設研究單位。但這些均和人類學系這幾課的鼓吹無關，反而它們均是呼應政府南向政策的學界反應。十年下來，幾個以「東南亞」為名之當初熱潮單位，卻又紛紛去掉「東南亞」，轉而歸入「亞太」（如中央研究院）或「亞洲」（如淡江大學）之更大架構下。但臺大的東南亞人類學課程仍舊開授，為學問而學問，在熱潮之外耕一份耘田。

就在國內東南亞機構建置熱潮驟減之際，人類學系內卻反而熱度昇高。最近三、五年，部分教師與研究生突然跨出臺灣，開始從事境外田野研究。他們選擇的地點，就是東南亞。不過，師生們的田野地並非筆者前述幾門課程的「大陸」範圍，而是西太平洋上的「島嶼」區域。換句話說，筆者的幾門授課，絕不是今天系內師生興趣於東南亞的貢獻者，因為「大陸」、「島嶼」兩區基本上形同絕緣，其中最大區隔要素即是前者「非南島」，後者「純南島」。

李嗣涔校長在邁向頂尖大學計畫項下，於二〇〇七、二〇〇八年主動推展的南島研究兩年實驗計畫，或許正是推手。臺灣原住民人類學民族學研究已超過百年，但對於「原住民研究即代表南島研究 (Austronesian Studies)」的概念，卻始終模糊。亦即，一個原住民社會文化的研究者，往往不會提及自己正在進行「南島研究」。傳統上，臺灣的人類學屬性非常在地化，百位現職之學院專業工作者，僅有個位數字成員有境外田野經驗。大致上，「山地文化研究」、「土著文化研究」、「原住民文化研究」等，就是學者們思考的最高範疇。約近十年之前，有人為臺灣原住民創出「南島民族」一詞。他們不知何由，不喜用「原住民」，但「南島民族」又甚為奇怪，它一來並非當事人自我認同的族稱用詞；二來以原為語言學南島「語族」術語自動地轉為「民族」，根本未有學理上的合宜基礎（亦即，什麼是「民族」，基本上並未經過討論釐清）；再者，國際南島對臺灣而言，事實上極其陌生，幾乎少有對話，如今在本土性濃厚之原住民研究背景上，突兀地冠上具高度國際意涵的「南島」民族，到底用意為何，不得而知。

不過，臺大南島計畫總算喚起了注意國際南島的意識。幾位師生開始摸索於馬來西亞東西兩邊，以及印尼峇里島幾個地點。南島計畫二年過了，未聞校方有延續的規劃，但研究人員畢竟已跨出了一步，大家似仍未放棄努力。基本上，它像是南島系臺灣原住民研究之後的國際南島拓展。臺大的南島，以及包括東馬與峇里島在內的島嶼東南亞熱潮，是否有天會如前述國內東南亞機構建置熱潮一般的衰退，仍待觀察，但依國人行事一段不接一段，一個有限年月計畫結束，就完全拔根的習慣（臺大南島計畫兩年結束，船過水無痕，即是一例），實令人難以太過樂觀。不過，人類學系的東南亞課程仍會繼續，歡迎有緣人來唸書來紙上田野異國。

筆者在南島計畫之初，即預見了此一未來可能的發展挫折。因此，當時主張不要僅限於南島，而應拓展至環東亞的非南島之島嶼地區如庫頁島、千島群島、北海道、琉球群島、南海島群等，進而思考建置一「島嶼人類學」方法理論的可能性。筆者強調的不是四處有人（包括中研院和幾所教研機構）在做的南島遺傳、語言文化等之類緣關係，而是主張應關注島嶼適應與主體世界觀類型的民族誌比較研究。當然，同仁們不一定瞭解其意，即使瞭解也不一定有配合的必要。於是，有的仍繼續在類緣概念下從事研究，有的依舊堅持臺灣本土，而筆者則提出了「北海道愛努人與臺灣原住民社會運動的比較」之研究課題。兩年下來，田野資料甚豐，因此早已超越須有南島計畫支持之思維，今天僅剩個人單飛，還是積極進行研究。

筆者每年至少前往寮國和北海道各二次，不在現場之時，也有安置在地助理協助收集資料。這兩處需要錄音和筆記的田野，加上早就忘卻錄音與筆記的原住民情誼交往，使自己時時在文化高度異質性的情境，交錯現身，時空往往剎那轉變，飽滿地承受了多元文化衝擊的歷練。

今天，仍有年輕學者學生正致力於自己是原住民某族專家的事業之中，而筆者卻離此越來越遠。自己同時擁有好多族，也讓好多族同時擁有我。筆者承認自己的學術著作都不會太「深奧」，簡單平易是為風格。不專注一族數十年，他人當然認為你寫不出深奧文字，但自己至少忠於堅持的人類學信念。筆者以為，太過解剖一個人身肉體組成的族裔群體，分析到細緻點滴，實是一難以承受的壓力，對自己如此，對被研究者亦然。淡淡的陳述，有時反而效果驚人，準確地打動心底深處，而這份心情往往是自我冷靜執著的文化解剖手，所難以體會者。

最後，再回到前文提及的人類學系民族學標本。數位典藏之際，我們的思維仍是臺灣原住民，而非莫名其義的「南島民族」。一族一族的檢視查證資料，排比照片影片文字，慢慢地對原住民與過去研究者，有了多一份的認識，本土學術知識亦藉此精進。我們應會在此一資料寶庫中繼續學習文化，研究學理，也將在作為南島東南亞，以及作為島嶼特定生態文化區之一份子的基石上，開展超越類緣關係的跨文化比較研究工作。大陸東南亞泰寮族裔，不是南島，也非島嶼，北海道愛努人居屬島嶼，但非南島。而這些都是比觀共享的資產，尤其在為原住民朋友，或Tai-Lue與愛努族人講述對方故事之時，其間的文化相對刺激啟迪，令人驚嘆感動。人類學家的實踐此為一例。人類族群文化不就是要對話嗎？縱橫於臺灣、南島、東南亞、非南島、北海道、島嶼之間，筆者的人類學橋樑搭得長遠。

寫於二〇〇九年五月三十日 10:00 pm

——本文原刊於《臺大校友雙月刊》2009/64: 25-29。

玉石風骨又四年——連、宋合著《卑南遺址發掘1986—1989》出版推薦

臺灣大學出版中心推出不少好書，我們不僅得以享受閱讀，更願多向愛書者引介。人類學系連照美與宋文薰兩位資深教授，十數年前主持卑南遺址第九—十次、第十一—十三次、以及卑南文化公園考古發掘或試掘，其成果報告於一九八七、一九八八、一九八九連續三年，分別編入「國立臺灣大學考古人類學專刊」第八、十二及十五種「非正式」發表。二〇〇六年元月，在連教授的編撰下，三份報告書合成《卑南遺址發掘1986-1989》專書，錄著ISBN號碼，「正式」出版。考古人類學專刊時代的「非正式」，反映了學術出版資源長期的匱乏，也道盡了研究者焦灼的心情（按：第九—十次發掘報告，一九八七年南天書局曾以《卑南考古(1986-87)》為名專書出版。當時欲待學術機構出版制度的上路，總是遙遙無期等沒影）。多年後，三份資料有機會在作者自己服務的大學合輯出版。我們可以想像積慮沉鬱大獲解放的喜悅，也為校方終能建制出版機構的努力喝采。

本書全錄三次超過二千六百平方公尺的發掘／試掘工作，是為臺大人類學系考古隊對卑南遺址「搶救考古」或「契約考古」的最後參與。在兩位老師帶領下，工作團隊以堅強的意志，化解了國家經濟建設發展價值的敵視眼光。大家用力又細心地挖出了早於卑南文化的繩紋陶，

以及卑南文化所屬的大量素面陶、略帶紋飾的陶紡輪與陶環、陶偶獸俑、石斧石鋤與石刀石鏃，以及包括人獸形玉耳飾、多環孔獸形玉耳飾、月彎形玉耳環等在內的精緻玉質器物。建築遺留是這幾次考古工作的重點，因此「砌石牆」、「砌石圈」、「鋪石地面」、「直立板岩」、「防鼠板」等，陸續被發現或界定命名。數百座墓葬，研究團隊依前幾年經驗，辨識出了多樣性的「卑南型」、「中介型」、「岩棺」及「無棺葬」數種葬式。另外，單體葬、複體葬、多階層壓疊棺具、陪葬品、覆臉陶、仰身屈肢或俯身、年齡性別，甚至拔牙習俗等，均在作者巧手整理與寫作過程中，一一解謎。

第十一—十三次發掘報告的另一項大貢獻，就是卑南文化年代的推斷。選自遺址出土的木炭和人骨標本，送往國內外碳十四實驗室鑑定，再經樹年輪校正，作者建議距今二千八百至三千四百年應是合理的卑南文化存續年代。卑南文化可能與北臺灣的圓山文化和南臺灣的牛稠子文化並存出現。想像一下三千年前族群文化多樣性的福爾摩沙島嶼，果然精彩非凡，一股經由科學報告啟發的溫馨感覺油然而起。祖先的創造力，引領了後世探究歷史的熱情。而先人慷慨包容，坦然提供生活的一切於陽光下，經由文化解剖，與我們再續時空好緣份。

臺大考古隊從不氣餒，十年有成。一九八六至一九八九的最後四年，量產玉玦、房屋大石、祖人仙骨依是豐沛。老師與學生在風塵撲面的日子裡，手撫輕重玉石，復以己身為人骨擋沙吹。珍貴的史前與當代交逢，就在這一刻。用心將文化視為歷史資產，才可能護住文物，也才見得到完整發掘研究報告書的現身。「玉石風骨又四年」，連、宋兩位教授學術風骨如石如玉，堅定不移，一九八六至八九的四年是為見證。讀過本書，如臨史前其境。今天，人類學系主任亟欲推銷優質作品的知性加感性雙體驗，妳（你）立即買一本雅閱典藏，準是賺到了福氣。

寫於二〇〇六年七月八日

——本文原刊於《臺大校訊》八四五期，二〇〇六年八月十六日。

魅力文化　優質學術——我們都愛人類學

小學到中學，從課本中，我們不斷接觸到名為「社會」、「公民與社會」、或「社會科」等等的科目。然而，在生活中，大家也耳熟能詳諸如「臺灣文化」、「原住民文化」、「客家文化」及「日本文化」等的說法。那麼，什麼是「文化」呢？事實上，關及文化的敘述，就散處於從小到大的社會學科領域中，只是由於教育單位一直未能將「文化」科目化，以致即使常聽聞「某某文化」的用語，一般也不太能掌握精義。

人類學就是專門研究文化的學科。人類學者不止探討現代文化內涵，也對文字發明前的史前時代文化深感興趣。又，文化係人類專有的發明，因此，追查人類體質演變過程與分析生物特性和文化創造間關係的議題，亦是人類學家的一大任務。不入人類學之門，不知文化的魅力無窮，不來全國唯一學士、碩士、博士一貫養成的臺灣大學人類學系一窺人類學究竟，必定會錯失感受優質學術空氣的大好機會。

所以，杜鵑花香引來年輕中的「年輕」美女帥哥學弟妹臺大校園度周末，而多彩文化裝扮的人類學系年輕中的「資深」美女帥哥學長們，正展開最美麗笑容迎接來客。百分百相信全臺大最標緻系主任（當然也是超級大帥哥，只是體態不怎麼輕盈罷了）的話就對了！我愛人類學，她（他）愛人類學，我們都愛人類學，現在，現在，就在當下這一刻的現在，人類學系大家庭所有成員歡迎妳（你）一起來愛人類學。

——本文原刊於《二〇〇六臺大人類學系》。九十四學年度系學會幹部群編。頁一。

序言——系主任的話

我一九八〇年在考古人類學研究所唸碩士班時，開始發表「學術」文章。一晃二十數載，累積的作品上百，回首年輕，有大膽嘗試寫字，果然才有後續不斷寫寫寫的力道。當然，現在看看過去再更過去時的小年青文章，多半就是噗哧一笑，然後臉紅紅趕快藏入地底深處（建議同學們不要刻意去翻找早期《人類與文化》與現今系主任同名同姓作者的文章）。尤其，讀了當今同學躍起創寫的大作，風起雲湧的思維，加上高強田野，篇篇佳作，我一個「長老輩」「人類學系人」，感受深刻，第一個想法就是，青大大出於藍，老師以同學們為榮。

人類學系有兩項最古出版紀錄。主要由老師們撰文的《考古人類學刊》，是為國內最資深的人類學專業刊物，而同學們主編主筆的《人類與文化》，迄今業已發行近二十五年，鐵定是全國學生學術刊物「最持久」第一名。不是開玩笑，學生辦刊物，一時的熱度肯定足，但成就出堅定永續之果，則實如火星夜談，地球人做不到。人類學系同學做到了。為什麼？因為《人類與文化》已然是我們的傳統。人類有維繫自我文化傳統的本能，常常聽到「文化根」堅韌不拔之語，就是這個意思。又有新一期出刊了，大家趕快相互道喜呀！

這一期超厚重的。浩立「想像」臺灣嘻哈人有一世界嘻哈人想像，冠蓉在「靜具象」

神像與「動具象」童乩間，詮釋臺灣人的「力」文化。姿蘭建構「西方」、「中國」、「臺灣」在女性流行服裝上「傳統」「新傳統」及「反傳統」的辯證關係。恩潔故事體敘述，細細談到宗祠政治，南臺灣現代本土性鮮明活潑。以琳關心人的分類與再分類，電影的種族話題，帶領觀眾反思歷史文化，文章清晰，閱有心得。這五篇文章置入「跨界與認同」專輯，事實上也反映出了人類學史在當下情境上的特色。嘻哈、流行及電影，是為文化研究 (cultural studies) 學門鍾愛的題目，而拜神靈媒與宗氏祭祖，則卻充滿傳統社會文化人類學味道。兩大範疇在二十世紀末期已然在北美學界整合，現在輪到了《人類與文化》，文化研究的大片文化面，與人類學的小域文化體，共和共生，讀者兩界互跨，也認同她們的多元展演。

人物專訪有兩人，一為李永迪老師，另一就是我謝世忠。前者溫文儒雅，後者酷愛慢跑，就是體型外觀看不出。專訪人物是一有趣工作，本刊一向有此篇幅，大家趁機瞧瞧主角公私風采。李老師大學時專業中國文學，謝老師是歷史學士，後來都跑來人類學，顯見她不凡魅力。兩人故事，同學們多參考，還是探窺猶未盡，就寫 e-mails 去煩他們。

珠璣五文，內容多重。童元昭老師曾得系上教師教學冠軍獎，很好的演說家，也是心細如絲的學者，才會有這麼一篇「人類學史」三年教學總心得報告，題目與內容和英國 Adam Kuper 教授的 Anthropology and Anthropologists 可相輝映，鄭重推薦給大家。怡君和怡璇各自回顧評論了中臺與亞美史前關係，有關係對上沒關係，另外，傳播也對上了老早古遠就是同文化之論。跨越三、四代的代表性考古學家躍上文章，作者在整理比對中，顯然正為日後的自我學術之路，邁上踏出之步。泰穎愛寫字，老是長文長句，這回來了個數位經驗的人類學述說，讀了有點感到睏，卻也的確應有這樣的文章應景。放在刊物後頭，大概是好位置。長庚聰明伶俐，乾瘦口渴，喜歡買飲料，因此，不缺寶特瓶材料。看到他的後現代考古研究專著，才恍然知悟為何系館資源回收速度老是慢了些。

主任的話一堆，真是句句都想讓同學笑一笑，就好像看到他的綠襯衫狗狗領帶外加骷髏頭吊帶一般。出刊喜訊，非要快樂一點不可。我的原住民朋友很多，她（他）們笑話會說，但說不過我，因為我的超冰冷的。她（他）們酒量不錯，但遠不如我，我不知「醉」字怎麼寫，因為看到同學們用心用功，青春奔放，系主任早就茫茫醺香，啤酒不勝力了。

再次恭賀同學，感佩作者們，感激《人類與文化》編輯群：冠蓉、香瑜、嘉漢、穎杰、徐翬、曉華及宏政，感謝人類學系系學會，也感動人類學系全體老少男女二十五年各期同窗，一直為我們的傳統文化——《人類與文化》打拼。

——本文原刊於《人類與文化》2005/37:1-2。

主任的話——狗狗家族的學涯初啼

約近三十年前，臺大考古人類學系暨研究所的學生創立了《人類與文化》。這麼多年來，她有如母親，無限包容地廣納同學們各式各樣的傑出創作。年輕學子在此，開始自己鋪陳第一篇有「前言」，有「結論」，有「注釋」，有「書目」，有綱有要，以及有論證性觀點和有評有判的千字文。對作者而言，這項經驗無疑是劃時代的，她（他）會對自己的文章越看越有趣，每天重閱欣賞的次數，超過照鏡的制式自戀儀式。畢竟，就是這篇系統井然的作品，協助了一個不是那麼熱門科系的學生，建立了「信心」（雖然更可能是一種迷思；自此，迷思自己是人類學才子，毅然踏往學術，二十年後回頭，觀賞當初的學術初啼，總需戴上面具，因為臉紅之深，連雲長大將軍都嘆弗如。告訴你，面具後的主人就是謝世忠！）學生的時代多讀多寫，出版後，自己帶走知識成果，也為學弟妹留下知識創造的吸引魅力，功德無量！

這幾年，坦白說，全系師生陷入恐慌。為什麼？因為《人類與文化》不知道哪兒去了。大家你問我猜，你解釋他抱怨，但積極的力量泉源，就是難以冒出，換了幾位系學會會長，刊物依然渺煙雲風。來了！來了！不用怕，人類系的史豔文終於伴著配樂走上幕前。今年（二〇〇一）畢業班同學，在頑皮第一的前會長許可欣和主編陳嘉蓉兩位姑娘領軍下，將士用命，決心在離校之前，再振學生的雄風，讓歇息幾期的《人類與文化》繼續出版問世。系主任聽聞此事大為高興，寧可以後啃食十天白饅頭，也要在之前請食工作同學團隊一頓大大貴貴的麻辣真鍋。現在，主任體態因此「死雞你」，新的一期也即將殺青，兩全其美，好不樂哉！

的確，本期的內容真是有看頭。我們愛狗，我們疼惜生命，紅牌當然也愛我們。大家同屬狗狗家族，赤心而勇敢，親切黏人又好吃。天真可人的同學，以一份志氣和另一份用功過的績效，投稿發表，以傳初啼之聲。而編輯群同學亦以服務與責任的「主任精神」，不給它出刊誓不為「人」（按：狗狗家族原本就都是狗狗）。老師和系上職員工同仁們佩服各位美女帥哥的努力，大家共同為人類學知識園地貢獻心力，弟弟妹妹小朋小友的成就，大人們心心銘記，更是與有光榮大焉。

再次感謝，也深深祝福同學！

——本文原刊於《人類與文化》2001/34:1。

主任的話

《人類與文化》又發新刊，這是人類學系學生年度大事。先是同學們引頸，接下來老師刮目，大家歡慶，刊物又一年，尤其期號特殊，剛好形容系主任，值得記一筆。

編期刊著實傷腦筋。尤其一屆屆傳遞，大家比比看，總盼優質水平之餘，再求精進，青出於藍，佳作連連。本期五大主題，十五篇文章，讀了我一整下午，時而驚喜，又來暈頭，復見發呆，再有情緒。同事們前來洽辦公事，還有客人中途來訪，我都恍神以待，久久回不來現實。

並不是說同學們大作「非現實」或「虛幻」，從而造成老大失魂。主要是大家實在太棒，眼界廣闊，創意十足，尤其文字順暢，不再需席格主任紅筆畫畫象形文伺候，滿意十分。

這次文章跨了「多」少國，經驗了幾「多」文化，寫到了好「多」動物，述及了「多」遠年代，還有揭密不「多」不少個人笑談生命史，趣味橫生，學論亦豊。這麼多的「多」，顯示作者們用心用力之功。如今，學問交織在共同的本子上，紅腳苳得以載著重，飛呀飛，檢驗天圓地方抑或渾天一體。拿埃及學與埃及考古學對應大洋洲民族誌與大洋洲考古學，當不足奇，以搬離家屋，外加物品掃地出門的「垃圾考古學」故事，引喻玻利維亞混血統治者與印地安原住民在遷徙和隔離間的身心格鬥（即迫遷與棄絕的慘烈較量），才見突破。

古代人有宇宙觀，羌、傣、彝、回等族有世界觀，現代電影作品有反抗意識也有嘲諷主義，而我們拿起筆，端正思緒，即能逐一道出什麼是他們的「宇宙觀」、「世界觀」，或「反抗與嘲諷」。圍在研究客體外圍者，除了政治經濟大勢力之外，也有學養如妳（你）我的人類行為分析家。我們關心客體，留意圍外要素，因此，研究之際，大洋洲子民與臺灣青年各自表述我家你家，果其然不失為人類學研究者自我解構外圍身分，以期貼心於客體受訪對象的妙法。

Clifford Geertz 若有知，當會感動同學們念茲在茲不忘他。峇里鬥雞與頂洲、紅茄的賽鴿紅腳，以及 Emiko Ohnuki-Tierney 接續「深描」(deep description) 伊丹十三的 Tampopo 拉麵，是為典例。Howard Carter 在埃及墓室的燭燃，開啟了考古紀元，Roger Keesing 數十年效忠單一田野，以及 Stevan Harrell 告訴我們中國少數民族社會文化建構真相等等論題，也是積極的名家介紹。而類 Lapita 美陶器，在表現方圓宇宙觀或當下家居存放的功能上，或也能起有效的作用，只是我們得想想它到底是大型、中型或微型，尊崇或棄置，以及飾用或聖物，然後想到想不下去了，才索性不再想。

看過作品，穿透想像，不失樂趣。但想及大夥兒的心力成果，立即肅然，敬佩有加。同學們寫作用功，編輯賣力，找錢拼命，進教室慢慢來，上課點點頭，形成洞洞文化面貌。系主任樂於與好青年為伍，一起繼續吃喝玩耍，然後找空閒寫寫字，發表高論。

再次恭喜作者、編輯群，再次感謝催稿討文美少女戰士，綠螢光老帥哥保證給與全系同學享受一片超級「肯定牌」巧克力，只是，有請席格粉絲團不要忘了埋單。

——本文原刊於《人類與文化》2007/38:1。

輯六

臺灣觀

讀《浮游群落》

無眠三夜，是當這部小說讀者的代價。

從六十年代知識份子的希望、失望、絕望到八十年代知識份子的絕望、失望、希望，二十年的光陰交錯；你，屬於八十年代的，看六十年代的故事，請不要判定它就是歷史。因為，當你發現六十年代的人物，在這個時代，依舊吶喊，依舊如無法落實的幽靈時，你是否該對你剛剛建立起來的新希望產生動搖？

它們漂到今天，與我們相遇、會合。有先知告訴更「充實」的我們，這個浮游群將是一個永無止境的滾動雪球。

作者與書

嚴肅地看這部書，它真是好。所謂好書，就是準據於它那非凡的特色。特色當然相似於優點，但這兩者並不必然的對等。往往，過分突出的特色，也會使得弱點格外的明顯。

依我的界定，一部小說雖創自作者，然這位作者在安排自己和故事中人物於呈現重要主題時的所佔份量，或也應要有一較公平的態度與考慮。換句話說，人物既然被創，就是活生生的獨立存在（要不，怎能讓讀者又哭又笑又嘆？）。作者應站在與這些人物對等的地位來處理整個過程的發展；也就是說，倘若作者本身搶盡了鋒芒，則讀者們在欣賞作品時，往往會有作者似在一旁監視的敏感。

在《浮游群落》中，人物本身的弱點和動作，往往只是氣勢強大的作者旁白與編幕的註腳而已。作者把人的 Mind 與 Thought 建構成一幅圖畫，這幅畫又和代表外在環境事物的另一幅圖交疊，而我們瞭解人物情感、人際關係以及事件的核心等，幾乎就只來自這一管道。在這個背景下，看完書，對於出現的人物依然陌生，他們與讀者的情感交流站似乎無從築起。那好像是個冷冰冰的世界，從冰冰的開始到冰冰的結束。也許作者有意如此，或者說作者的風格就是這樣，但冰冰的環境原與人性的溫暖不相干的，他們的情感表達世界呢？原來都在該面圖畫的工匠中被犧牲掉了。

雖然，令人嘆服的高度文字處理技巧，並不足以造成一劇力萬鈞的衝擊。而使我執著於這部書的，卻是劉大任告訴我們的這個滌洗早已乾枯之時代的故事。

故事與人物

思潮與認同

把「思潮」一詞放在這兒，似乎值得商榷。

六十年代有思潮嗎？「布穀社」+「新潮社」+「夜鶯」+「同溫」就等於是當時知識份子的代表嗎？他們或許是其中的一群，但他們的東西只是個人生命的潤飾而已。在整體文化血脈支系裡，找不到他們注入的針孔。為什麼呢？因為—無根。何燕青把「現代企業」辦公室設計成一個太空艙，的確，他們就存在於縹緲的真空裡。

這群青年的大多數，自始至尾沒有作出丁點兒對中國古典或現代事物的反省。唯一勉強沾上邊的，就只有那林盛隆對行將出國的陶桂國所建議者——「如果有出國的機會，未嘗不是好事。趁這個機會，把我們這個民族近百年來的屈辱苦難看清楚了，了解透徹……。」（頁226）顯然，小陶是完全接受了老林的建議。他和胡浩稍後有一段對話（頁238-239）。

胡：「出去打算唸什麼呢？」

陶：「歷史！」

胡：「竟然跟我同行，媽的，你是怎麼決定改行的？」

陶：「其實，我對歷史學也沒那麼大興趣。想弄清楚的只是這一百年來，尤其是這最近的幾十年，我們到底是怎麼過來的……。」

問題是，這三個人（林、胡、陶）竟然對於要瞭解近代自己國家所發生的事，卻須遠赴他國求取答案一事毫無懷疑。那，他們的潛意識裡，這個天天供他們吃飯睡覺的地方是個什麼樣的輪廓？是希望之火永熄之處？還是已被宙斯判了大刑，必須準備埋葬了？

六十年代沒有思潮，只有苦悶。要解放苦悶，下場就和具史家骨氣的老林和胡浩，及那承自孫中山和魯迅醫師革命傳統的呂聰明一樣。小陶早離開了一步，大抵他是回不來了，而林、胡、呂三人在任務、行動、制服、吉普、冷槍和鐵窗車中消失，即使回得來，兒子也同自己入獄時一樣年紀了。唯一的路，逃避。建一個空中樓閣，靠幻想度日，楊浦的新潮社是也。或者，在權勢與洋氣下麻醉，羅雲星歌兒們是也。

他們認同什麼呢？文藝電影雖是單純的創作，但它們所象徵的時代精神呢？這一群人從美國搬回攝影機、長短鏡頭、高級膠片、及無懈可擊的「概念」。他們並不知在臺灣應發明些什麼，能隨心所欲做什麼。他們只是在這個地方過美國生活，發展西方道路。「前衛」是名牌，空虛與自欺卻是實質。

中國在哪裡？在父兄酒瘋對決的老淚裡。在十字街頭左南京右北平的夢裡，也在小陶出國前夕的那種「牽動著血緣的某一種說不出的鄉愁」裡。愁起何處，歸何處？且從茫茫的滿佈刺猬的陌生，逃進國立編譯館錦繡秋海棠的熟悉中。

如果要抬槓，想救中國的人，仍然有名有姓，那就是勤老的孫女，在舊金山成長，不知道自己該做中國人還是美國人，後來唸完了大學的中國文學課程，才決定回中國來的蘭西。「她覺得她心裡的中國在奔騰，她有一股強烈的衝動，她要搶救這個中國」（頁202）。她的中國是什麼？是南部客家村，是鋪著青石板的三峽小鎮。我們要趕快用視聽器材把它們記錄下來，否則，「唯恐再過幾年，便什麼都沒有了」（頁202）。

從美國來的，想要認同中國，一個熱褲黃絲帶加上權勢血淚和幻覺式理想的女孩。羅雲星對她的「熱情」竟毫無懷疑，畢竟，兩人受著同樣配方「迷藥」的控制。因此，中國只是必須被搶救的馬雅廢墟、法老古墓或樓蘭乾屍。多幾個蘭西，故宮的破銅爛鐵當會數量倍增。

蘭西當然與五四以來中國知識青年共織的夢無緣，但這群當代本島的文史哲高材生呢？為何不見那個夢在他們身上延續？五十年了，倦了，累了，麻痺了？與其天天被逼去擠西門町酒樓，還不如在「現代企業」的艙內太空漫步。

六十年代沒有思潮，無法「思」，那有「潮」？頂著白盔的鐵甲人來來去去，頭髮如割草機修過般平粗黑面人虎視眈眈，笑裡藏刀的余胖子就在你身邊。「思」何去？思才起，就成了嗚咽血水。

兩百萬人的大夢，仰著鐵銬與槍決，管制著覺醒的罪惡，直到時間為他們豎立起蒼涼的墓碑。

愛情與因果

愛的故事自始至終繞著一個女人轉——何燕青。當然，她也充分利用了她的長處，她發覺男人不能沒有她時，男人們倒了霉。她不願去瞭解她的男人，她只要證明她的整人功夫。

前頭的兩個，小陶與胡浩，使比較沒有虛無性鋒芒的一對難友——受難在阿青裙下。小陶失去了她，唯一的出路，就和沈醉於前衛世界那群人所作的選擇一樣，逃。逃出臺北，但逃不出執著。溫泉旅社中的了斷抉擇，在小陶前時住院期間阿青從不探視的事實經驗下，形如蠱蟲。命搶了回來，而係阿青附庸的地位，依舊不變。與北投女侍應生共同體驗了入化了的仙境，卻還在替阿青假設應得的權利抱不平。出國前夕，逃避的意識被朋友敦促而出的雄心大志和預先飄出的鄉愁掩了下去。然而，機場偏隅的熟悉白影，又將註定這位先生的夢魘終身纏了。

在美國，或許小陶可以瞭解到百年來這個民族飽受苦難的道理，但他卻將永遠無法瞭解自己情困的道理。

胡浩呢？在阿青面前，他只是一個宿命的玩偶。他早為自己作了結局，「或者她只是要整他（小陶）？還是要整我？她或者是要整整我，對了，她不過是要整我，該我受罪了，媽的，是我該受罪了……」（頁26）。胡浩真是比小陶慘，畢竟阿青過去是結結實實屬於小陶的，而胡浩的加入，只是阿青欲離開小陶，而為大夥兒和她自己所製造出的一種足以自圓其說的理論工具而已。

阿青在追求什麼？被權勢與財勢所烘托出的才子羅雲星，才是使這位女主角創作浪漫前景的資本。她享受與羅同進出的感覺。鐵定的事實是，掛上肩吊帶踱步於鐵籠斗室的胡浩，將步小陶的後塵，永遠無法使一種期待成真。甚至，當行刑隊放出的彈頭轉入他的胸膛時，這頭咳著鮮血呼喚阿青，那頭阿青或正忙著依和著羅雲星的臉色，伺候進伺候出呢！

佈下了因，苦果也開始在阿青身上結了滿滿，至少，愛她的人一個也不剩了。

羅雲星哪有空理她。他的事業剛起，只望浸淫在自己不斷被推銷和那來到臺灣這個中國的活博物館，行使救中國大任之具修長身材的黃膚洋妞體香的快感中。何燕青把楊浦拉出去又有什麼意義呢？楊浦不是胡浩，羅雲星也不是陶柱國。她要賭氣、報復，到頭來會發現，自己的獨角戲，是那麼空虛和孤寂。

在旁呼呼而睡的楊浦，時而變成小陶，時而變成胡浩，而當他變成羅雲星時，阿青高舉一把利剪……。

事情結束時，抓人的人當然不知道他們所為何事，但是，被抓的人又果真知道他們完成什麼事了嗎？抓人的人為中國，被抓的人也為中國；「中國」何物？中國像萊茵河的女妖，你盲目地崇拜她，而我盲目的為她犧牲。

寫於西雅圖　一九八七年四月二十四日凌晨

——本文原以筆名駉駉，發表於《中報》〈西北風〉。一九八七年五月下旬。

從羅大佑到……——「臺北」象徵，八十年代的曲詞表意

不知是巧合，還是換了一個整數年，真的就會在人們心底注入新的動力。八十年代以來，整個臺灣似乎頓然大動，這個大動涵蓋了政治、社會、經濟、文化認同、及意識型態等的層面。不過，自每個層面散發而出之力量所代表的精神，卻都是相同的，那就是——抗議。該抗議力量叢，在這個二十世紀中葉後，至少在表相上，幾乎是唯一繼續執行那一向缺乏抗議傳統的中國文化的臺灣島上，竟然神奇地建立了基地。其因果由來，社會科學家們正忙著在驚愕與失措中，試圖從他們所熟悉的專書裡，尋得合理的解答。由於必須關照到的新事物太多，再加上學院的限制，因而就常會忽略了一些傳達形式比較輕鬆的文化層面。其中最明顯的，就是應被重視而卻被淡視的流行歌曲所代表的文化變遷本質。

轉捩點——七十年代中葉

一個抗議力量的生成，往往開始於某一人群即將從一個社會領域踏入另一社會領域，或剛進入該新領域不久，對該包含人、事、時、地、物要素在內的整體新情境作了評估詮釋之後，當事者所表達出的一種不滿、拒絕接受、不願被慣性地安排或夢圓於從前曾經驗過或想像中

之快樂環境的情緒。以臺灣的例子來講，其實也逃不過一般社會的抗議模式，那就是憤怒青年或新青年，在被強力推拉過程中，不斷怒吼或傳達新的聲音。這些聲音在議堂出現，在街頭爆發，在文字上深刻留跡，最後，也在人類流露感情最原始且最喜用的方式——歌唱——中，被一批批新冒頭的作曲、編曲、填詞專家整合出一個新音樂形貌。

這些年輕音樂家，自童年、少年到青年漫漫途程中，一方面臺灣音樂界沒有為學子們寫出任何曲子，另一方面，回家面對的只有那代表上一代委婉柔情的「群星會」歌曲。因此，十幾年無休止地反覆於「青春舞曲」、「繡荷包」、及「西風的話」等的古典小調，或「鱒魚」、「平安夜」、及「散塔露西亞」等翻譯小品，或甚至「我愛中華」、「旗正飄飄」、及「梅花」等的冷冰冰「吼」符中。無疑地，在當時，這些少年感情宣洩之路，一直被那些濫調牢牢壓抑著。

青年的潛力在苦悶空氣中，一直無人得知，直到七十年代中葉，新格公司把日本的經驗拿來臺灣試用，舉辦「金韻獎」鼓勵創作，才開始奠立校園民歌的基礎。所謂校園民歌，顧名思義，就是作曲寫詞均為在校學生，其所歌詠的事物也都與學院生活息息相關。這類曲子發表後，很快地就為廣大青年接受，主要因素就是，長期在無歌世界中，突然發現這些轉述自己夢想的曲調，自然會向它認同。

進入八十年代，當初醉於民歌的創作者、歌唱者、及欣賞者紛紛踏出校園，各方即將變動的臺灣社會，使這些知識青年發覺自己那充滿雨絲髮絲、女孩男孩或目光燭光的歌，竟無法再具傳達心聲的功能。從幻想世界踏入現實，有太多矛盾感受必須處理。於是，調整了他們的歌，青年們開始隨著時潮，提煉音樂技巧，使高音頻現的抗議歌曲，在抗議時節中，再度得到認同。

與任何抗議運動一樣，抗議樂曲也必須在整個過程中，尋覓幾個突出對象，以當作理想與感情混合投入的象徵。其中，「臺北」就是一個鵠的。

我們的指標：「迷失、徬徨」

臺北在五線譜下，成為作曲、填詞、編曲及演唱者共同點到的目標，其實並不難理解。因為，至少在表面上，這些人不是在臺北生長、成長，就是在臺北求學、創業；他們似有理由對她感受特別深刻。此外，最主要的，臺北不僅在臺灣住民的心底或國際社會，都已成為臺灣的象徵代表。臺北畢竟比臺灣較容易把握，將情緒宣洩在這個城市，在意象上似已經足以擴張到全島了。

我們分析以臺北為訴唱對象的曲詞，至少可以找到六種表達或意指類型。一、嚴厲批判。其中以羅大佑的「鹿港小鎮」、「現象七十二變」、及他與吳念真、李壽全、蘇芮合作的「一樣的月光」為代表。二、戲謔諷刺。其中以羅大佑的「超級市民」與李壽全、詹宏志的「佔領西門町」為代表。三、愛恨交織。其中以李壽全、張大春的「未來的未來」為代表。四、希望之都。其中以紀宏仁的「城市臺北」，黃韻玲、董瑋的「憂傷男孩」，及李恕權、連水淼、潘信華的「臺北臺北」為代表。五、鄉情鄉愁。其中以陳復明、陳克華、王芷蕾的「臺北的天空」為代表。另外，還有一種並未直接指涉臺北，只廣泛地敘述都市生活的歌曲，因其內容主要關鍵事物很明顯就是臺北的縮影，我們也以「迷失徬徨」四個字來代表它的特性而納入範疇。其中典型的曲子有，鈕大可、娃娃的「都市生活」，陳金賢、蔣三省、齊秦的「曾幾何時」，及羅大佑的「未來的主人翁」。

這六種感受特性在時序上，並沒有一定的演變過程。不過，一般而言，「嚴厲批判」的曲子總是首先問世，它如同醒鐘，等到夢中人紛紛驚醒，並經過反省後，才對自己這個被「罵慘」了的家鄉城市，重新作各種深刻的詮釋。

一九八二年羅大佑的「鹿港小鎮」和一九八三年與吳念真共同為李壽全之「一樣的月光」的填詞裡，「霓虹」成了與香火、善良、純樸、小鎮，或家鄉、蛙鳴、蟬聲相對立的臺北象徵。霓虹的七彩代表複雜，小鎮則直接反映簡單的本質。羅大佑因而以簡單的黑色裝束來對抗繽紛色彩。他站在認同簡單生活的立場，厲聲斥責由複雜色彩所帶動的複雜生活、複雜工作、複雜關係、及複雜心機。從童年到青年，羅大佑代表那一群跨越兩個生活旨趣截然不同知識界的「溫室族」；他們在高樓林立之下，仍有玩伴、漁村和紅磚的回憶。笑容與淚水也就在情境的波動幅律中，隨著交替浮現。即使暫時按下兒時夢，從而承認這是一個有著七十二變的時空，那些掛著文明外衣的撞人的人與衝車的車，卻始終無法叫人理解。臺北與臺北人因而仍舊無法得到他們的尊敬。

「戲謔諷刺」與「嚴厲批判」基本上的心理傾向一致。「超級市民」意指這個城市的市民擁有極大創造力和包容力。創造什麼呢？創造垃圾、濃煙、鐵窗、淹水、及塞車。包容什麼呢？包容垃圾、濃煙、鐵窗、淹水、及塞車。自己做自己受，原本天經地義，問題是在羅大佑及支持他的朋友想法裡，臺北市這個超級盆地中，似乎多的是自己做別人受，或別人糟自己無恙的。因此，與其氣得跳腳，倒不如自己認命，加入大夥兒共同創造與包容的「大家團結一條心」。

羅大佑的作品戲謔重於諷刺，李壽全與詹宏志的「佔領西門町」則係諷刺為主，再加上警世。一個社會的組成份子不外老年、青年、及少年，今天，過去為少年的青年們，共起抗拒那些過去為青年而今已為老年的一代，所為他們準備好的世界。糟老頭似乎一個個抱頭鼠竄，因為這批青年勇士，從前就是被他們在四分頭上剪個花，或把開邊補修成七分褲的「復仇者」啊！好了，現在拂袖仰面青年站直腰了，又開始不順眼於紅髮黑唇的「少年龐克」了。只是，你若忽略了李壽全指著你的鼻子所唱的，「他們終究會長大，我們終究會變老；他們的夢想會成為事實，我們的想法會過去。在未來他們的社會裡，如果不想被遺棄，當你來到西門町，要和他們一起呼吸」，你應知你的未來。

批判已然，戲謔又淚，畢竟她仍是我們的棲息處，我們的家鄉。一九八五年在「未來的未來」專輯的文曲裡，李壽全說：「我，張大春及萬仁，……，我們對都市的感覺是同樣的無力和無奈，尤其我所生長的臺北。我們對臺北市的批判並非冷酷而無情，反而帶著一份濃厚的感情，也許這就是因為我們愛這塊土地，……」愛恨交織的情緒由作曲家親自述出。到底如何恨，如何愛呢？恨的東西依舊——車、水、擠、聲、灰。但是，因為我一樣開車，一樣享受因下水道躺著我的可樂罐而滯留的雨水，一樣把小孩擠出媽媽的手，一樣貢獻喇叭與吼叫，也一樣噴煙噴的滿天灰；所以，我不喜歡「有人唱，臺北不是我的家」，無力與無奈中，沒有人可以肯定自己的鄉土，因此，你先來「告訴我，都市不適合流浪。告訴我，這是我居住的地方。」然後，我再嚴正告訴你，都市不適合流浪，告訴你，這是你居住的地方。只是，你我雙手仍在顫抖，畢竟，我們所愛的，只是一個三元時空以外的「未來的未來」。結果，童年已成夢，未來仍是夢。

羅大佑與李壽全總已經是三十幾的「老青年」了，他們在變遷的過程中，眼見自己心儀的一類，被另一類消滅、取代，自然有其清楚的抗議理由。但是，對於西門町的「龐克族」與滾石飛碟的「搖滾族」來說，臺北的軟體建制，提供他們得以發揮的機會，更何況生活經驗裡，臺北一向就是這個樣子。於是，他們的臺北詮釋，透過兩個Rocks——Rock Ghost黃韻玲與Rock Box紀宏仁，表現出與兄長輩歌手又責又批又刺又諷毫不相同的性格。

詹宏志與李壽全曲下之「國家未來的主人翁」，簡直不可一世，他們即使就是「電腦兒童」，也好像真的擁有「西門」與「頂好」的天下。但是，這群在中老年面前「呼嘯過」，搶著「佔領McDonald's」的小年輕，卻常「在都市的角落裡哭泣」。黃韻玲把他們的內心告訴了我們。她唱道：「憂傷的男孩，為什麼離開……憂傷的男孩，你受了什麼傷害；請你迴避臺北的愛情，請你注意浪漫的年紀……」離開為了什麼？為了銅幣已在電玩店耗光了。憂傷為了什麼？為了不被父母與機器雙方認同接受。父母傷了我，機器害了我，然而，我永不在他們面前淌淚，我知道我屬於這個城市，因她仍會提供扇扇希望之門。雖然戰時狀態沒能給我浪漫的權利，我依然相信臺北的目光。那瞭解臺北的少女目光，將是我的希望。所以，「只有在城市裡，你才能實現心裡的夢想到極限」，紀宏仁且要大家「跟著我，跟著我一起為臺北喝采」。

臺北對新生代而言是美好的象徵。在少年的腦中沒有批判的字眼，他們能與臺北纏出萬般的柔情。他們對她撒嬌、賭氣，也願意在此奉獻自己的生活。「因為在這裡，你擁有千萬個呼吸和你一起；不要保留，因為你在這裡。」就當平均不到二十的「積木盒子」，在臺北市愈唱愈勇之時，美國回來的李恕權，早在一九八四年就以「臺北臺北」與之相呼輝映。

「臺北臺北」的主題顯然與李壽全的世界大異其趣。原本被認為庸俗並令人憤怒的閃爍霓虹、流行時髦、擁擠人潮、超速音爆、及川流車龍，在連水淼、潘信華為李恕權的填詞裡，卻成了「希望」、「活力」、「成功」及「開創」等的動力。少年族的希望在小精靈吃鈔票的現在，小蚱蜢的希望在從不放棄的明天，李壽全則等待一個上帝也不知情的未來。只是，一個臺北卻未必滿足這三種要求。臺北人為臺北憐！

不管是否需要尋求新的解脫，臺北總是一直靜靜地伴著鬧烘烘的我們，繼續悄悄地拂拭她被時間巨輪輾轉而生成的塵埃。我們包容了污染和擁擠，她卻也包容了我們。她是家鄉，是「自己的地方」，是「思念的地方」。當我們身處海外，想及那個地方時，臺北真的就和「臺北的天空」一樣美。陳克華寫的故事裡，風、雨、陽光都是輕柔可愛，就如在「韋恩」風掃時，坐在亞都咖啡，想著水姑娘，她當然只負拂我面頰的任務；也就如在火傘僅及雙層玻璃之外的冷氣屋，智慧的煙圈將只囈喃那涼涼落暉。情境常不會直接露現於臺北的天空之下。

如果說，「迷失徬徨」是都市生活的最大副產品，那它同時也就是都市人最大的抗衡對象。從羅大佑、李壽全到紀宏仁、黃韻玲，他們都向「迷失」挑戰。前者感性化的結果，得不到解決；後者則憑熱忱加狂飆，卻反而安了身立了命。「感性派」的人，就會像陳金寶在蔣三省之「曾幾何時」的填詞裡所描述的，於變調、面具、冷街、及人潮的沈醉中，「我茫然不知道還有我自己」。而「熱忱派」的信徒，則往往試圖在忙碌、霓虹、高樓、冷淡、和孤獨裡，衝破自己，訓練自己，最後告訴自己「都市生活別說冷淡，因為你燃燒的熱情是讓自己好好的活」。娃娃的年輕與鈕大可的灑脫，剛好足以為他們的「都市生活」按下如此註腳。至於那群被認為還在「飄來飄去」的未來主人翁，羅大佑倒可以不必那麼擔心，因為「飄」是我們有了腰圍的人認為的，他們小朋友可卻在半大不小時，就已踏踏實實地踩遍燈紅臺北了。

為你的臺北寫個曲子

臺北的生活依舊運作，抗議的聲音從錄音室源源傳出。這個「抗議族」包含了兩個世代。老的世代抗議新臺北，少的世代抗議老世代夢中的舊臺北，也抗議少、老兩世代之爹娘世代心中的臺北闕如。臺北的象徵，因而成了一個複體。它也說明變遷中之臺灣社會的複質特性。我們應當認同什麼呢？當然，澤國臺北還是臺北，灰色臺北還是臺北，濁濁淡水河亦還是通往艋舺的淡水河。你對它們沒感覺，對她總得有份情。對她若也失去了情，叫我們的後代如何能有情？

作曲家繼續在創作，臺北人也不斷在製造新的靈感。這些靈感充實著都市的各個層面，更塑模了整個臺北形象，對她不滿意者寫歌，無奈者寫歌，崇拜她的也寫歌。歌聲悠揚原是大部分人肯定的樂曲標準，然而這些不願蕭瑟的朋友們，卻早已熱鬧非凡地以「難能可貴」的歐洲風、美國味來表達自己的苦悶或認同。他看到淡水河很苦悶，我卻能就在淡水河之旁愛上西門町。苦悶時，愁愁嘶啞，認同時，敲擊樂曲佔了上風。你是那一型的？是苦到鬍鬚滿腮呢，還是正慶幸我們有「紅十字」、「紅螞蟻」、或「Box」呢？想想自己，為你的臺北寫個曲子吧！

——本文原刊於《自立晚報》一九八八年六月十八日至十九日。

有蛇的公園

六月初的一個傍晚，我如往常在捷運芝山站下車，走約五分鐘，正穿過有噴水魚塘和榕樟棕松各科種散立的忠誠公園，幾聲淒厲的哀嚎，在五步路外那早已被踏乾的草皮方位響起。兩個女人鬼叫地狂奔而來，「有蛇，有蛇，好大好大一條，驚死人，驚死人嘍！」天色已黑，我本能地望了過去，並未見草叢動靜，但突來的這麼一下，心底如獲電擊，中樞頓時驅動著雙腳，略帶慌張地循著水泥小徑離開公園。回家後，向妻子報告了此事，自此，蛇存在公園的可能意象，一直盤繞著我的日夜。

在臺北市生活了四十年，除了曾聽父親提過與母親剛結婚之時，有一次打開廚房水龍頭，一條小蛇順水鑽流下來之外，只有在約七、八歲時，全家人散步於瑠公圳堤邊，親眼見過銀白色水蛇敏捷地滑爬穿越土泥小街。當盆地的原生動物早已在人口與建設的快速壓力下，被鏟除一空不知多少年之後，一個人工構築的小小公園竟會有蛇？那天過後，每每想起那兩位笨拙反應的婦人，就一陣子反感。她們怕什麼？怕被攻擊？還是蛇不應屬於公園，不配為臺北的一員？然而，我又為何也隨著心感怪怪外加恐慌的雙腿？的確，自己身體莫名的防衛動作，好像也應被予以糾正。畢竟，蛇當然可以自在地於牠所選擇的生活地點出沒。

反省之後，我開始擔心牠的所在了。妻早上開車送我至車站，必會駛經出現蛇的草堆。

我總是望眼欲穿，看看矮狀植物，也瞧瞧藤根附身的大樹。「牠會在哪兒呢？」「牠吃些什麼？」「有沒有同伴陪著？」妻說：「牠早就跑遠了。」但是，有限的綠色空間被馬路、房屋、車流、及人來人往永遠壓縮著，蛇似乎不可能突破重圍，以謀另一更理想的住所。因此，我只能在一早凝望，到晚路過時，繼續想像一番，再喃喃地為牠祈福。不過，這份祝福或許到不了蛇的身上。七月初，公園近牠現身處的行人道進行換磚工程，僅有的綠坪草簇被放置大量的材料工具，飛揚的塵土掩沒環境，工人們盤據了蛇的家，一切的生存希望已然破滅。「牠到底在哪？」「安全避難了嗎？」不能再想下去了，因為悲觀的情緒一直濃的化不開。

忠誠公園再往西走五分鐘就是芝山岩。我住在那裡。以前沒有捷運，從家裡到臺大上班路途遙遠，但十年來寧可費時通勤，而堅持不搬到學校附近的理由，就是芝山岩綠色長青的吸引力。去年不知哪個聰明人，為小山設置了一條環山步道，於是，人們開始出現在原為幾隻松鼠活動的山腰。果然小松鼠不見影子了，我操心過牠們，為什麼僅有的迷你圓頭山丘，竟也容不了小動物？忠誠公園的蛇相較於芝山岩的松鼠，命運同等坎坷，牠們是你我切割臺北的最後見證。山林不再的蛇，只好住往公園，但小命朝不保夕；山林緊縮的松鼠，大概只得天天抖瑟於樹頭某處，忍受飢餓。

每回南下，我總喜歡搭乘火車，因為車過彰化之後，在兩望無際之阡陌田園上的加速奔馳，提供了想像的空間。我想像著沼水中，住著無數臺北的蛇和各類動物的同胞遠親，生命力正旺盛地燃燒著。也許盆地僅存的蛇和松鼠注定孤寂終生，但嘉南的景況總能安慰些許，只是回程下了芝山站，走過公園，「牠可安好？」依然問上了心頭。

寫於二〇〇一年七月二十三日

——本文原刊於《臺灣日報》二〇〇一年八月十二日。

包容還是搓圓？——記「臺灣人類學與民族學學會」的成立

一九三四年十二月十六日「中國民族學會」在南京成立，一九五四年元月十七日復會於臺北。以復會當年作為第一屆，到今年(2005)六月二十六日開完第二十二屆年會，更改會名成功。該學會大陸十五年，臺灣五十一年，高壽六十六，功成身退。「中國民族學會」是內政部登記有案之人民團體中最資深的學會之一，在她的姊妹學術社團如社會學社和心理學會早已更名「臺灣」多年之後，今天，民族學會終於也步上認同與思潮洪流，選擇了與年輕和當代思維契合的新名字——「臺灣人類學與民族學學會」。

不過，雖然幾乎所有會員都同意「臺灣」的名，但「臺灣」之後到底應接什麼學門之名，民族學或人類學，還是其他更合適名稱，會上一度僵持不下。「民族學」自大陸時期延用到現在，自然有部分前輩師長對她留有深情，而以該稱為自己服務單位抬頭的同仁，更有一份維繫她以為認同象徵的強烈使命感。因此，即使「人類學」是為相關研究領域最高涵蓋範疇的認知，早已成為普通常識的當下，意欲單純地成立「臺灣人類學會」，還真是難上加難。

依北美洲的人類學分科傳統，該學科計有史前考古學、社會文化人類學、生物文化人類學（或稱體質人類學及部分的生物人類學）、以及語言人類學等四個次領域。其中「社會文化人類學」最早期就叫作「民族學」，後改稱「文化人類學」，最後再結合英國「社會人類學」的概念而成現在的通稱。換句話說，人類學早已認知到人類社群絕不只有「民族」單位。大凡所有可透析出文化意義的人群團體，都具有了解分析的價值，唯有一步步對他們進行研究，才有探知人類最完整形貌的可能性。因此，今日的國際人類學者幾乎不再談用「民族學」，即使有期刊名稱仍使用 Ethnology（民族學），大家也都直接以社會文化人類學的實質內涵界定之。

筆者長期以來的想法是，臺灣人類學界亟需一個統籌全國學人的泛學術社群組織，以期建構向心，同時大家齊力合作學問，向世界性的研究邁進。如今，好不容易有一成立「臺灣人類學會」的機會，卻在擔憂可能造成人類學與民族學分裂的「包容」意識下，多數同意使用「臺灣人類學與民族學學會」。由於是大家的意思，筆者當然也尊重。只是，原來最理想的路程應是，堅持民族學的朋友，慢慢設法讓自己融入人類學的世界，讓人類學關照妳，妳也同時了解人類學。成為人類學的一環，絕對不會損及民族學的存在，反之，它會如美國人類學會之下又有次級單位民族學會一般，大範疇的學會發展順利，小範圍次會也身強力壯。現在，會員們決定以「不傷感情」的方式並列人類學與民族學，問題似乎解決了。然而，它的後遺症就是證明臺灣人類學學術的系統仍然模糊，而大家似乎也不以為意。筆者之見，條列式的「搓圓」，其實是搓不了圓的。它反而更顯出兩方的分立。強調多元尊重當然是正確的，但在學術發展的面向上，應是於同一人類學大目標的前提下，民族學、考古學、語言學、博物館學、及甚至應用人類學等各次學門，都大力多元推展，如此，人類學方能有正確明朗的發展。「臺灣人類學與民族學學會」的成立，喜事一樁，應該大大恭賀。筆者身為會員，當然也不忘沾喜。不過，作為人類學專業研究者，看到中國傳統「不得罪人」、「搓圓」、「模糊化」、及「大家形式上歡喜一團」等的要素，充分進入學術的分類決定，若不寫文章說明，實在有點說不過去。

——本文原刊於《自由時報》二〇〇五年六月三十日。

非島嶼

自然地理的分類，臺灣是島 (island)，是「土地」(land) 沒錯，但僅是「小小孤立的土地」(is-land)，它和大陸 (mainland) 不同之處在於後者是一「大大連域的土地」(main-land)。為知識的建構，也為理解之便，大抵無人會去否定地理學的地貌地塊分類學。因此，在臺灣的人，自小即在課本上學到所居處的土地是為一座島。

專業學科界定如此，學生們也應試全對——「臺灣是中國東海上的大島」，而外在世界更是想當然耳地以島論之。美國和歐洲媒體凡關及臺灣議題者，無論動態影視或平面文字，必定全段整文 island 來 island 去。而中國方面只要報導臺灣消息，亦是「島上如何如何」、「全島怎樣怎樣」，或「島的南部這般這般」等的隨心述說。總之，北美、歐洲、和中國都各自擁有一連域大片土地，是標準的 mainland 視野，在毫無預示到從「島嶼」角度觀看事情的另類可能性之際，即「脫脈絡地」（即不顧及臺灣人民的世界觀與社會體驗）遽下斷言，其出現謬誤之機率，實是未出口就已確定百分百。

事實上，臺灣人的自我經驗中，絕少以島嶼的思惟，來看待自己的土地（即使眾人皆知「寶島」專指臺灣）。近代農業社會的數百年間，臺北高雄或基隆屏東，都是遙不可及的大遠方，更遑論花蓮臺東的深不可測了。有興趣的朋友可以檢視一下日治時期以迄一九六〇年代之前的民謠散文詩詞，多少生別而至死卻不一定能再會的款情動人之作，都只是如臺南嘉義要北上工作的景況而已嘛！但，在過去的年代中，那已是人生無可比擬的最大條事情了。道理很簡單，臺灣人的念頭裏，臺灣就是大大片片土地的地方，地理學上的「島嶼」，卻是島上居民自我界定上的「大陸」。

臺灣人心目中有**main-land**，而那就是臺灣！有了「主要的土地」，才會以北部、中部、南部、東部等大塊區域用詞說明方位所在（而不是島北、島中、島南、島東之類用語），也才直接稱蘭嶼、綠島、澎湖等為「外島」。日本統治時期稱臺灣漢人為「本島人」，這也是日人以其本國大陸觀，來看臺灣，再給予島之稱名的一例。原住民會隨著日本人稱漢人「本島人」（以相對於「蕃人」或高砂族），但本島人自身卻少有「本島人」意識，因為概念中並無「島」的認知與經驗。

臺灣的生活用語，包括各類新聞和氣象報告，均很少以「島」來構架全境。有人批評臺灣蕞爾小島，卻夜郎自大。然而，就是因為人之天性，直接會對所屬自然與社會世界予以全面性的定義，亦即，我的家我的土地就是世界（原住民傳統上多以自我族群或頂多跨三、二個族群（而非臺灣全境）為世界範疇之理，也就在此；另外，中國大陸各鄉鎮地方，其居民應也是多在自已有限空間的經驗世界上生活，而不會老是如北京大城以大得嚇人吃人的地理學大陸耀武他人吧！），才會延伸出對鄉國家園濃濃的愛。如果一直島嶼自居，天天望穿大陸，我的心裏只有他，又如何踏實自己，愛護本地呢？笑人夜郎自大，就是以地理學上大片連域土地為靠山的帝國主義壞胚子，強壓內心擁有自己偉大陸地所在的老實在地人。

臺灣人以非島嶼思維與經驗，生活在地理學上的島嶼，長久以來，「地理學島嶼」以教育和知識傳遞之姿，遍在全臺，但臺灣人始終未被它同化。因為，心目中的臺灣大土地，早成了認同標章。世上若存有那試圖想失禮地讓臺灣人脫去標章的莽夫，吾人宜早早勸其勿白費力氣，而妄以地理學大陸為餌食或蠻力誘來或恐嚇地理學島嶼，恐更是一敗塗地。試想，「形小而心實蕊菓滿滿」的後者，哪會賣「形大而心始終不正當地想吃人吃到底」之前者的帳呢？

寫於西雅圖餵雞屋二〇〇四年二月八日 1:55 pm

——本文原刊於《臺灣日報》二〇〇四年五月十三日。

國家、原住民及國家博物館——臺灣文化的宏觀建構

前言：「臺灣國家」概念的建立

國家是人類群體管理之政治性文化的一種形式，它是實驗性的社會選擇，也是一種特定理念的發展。有的人群（如各地部落社會）從未出現多數國家所具有之類官僚體制或王權領土聖化觀念。近現代世界社會過程中，面臨民間、非政府組織或跨國文化力量此起彼落的現身挑戰，國家縱然有損有搖，卻仍舊屹立存在，繼續操控人們生活實踐的方向和效忠思維的堅持。

很顯然地，國家並非一種真理，如前所言，它僅是選擇或實驗的特定結果。東亞地區如同世界其它地域一樣，目前所存在的國家數量，完全是一種時空社會文化和政治活動的偶然。神聖化或精神亢奮性地信仰特定國家數量（如認定只能存有一個中國），充其量只是突顯當事人知識理念的退化罷了。臺灣當然可成為一個國家。只要有所觀念，積極的概念建構，加上謙虛的與人（國）相處，國家可立即成立。

國家：悲苦喜悅的交融

國家既只是一人類的社會實驗，就注定不可能完美，人們在其中可能挫敗連連，吃盡苦頭，也可能勝利美好，驕傲自我。國家成員將本質上不為真理者視為真理，自然要付出神話建構、理論創造、行動維護、及教化監督等的心力或代價。挑戰或反擊威脅特定國家真理的力量，可能順利成功，也或許因不自量力而灰心喪志。各個國家或冀望建國的獨立運動人群團體，雖知苦難在即，卻往往奮力向前，國家的迷人在此，它的悲哀也在此。

用「悲苦喜悅」來形容人們與國家的關係似乎頗為恰當。從國旗的象徵意義來看，就可感受到其間的滋味，而由真理、悲苦喜悅、迷人、悲哀、以及國旗等等具象與抽象要素所構成的國家，基本上即是一大型的文化單元。此一文化單元有成員的創造貢獻，也有他們引以為傲的歷史接棒，更可能滋養了深厚根細的情感細胞。最終，它們一起完成了默契式認同的交融工作。

深度：文化優於文物

文物指的是人類文化生活的物質使用。它可能曾經或者迄今仍然精美，也可能久用褪色或殘片破瓦。今天看得到的各類歷史、文化、族群、及地方等所屬文物，其實都只是特定時空人類物質使用的一小部分倖存者。也許就是因倖免於毀壞消失之難，才獲得大家的珍惜，繼而予以「寶物化」（如稱某某東西為國寶文物等）。過去以寶物情結看待文物，基本上就是一種「迷物」或「戀物」心理。迷戀的情緒容易使人喪失理性，而沒有了冷靜氣質，就看不到前節提及之文化悲苦喜悅的生活深度。

換句話說，文化應是優於文物的。文化存有深刻的內在，但它不必然要由文物來進行表達。每個文化單元，包括國家在內，基本上均是如此。有不少人總會以特定文物來代表國家，極端化的結果，造成物化國家或國家文化的物化。人們在神聖物及平面效忠情緒中，編織不具深度的意識型態。但是，我們要的「國家文化」絕非如此，我們所需要的是深度的臺灣國家文化，而非文物鑑賞或迷戀寶物的庸俗物質文化。

真實：原住民的篇幅

深度的臺灣國家文化如何被落實？臺灣的第一主人原住民顯然應被放置在最關鍵位置。深度一方面是歷史，另一方面也是包容、欣賞、及道德責任。原住民不論其「傳統文物」所剩幾多，都不影響他們在臺灣及部分外島上的文化史深度事實。文化史精髓在子孫血液中傳承，其中典型的物質文化或已失去泰半，但數百乃至數千年的沉澱，必定可以被深刻感受到。

臺灣國家文化既然可以被建構，那麼，拉長縱深，以原住民的千年史作為導引，自然是優質類型的最佳選擇。原住民文化經由呈現、教研、與生活性接續，使之既完整又留下詮釋想像空間地成為國家文化主軸，如此，一種特定的「真實」於焉形成。這份真實不僅來自於原住民文化史遠較漢人移民史長久，更是今日後者子孫主導國家運作之歷史與族群關係的必然反思。

「真實」可以被製造，但我們要求的是從歷史、文化史來進行生產。國家文化生產過程中，大家同意選擇原住民的「悲苦喜悅」文化史為代表中的代表，如此，不僅符合人類覺醒時代的潮流，而這段國家文化所佔的高比例篇幅，必也能因其所顯現之內在的包容、欣賞、及道德勇氣，而使國民人人自豪。

理想：博物館的帶領

瞭解了臺灣國家文化所需的文化史「深度」與原住民「真實」，接下來的問題就是如何去有效呈現了。有一個代表臺灣國家的國家博物館，應該是最可期待的了。

當前臺灣的國立博物館不下十個，但均不足以代表臺灣國家。故宮博物院性質太特殊，它能出現於臺灣，實是現代史的偶然。即使不少人視其所藏為世上珍寶，它與臺灣國家幾全不相干。故宮可留之作為特殊博物館，使臺灣繼續為東亞世界貴族生活史的詮釋作出貢獻。至於其他如自然科學博物館、臺灣博物館、臺灣史前文化博物館、及臺灣歷史博物館籌備處等，各或在特定領域上有所成績或正揚帆待發，但卻均非建立在代表臺灣國家的理念之下。

臺灣國家博物館應是全民建構臺灣國家之社會運動的產物。該博物館並非族群博物館（如近來有人主張建立的國立臺灣原住民博物館），但如上文所言，它理應以真實的臺灣歷史，即原住民文化史、原漢資源競爭史、原住民再出發論述、及國家建立之意識與文化象徵的形成等為館方主要展現主題（而非只是忙於蒐購文物；畢竟具代表性的是文化而非文物）。在其中，吾人可深切感受到臺灣國家文化建構過程的悲苦喜悅。原住民曾經驕傲，也曾經受難，如今大家正共同琢磨多元共生的模式。漢人曾經艱苦遷移，成功地建立聚落，繼而形成今日社會；然也曾經以文化、政經、人口壓力之勢瓦解原住民。我們應於國家博物館中，看到這些文化史上的深度故事。故事內容的真實不矯，與自省不菲，十足展現新國家的文化史宏觀意識，以及人們包容、欣賞、和道德情操的今日臺灣文化核心價值。

我們需要臺灣國家和臺灣國家博物館，它們是一項現代臺灣事實的需求，而非情緒性的在追求某種神聖事物或真理。大家以極為自然的態度表現此一需求，共享悲苦喜悅，共知文化史深度版本，以及體認原住民真實的重要性（即原住民故事至少應在博物館內容中佔一半的篇幅）。國家博物館的成立，代表了臺灣文化宏觀建構的成功，也是人們對土地積極關懷的明證。由博物館來帶領，讓臺灣國家根生此地，深具情感的文化史深度，將是未來妳（你）我共識建成的堅強基礎。

——本文原刊於《臺灣日報》二〇〇二年十一月三日。

分秒之際　為國爭光

二〇〇二年十一、十二月之際，北國各地隆冬寒雪，筆者受邀擔任行政院原住民族委員會舉辦之第四屆全國原住民大專青年國際交流訪問團學術領隊，目的地正是極地正南的加拿大。全團三、四十人，從遴選、培訓到出發，我全程陪著，也始終在焦慮。所操之心主要就是：支支吾吾的英語和面對大國可能的膽怯。即使七上八下，念在也是另類外交，就不多考慮地與以「臺灣原住民族文化發展協會」成員為領導班底的夥伴們暖酒交心，飛航大洋。

接近兩個星期的路程，極為緊湊，總共參觀了九間大小博物館，五所學校，三處自治保留區，兩個原住民組織及國會等。筆者參與規劃大部分行程，希望能以最多元豐富的內容，讓學員們收穫多多，從而不虛來去一趟。只是，這畢竟僅為規劃人一方的期望，另兩方（學員們與加拿大受訪團體個人）如何回應，則完全不能預料。作為學生眼中的老師和主人接待者界定下的教授，我總是和顏耐心外加冷冷笑話，一切穩若磐山，但心底卻緊張十分，無時不在祈求大家萬事滿意。

果然，這群二十上下的年輕朋友太棒了！同學們了不起的表現，多次使加拿大一方即興變奏，愉悅熱情，印象打滿分。以下是四個例子。

例一：在溫尼伯一平原印地安原住民自治保留區訪問時，我方的臺灣南島系原住民典型圈圍舞型，有效地吸引當地獨舞傳統的舞者加入繞走，歡樂一起。保留區的自治政府主席、長老、居民、及聞聲而來之鄰近部落的族人，全數跳進大大小小圓圈。主席感動於團員們的真誠，不僅將原本備好一旁擬欲售於我們的手工藝品全數贈與，甚至更不知從何處摘來更多禮物，繼續敬意每一領隊老師。

例二：在魁北克省南方一所自治保留區中學裏，雙方師長學生交融一片，又談又跳，又留影又換名記事，直到天已近黑。熱鬧中，大家並未注意到有三、五名本地學生已先行離去。上了車，不捨地揮別，前開約五分鐘，那三、五名小朋友突然背對現於車子左前，再齊力轉身高舉臨時寫成的大大好字 "TAIWAN I LOVE YOU!" 車內秒際間哄成一團，距離剎時已遠，然兩邊揮動的百隻手臂，卻如明月青樹，淚濕真情之懷，也溫潤了跨文化之沃土。

例三：一天，團體前至渥太華第一國族議會 (Assembly of First Nation) 訪問。交談會之前，議會秘書長將團長及筆者請進辦公室，告知只能給我們二十分鐘，當時心覺不妙，直接想及秘書長似把我們當成形式造訪，因此不太有興趣。無料，會談中，同學們踴躍發言，講中文者，通譯官即席翻譯，講英文者，亦努力將意思表達完整。舉凡國家與部落關係、土地問題、教育政策、文化認同、及藝術創造等議題，均不放過。秘書長大為驚訝佩服，竟「自然地」和我們聊了兩個小時。

例四：回臺前一天造訪加拿大國會。同樣地，一進門，兩位第一國族 (First Nation) 的參議員告訴我，他們實不了解我們的目的，也不知要談些什麼。但十分鐘之後，同學們的活潑有勁，尤其與也在場的依紐特人（Inuit／即前稱的Eskimos）親切互動，立即使議員感同身受。此後，不僅全程陪我們旁聽議事過程，又贈與每一團員紀念品，臨去並親送至議會大門。

出發前的焦慮與前段途程的緊張，在到加拿大幾天後，就全部不再有，原住民青年個個神勇，在攝氏零下十八度的冷冽中，火熱地擁抱異國鄉土，英語一日數進，教授也嘆服。真誠是感動人的唯一法寶，我們的原住民天賦如此，四個例子的臺灣好人好土地記錄，咸信已深留加國。為國爭光，我們做到了。國家聲譽在學員們的分秒深情中，建鑄成功。

本文脫稿的時刻（二〇〇三年九月五日），今年第五屆交流團正於溫哥華參訪，雖無法親與，新一批同學想必又是學習互動火花四射，片刻時分，再為臺灣添一分。

寫於西雅圖餵雞屋 二〇〇三年九月五日 12:30 pm

——本文原刊於《臺灣日報》二〇〇三年十月十日。

認識「勝利者」

二〇〇八年對中國似乎很特別，除了主辦奧運會之外，他們還在努力於錦上添花之事。今年 (2003) 七月十日，義大利翡冷翠 (Firenze / Florence) 即又傳出一項五年後在中國舉辦之大型活動爭取成功的消息。

「國際人類學暨民族學科學會議」每五年舉辦一次，今年第十五屆甫於七月十二日在義國圓滿閉幕。去年在臺灣，即聽聞中國有意於七月會上，爭得二〇〇八年的主辦權，巧合的是，和她競標者，與過去奧會前例一樣，就是澳洲。七月七日筆者抵達會場辦理報到手續，遠望大會秘書處對角有一書堆滿滿的攤位，走近瞧瞧，就是中國代表團所在。他們和悅地告知，「書可以任君取走」，而對相談順利者，更會全套裝至一精美黑紅相間古典中國式書袋，送予為禮。

隔二日在新移往之更大會場上，看到澳洲昆士蘭大學也有小攤促銷，但僅有學校所在之布里斯班城區觀光小冊和一頁簡單申辦說明，相較於中國，形式上弱勢許多。正在疑問評選委員會將依何一標準進行擇選之時，即傳來中方獲一面倒支持的投票結果。西方學術機構舉辦學術會議經驗豐富，昆大是著名學府，辦好會議不是問題，只是這次他們僅輕鬆地依「常理」表達主辦興趣，而幾未作任何形式準備（如堆笑容、送書刊、贈禮袋），顯然難以與競方傾其「國力」（中國中央政府國家民族事務委員會全力支持本案）的有備而來之勢抗衡。

細看中方贈與的七種書冊內容，主要包括三方面：一、會議預定舉行的雲南昆明介紹；二、多彩多姿少數民族速寫；以及三、中國人類學研究機構、學者和成果資訊。用心的申辦人顯然欲建置含有美麗地點、多樣人群、及高品學術水準的三合一強大吸引力中心。他們的目的應是達到了。只是，由於第三項訊息資料中，也含進了部分臺灣人事地物，自然使筆者好奇細細閱之。

書文中大多關及臺灣之學院學人學術訊息，依個人判斷，大多應未事先徵得對方當事者同意，中國這樣做，身在臺灣的人，或已不足為奇。嚴重的問題反而是，各項資訊錯誤百出，例如，任意轉載早已作古十數年以上之先輩學者的文章，還直稱其為「臺灣大學人類學教授、中央研究院民族學研究所所長；或臺灣大學人類學教授、中央研究院院士」；另各機構負責人大名亦多數不實，像臺大人類學系現任主任欄上寫成上上上任的名字，而 e-mail 卻是現在主任的個人帳號。還有，許多機構名稱英譯全誤，對研究單位學術發展方向，更是老舊版本搬來抄錄。至於中研院歷史語言研究所人類學組組主任，也錯植早已卸任者之名（更遑論該院業已撤除所內的各組編制）。

筆者相信，「國際人類學暨民族學科學聯盟」的外國領袖學者們，並沒太大興趣從中方所提資訊中，去認證她比昆士蘭優越，因為中國人類學研究的貢獻有多少，根本就是世界學界的普通常識，大可不必依中方這七冊文獻來開始認識。因此，學術內容有誤無誤，並不會是考量重點。唯一可能的吸引力效用，就是基於學科田野異文化想像之雲南與少數民族的神秘性迷思追幻。大家想去，正是一份學術文化／異族觀光憧憬，學術會議在浪漫原始性氣氛中，多麼美麗嚮往。至於制度化屬性的澳洲布里斯班模式，對於定期即需超脫規範性生活的國際學者們（或西方世界菁英成員）而言，恐怕是避之唯恐不及的吧！此次翡冷翠中國派出大批說客團，其實也沒費吹灰就已事成，畢竟雙方各有所需，「一方要名，另一方要浪漫」，而置於美美古典包包內的重重紙本，即使內容大謬，也只是催成一位孤寂臺灣人類學者發現「勝利者」內在事實之後的莫名惘然罷了！

——本文原刊於《臺灣日報》二〇〇三年八月一日。

「臺灣衫」之辯

「臺灣衫」是近月的生活話題之一。為何是生活話題？因為倡導者和大家的想像，均是要讓它成為臺灣人自然生活的一部分。但是從衣飾文化與社會階級常態展現的角度來看，恐怕當代臺灣衫想像或臺灣衫運動只是一抽離臺灣實景的幻影罷了。

筆者十月上旬應邀至韓國首爾國立大學參加學術會議，如事前所料，會場上百分百西裝筆挺。在日本舉辦的學術會議亦是如此。日籍韓籍學者甚至一般上班族，穿著西裝已成自然，因此說西服已然是「日本衫」、「韓國衫」，並不為過。

臺灣的學者和中下職等公務員，一般是很少穿西裝的。在學術會議或大學校園中，西裝革履反而引來指點。上臺講演上課或開會，男性教授們接近一統的打扮，仍是淡米灰白襯衫，配上規矩西褲。這種景況與同為儒家影響的日韓大異其趣。

筆者兩位好友政務官，任上天天西裝，卸任恢復教授身分後，就從未見再打領帶，事實上，西裝對他們而言，仍是「官服」。官服誰穿？大抵只有五院特任官員、民意代表或主管。他們是臺灣的極少數。今天的說法是要以新創「臺灣衫」取代西裝，若真是如此，「臺灣衫」不可能名符其實，它只代換了官員民代的亮相官服罷了。一般人民，包括教授們和普通上班同仁在內，則天天樸素米白上身鐵灰下身。這身打扮早已自然成習。脫下西裝官服，換上這身，回到傳統，感到舒服。那麼，臺灣衫不早已有了嗎？除去全國萬分之一必須天天西裝出門者外，絕大多數出門工作成人所穿著的：簡單、舊款、素色、暗彩，不是流行，不具魅力，不光鮮亮麗，沒服飾設計美學特色，但大眾就是穿它，臺灣衫因此事實上已是天下著以成習了。現在要問的是，專為西裝族階級改裝的衣服設計，頂多就是一種新官服，為何可以稱為「臺灣衫」？

寫於二〇〇五年十月七日

——本文原刊於《自由時報》二〇〇五年十月十三日。

我們的新城 CNN

前陣子熱門話題是未來新北市的英文譯稱。躍上版面者，多見漢語拼音直譯，如Xinbei，再加上City。這種翻譯，就像目前國內諸多大學英文名稱以音譯當家一般（政治大學就是Cheng Chih，東華大學就是Dong Hwa，暨南國際大學就是Chi Nan等等），美感不足，復缺傳神效果。政大不就是University of Political Sciences嗎？又，當初花蓮東華和南投暨南設校之際，若能考慮取名太魯閣、奇萊、或水沙連，最是美好，英譯也可直接用上原住民母語，文化歷史均順暢。現在新北之稱，若果再來刻版無味，必會遺憾，不可不慎。

相對於臺北市，預算建設、人文休閒、以及國際聲望種種，臺北縣原來就矮人一截。如今升格，有機會獨立而出，脫離次等夢魘，卻又訂名新北市，意為「新設另一個北市」，它是祖地，我是後生，總在人之後，永難翻身。不過，名稱既然確定，往後大抵也只能承受類此心情，縣民已習慣近世紀，新市民繼續下去，或許不致太突兀。但是，既是升格，總要有不同，中文名稱就算走不過，英文譯名卻還有機會。英文係相對於國際交往之需，重要性可以想像。千萬不要再重蹈前舉Cheng Chih，Dong Hwa，Chi Nan等的翻版，沒人看懂其意。

新北市英稱City of New North如何？簡稱就是CNN。臺灣都市的英文名字，都直接以名加上City。臺北市就是Taipei City，高雄市則為Kaohsiung City。然而，查看北美各大小城市，多半是以 City of 作為市名前導字詞。西雅圖為 City of Seattle，芝加哥是 City of Chicago，洛杉磯稱 City of Los Angeles。只有發展非常特化的紐約市，才被習稱 New York City。City of Seattle 有西雅圖之都的意涵，Seattle 位重於 City，而 New York City 則就是指紐約城，City 功能大於 New York。不要忘記，紐約大都會之外，就是鄉野遍地的紐約州 (New York State)，想想看，同名同姓，容易搞混，所以，急於區辨鄉市兩隔的紐約市，不需特別與人不同地強調它獨有的「市」級高位階嗎？

我們的 CNN，將 New North（新北方）作為領頭，表示有土有人，一起奉獻，然後合組一個行政城市 (City)，共擁希望。New North 不再有 Taipei 的影子，更消除了過去 Taipei City 一味強調它的「城市性／都會性」，而低看 Taipei County 仿如 New York State 草地世界一般的偏差視野。在日本，凡是建設一新城市，都喜以附近老城為名加上一「新」字，北海道的新札幌 (Shin-Sapporo) 是為典例。我們的新北市概念與之類同。但是，日本的作法，造成了一方面新的永遠是舊的附屬位置，另外，市民往來也常有混淆，尤其地鐵前後兩大站相依，名字超像，下錯車者，不知凡幾。總之，通盤檢視結果，「新北方之都」(CNN) 似乎最為完美，好記又傳神，市民面子十足。

——本文原以〈新北市譯 CNN 好記又傳神〉為題，刊於《中國時報》二〇一〇年七月十九日。

輯七

美國觀

磁盤美國——濡化自己，同化世界

有不少人對美國恨的牙癢癢，卻有更多人絞盡腦汁千方百計地要奔向美國。他們之中有留學生，有訪問學者，有移民，也有偷渡客。恨也好，愛也罷，大概沒有人能否認美國正統治全世界，其間不止政治軍事商業經濟獨大，這個二百多年的壯年國家，更如磁鐵似地吸引著龐大的各色人種。如何認識美國的統領之道，正式學術可從歷史和國際環境分析之，或也有人直以「巧合幸運」的遇上二次大戰之由，心不甘情不願地來進行解釋。我另有自己經驗上的看法。

一九九七年底筆者應邀至哈佛大學哈佛燕京學社訪問研究一年。當時和妻子決定由西岸的西雅圖開車前往，一路經歷十數州將近一萬公里。翌年夏天再由東岸的波士頓略換路線，十一天開回西雅圖。沿途大小市鎮無數，城內城外短暫參觀，更走訪了不少博物館。有一天，我突然驚覺，美國之大，但卻只有"one culture"（一個文化，亦即一個美國文化）。

「一個文化」代表著同一向心的內在認同。而這份穿透北美洲的價值感受，正以一有效的系統性機制，天天於日常生活中作用著。首先，全國交通四通八達，再怎麼偏遠，有人居住，就有公路開至你家門口。一如有次在有臺灣三、四倍大，而人口卻只八十多萬的蒙他那州馳騁，二小時之間，前後不見任一人車，舉目四望，極盡荒蕪。忽然遠處竟見塞車，趨近一看，有一部轎車不慎擦撞山壁，而不消十幾二十分鐘，竟來了五、六部警車、消防車、救護車，外加救援直升機。咦，不是渺無人煙嗎？這些公務機動設備到底冒出於何處？不可思議的感覺，直接想及這個國家的人民，那怕居處山野，亦都享有同樣的政府保護資源，人人平等。

許多小鎮，市中心不過兩條短短商街，社區百千人或都不及，但神奇的是，超大型的超級市場和購物中心，竟也在此設置。看列架上西瓜切盤一盒盒放置整齊堆積如山，自問「全鎮一人兩盤，也還賣不光嘛！」到底東西要如何銷路？這是多心的問題，因為他們的經營體系完整有效，自有處理辦法。在農州見著大商場，只是顯見鄉間家戶和大都會居民一樣，大家均可享受物質供應及採買的機會。又是一個人人平等的例子。

再者，村村鎮鎮均有自己的社區報紙，每天大小事刊載詳細，而國家型的大平面媒體也天天送達。如此，地方與國家有充分對話空間，遠處的國民從未有被拋棄忘卻或邊緣化之慮，人人又一次平等。

美國以「平等」為至上原則，濡化(enculturation)（亦即，大家通通變成自家人）國民，大城小鄉人人同享資源，向心力自然強，根本不必擔心有「農民起義」，或小州、偏州因不滿而反中央的分裂問題。

另外，美國幾乎全數開放大學、圖書館、博物館、社區公共設施給外國學生學者使用，又提供不少留學補助金的機會（包括我的哈燕社訪問研究亦然）。世界各地學子在自己國內反而無此優惠，無怪乎大量湧向美國。拿到學位了，同時自己在不覺中，也已被學校、圖書、參觀研究、及文物展覽等內藏的美國文化精神所同化了（反之，看看臺灣，多少剛愎學者和保守機構不願與人分享學術資源，氣度窄小，影響所及，就是國家永遠陌生於海內外）。

學成歸國，光耀祖國家庭，大家恭喜；然而，獲益最多者卻是美國。因為從美國送走的，是一批批具高級學位之已被同化的外國人。他們回去，正好領導各自的國家，齊力效忠美國。

美國是一巨大磁盤，國內各地被「平等」地濡化，外國人進入，又陸續被「開放」所同化。她強大自我國家，完全統治世界，可謂簡潔有力。

寫於西雅圖餵雞屋 二〇〇三年九月三十日 10:08pm

——本文原刊於《臺灣日報》二〇〇三年十二月九日。

魚水律法

自有記憶起，即常隨爸爸四處釣魚。四十年來，從臺北市內市外到北臺鄉地，眼望曾經留下垂釣上魚紀錄的湖泊、小川、沼澤、養池、野塘、甚至人工收費魚場，逐一消失。近年的經驗正是，從有魚釣到沒地方釣，或者大河集水區（如新店入山的燕子湖）坐半天，浮標就是不動如山。父親過世前的感慨之一，即包括了臺灣淡水魚滅絕的焦慮。

一九八三年來到美國西雅圖唸書，山水四處，海嗅河湧，湖塘天然，如獲至寶。稍事安頓，即匆忙趕至水邊下竿（沒車，路又不熟，走了一小時多抵達，也頗自樂），新類魚種上岸，更行興奮。然而，好日子沒幾次，慚愧的事即現。

釣魚需買執照，我依法行事。一次，一位友人協同前往湖岸垂釣，他不願十元美金買照，但現場卻央求借釣竿試運氣，反正山林野外，又沒人管。不想，才將竿子與他不一會兒，巡魚官員突現，要求檢查證件，發現我倆只有一張執照，狠狠訓了我們一頓。又次，到更偏遠的水邊，我一人拋兩竿，又被查到，指說一人只限一竿，再度被狠訓一回。兩次都是因外國來的新人之由，只訓不罰，雖未損失金錢，卻讓臺灣顏面盡失。懊惱之餘，才發願細讀所有規範。

在美國西區沿太平洋的華盛頓、奧瑞崗、加利福尼亞三州，均嚴定螃蟹只能捕取超過

6.5、6或7英吋的雄性大隻。若撈到雌蟹或未及尺寸者，必須放回。放生就罷，卻又要求不能從高高的釣魚專用橋臺上扔下，務要輕輕穩穩地呵著蟹隻，繞走遠路到平灘，先用水慈愛地潤牠身，再緩緩放走。因此，釣魚台走道，盡見釣客往來穿梭，每人捧護螃蟹，尷尬帶笑地走著。另外的規定如一人一天只能釣走八條鱒魚，港區內一人一次限三尾鱈魚，挖到的蚌類，不能超過一個標準水桶等等。若要釣鮭魚，則須另買特別執照，否則不意釣著，只能放走，同時，必須在證件上釣到之種類卡打洞，年底寄回州政府魚獵管理部，以期管控釣遊損失數量。至於抓蝦找蚌則又有第三種執照的要求，太小幼隻也要放走。弄清楚所有規定，著實已天昏地暗。但人家正是如此，才能永續好山好水，生態萬世健康。

一位同期同學，釣技一流，但他都是借足十數根釣竿，半夜出發，至一不欲人知的秘密釣場，回來時，滿坑滿谷，數百大小迷你蝌蚪全部照收。又有幾位朋友，也是半夜，開車遠程到一必須穿走鐵路橋樑驚險萬分的地點，偷抓螃蟹，也是公母黑白幼嫩小種百隻攜回，慶功大啖，毫無愧心。這些全是臺灣人。難道世上真存有一「臺灣人原性」？美國籍友人獲知，搖頭嘆息，氣得連罵都出不了口。

兒時與家父同訪的水澤消失，魚種滅絕，自然是經濟發展可能的苦果，但與上述這等國人無知無法無天的態度行為，必也難脫關係。大家講環保，人人談生態，基本的律法不全，全了又不放眼裡，土地地底水面水底，不成大片廢墟才怪。

回到自己的釣魚設備，看著臺北帶來十數大鈎成串的「蜈蚣鈎」（八里桃園海岸釣沙梭魚專用，千百釣客摩踵成排，一次十幾尾拉起，不兩天，魚量即耗），以及數十倒刃鐵鈎層層蓮花狀的「霸王鈎」（池塘水庫釣大型鰱魚專用，掙扎上岸的魚身，但見萬刺穿心），頓時臉綠，羞紅的無地自容。全數棄之，重新整裝，只置小小鈍鈎，魚兒輕輕勾上，隨即放掉，成了我日後垂釣的原則。畢竟，尋求半日閒是一大目的，魚朋當友，上岸招呼，又回水中戲游。心情好了很多，水世界更為安全，只是想起過去種種，包括臺灣與西雅圖，千思萬緒又起，魚水規範絕對必要，全臺正興的護溪護魚運動，期能具像化成條文定則，大家無條件遵行，共同與大自然愉悅生存。

寫於西雅圖餵雞屋　二〇〇三年十月十二日 9:37pm

——本文原刊於《臺灣日報》二〇〇四年一月七日。

雨水清涼　自然透心

一九八九年從西雅圖華盛頓大學畢業返臺之時，帶走一個問號——「為何這裡的人雨天都不撐傘？」今年九月回到母校訪問研究一年，重想疑問，或許正是解謎之時。

西雅圖春夏與秋冬兩段時節，前者（尤其是六、七、八月）天天日照，晝長夜短，風和暖麗，沒有一個人捨得放棄陽光，躲在家裡。大凡戶外的你，發覺天空漸暗，準備返家晚餐，錶上其實已近二十二時矣。後者則天天（九月起風，十月水來）滴滴答答，下雨不斷。依西方人習慣，找時間烤皮膚，晒的紅紅銅銅不足為奇，但濕漉漉之天，卻常見中小學生下了課，全部淋雨等校車，老師不來勸聽，父母更不會大聲指錯，唯恐孩子著涼。西裝紳士風衣女郎，亦多於市區間小雨穿梭。有次大冬天，一早雨雪交加，頭頂光透無髮的教授，披著雨衣進來，不見傘也不見帽，但瞧水珠顆顆，沿罩門經臉頰流下，未稍理會，即愉悅地開講。當時驚見，久久不釋懷，竟忘了好好聽課。

九月抵達之後，幾乎天天至湖邊慢跑，從餘陽、風來、到陣雨至，不給間斷。第一次飄雨時，曾遲躇一回，跑還是不跑？頂著毅力，仍前赴跑場。四英哩健步順利，緩緩走回，突然驚覺，「雨水竟如此清新，透心涼爽！」

為何不拿傘？原來美妙的天上水，甘甜芬芳，直接將人帶進自然，自己是天地的一體，何必遮掩。

雨水撫身只是當地人許多融入自然的行為之一。洛磯山脈由南北伸，至華盛頓州轉成卡斯喀山脈，將全境縱切兩半，西雅圖就是西半部的第一大城。冬天山上累積的厚雪，到了春天緩融入河，成為城市居民飲水的主源。雪水太好，因此人們喝水，龍頭一開，倒頭就灌。大家生水吃的健健康康。

夏日湖邊，大人小孩躍入玩水，身體纏著水草，附著魚味，高興地走上走下。休息時，又隨摘野生蘋果、藍莓、黑莓大口享用，好不快哉！

一九八三年來此求學，有幾回自己一人或與臺灣同學數人開車兜風，竟走不了五分鐘，就快快駛回學校。為什麼？因東向西彎，四處密林大樹，心生不寧，以為迷路到了荒野。哪知，路一轉，大建築就在旁。原來大西雅圖地區各市鎮盡是森林城市，建設一向積極，卻從不忘維護自然。只有自水泥公寓堆滿的臺北來人，才會土包子地看到綠色天堂心怕怕。

與自然為伍真是幸福。陽光、陣風、雨水、雪河、生飲、水草、野果、樹林，樣樣被西雅圖人日常擁有。他們親水親山親花花草草，不需做作，不用提計畫書申請錢，裝模造樣假山假水，也不必以此宣傳政績。這是人人共同生活的一部分，政府不費吹力，大家即正常的擁有。

雨水又來，心生喜悅，明天又有一甘浸身體，汗露交織的美好跑步午後。

寫於西雅圖餵雞屋 二〇〇三年十月十一日 10:56pm

——本文原刊於《臺灣日報》二〇〇四年一月三十日。

賭博人類學導言

常常聽到某某人「嗜賭如命」。生命最貴，而賭竟能與其爭位，顯見後者的無窮魅力。美國超級賭城拉斯維加斯日日夜夜室內室外，人擠沙丁魚，澳門大牌九賭場天天高朋，臺灣地下玩局，但見警察破門，多少掩面人在其中吹煙競錢。不論合法非法，政府主莊或民間投資，世界多處，正在博命賭金，目標就是獲取剎那戲玩的財利。

冒險是西方人自大航海大地理發現時代以來所形成的傳統，今日取代過去「實質」冒險一事者，是為至非西方國度觀光的「形式」冒險（即根本已毫無危險性，卻仍有蒐奇探異的冒險意象）。不過，無論真假，西方的冒險意識與行動，均是公開的（過去探險，王室教會作後盾；今日觀光，社會經濟大力支持）。這種公開性，直接促成了至少在北美洲美加兩國愈形蓬勃之與觀光有密切關係的賭博冒險。

賭博當然是一種終極冒險，美國有一百萬人因它而宣告破產，對家庭維繫具摧毀性的影響。清教徒文化的道德約制，從不間斷呼籲，卻仍擋不住公開冒險的五百年大傳統。從內華達州的全州賭局，大西洋城的都市賭場，中西部密西西比河流域的船舶賭玩，到一九八九年之後開放的印地安原住民部落賭盤和散見於各城市的特別賭博俱樂部，全美人人下注，尋得幸運。

美式賭博名為casino，常見賭客為一盤只有三分之一勝算的牌下大注，問之為何，答曰：「要不然來gambling做什麼？」亦即，就是有冒險，才可能獲大利。Casino合法，甚至有的高中夏令營就教學生各類賭戲規則，以備二、三年後成年（二十一歲）的入場。公開的結果，就是一切不足為奇，為怪或為壞。輸了，冒險失敗（就如多少早期移民探路船隻葬入海底一般），自己負責。贏了，正合於資本主義以最高己力求取最大利益的倫理。莊家玩家在casino按制度規則，禮貌性地互動（明明輸光光，還向發牌人致謝，表示自己今晚非常愉快），籌碼來來回回之中，時間正與祖先連結，公開冒險的致命遊戲依是蓬勃。

回到臺灣場域，直接想到千年「漢人—中國／臺灣文化」傳統。「漢人—中國／臺灣文化」人也冒險，但他們只能暗地冒險，賭是冒險類屬的大宗，因此，大家就偷偷的賭。大樓地下層，巷角陰暗處，眷村抽頭家戶，以及星級旅店某著名套房等，都見緊張兮兮，手握大小鉅款的不知名賭友。清季海禁，出海殺頭，卻仍見成批跑至臺灣南洋者。這些冒險家冒著比西方航海者更凶惡的險，兩者天壤之別在於，前者律法處死，後者政府獎勵。因此，閩粵出海者只能手腳躡躡溜煙。問及某家為何少了壯丁，多答遠赴外省經商或上山砍柴去了。

歷險開墾和賭險玩錢兩大刺激，都不能公開宣示，前者違法，後者不容道德。冒險人把兩者合一，反正全是在躲藏中博命。如此，也造成了個人一生多在地下或暗日中探險。近年不少臺灣人移出海外（也是冒險），他們多半不願太過公開。常聽聞某人某家已然悄悄搬到澳洲，不料移民監太孤苦，又神不覺地跑回。賭人賭錢賭家庭，一切不能聲揚，因總有心怯之事相擾。將來賭博合法了，會不會像西方一樣，大家公開現身賭場，以正當的成人娛樂視之呢？答案可能為否，因為傳統上冒險是要偷偷摸摸的。賭博隨附教條道德，加上黑社會色情治安的極負面想像，一個人若真想登門燈光亮麗的臺灣casino，恐怕戴上面具會比較安心吧！

寫於西雅圖餵雞屋　二〇〇三年十月十九日　1:35 pm

——本文原刊於《臺灣日報》二〇〇四年四月十五日。

從美國來的 Republic of Taiwan

美國的教授師長友人常會問及，「你認為臺灣將來會怎樣？」無論我的反應如何，有的只是微笑，有的則不待答者言畢，就舉出自己支持 Taiwan 與 China 根本為二的例證。截至目前，我還沒遇上一位主張近親血源文化就必須組成同一政治獨立體的大血統或大文化主義者。畢竟，從盎格魯・薩克森 (Anglo-Saxon) 民族的角度來看，籠統性的同一文化血統與否，根本與國家政體數量多少無關。否則該民族四處成國（包括大不列顛聯合王國、美利堅合眾國、加拿大、澳大利亞聯邦、及紐西蘭等），根本無從道理。

當然，今日世界也有少數像日本自稱由一個唯一「大和民族」（事實上，其族群內容一點也不同質）組成單一國家之例。但日本經濟社會發達，也少有人以係血統文化單性之因，提出足可信服於人的證據。國家完全是後天意識型態加上政治力組合的社群單元，五十年前國家總數與今不同，一百年前和半世紀前亦見大異，各地不斷上演組成、解散、重整、獨立等的分合戲碼。人類的群體性社會規造能力與智力大體僅及如此，實驗又實驗，總在尋求難以言喻的想像性美好未來。無論如何，可以確定的是，國家不會是真理，從歷史變遷的思維來看，將國家真理化的基本教義人，往往會被百千年後閱讀現時歷史的人笑話看般。悲哭血諫，就只為一可去可刪的名號，實真令人費解怎會形成如此短淺目光。耑此，吾人當然可將

「中華民國」束之古典記憶（中華民國在臺島五十數年，反向地蘊成了臺灣人尋得以平等、民主、自由、公義、人權、法治等為集體最高倫理目標，其耗力苦勞，可圈可點，若能功成身退，留下美好，不是很具智慧嗎!?），從而新建「臺灣國」，因為當下土地上眾人有此需要。惟千百年後，情況丕變，人們有另外的更佳選擇，「臺灣國」也不應抵死不從，俗套地重演各代先國前後令後人哭笑難擇的殘酷故事。「愉快的成立，瀟灑的解散」是為今天亟需建立的新國家倫理，它可使大家心胸寬大，確保和平。

一九八九年筆者在美華盛頓大學學成返國之前，並未取消西雅圖銀行的支票戶頭，一直維持至今。美國是一以信用機制維繫社會經濟發展的國家，因此個人支票開立簡便，商家頂多問一下票上住址是否為現址和電話號碼，就會收下。他們不怕跳票，開票人也不敢隨意空頭，因為幾次信用失敗，日後必定處處碰壁，工作租房買賣均會遭拒，下場慘兮兮。

提到這些，主要是二〇〇一年某日，我申請新的支票簿，通訊地址寫臺灣。數天後，收到十本盒裝寄來，開啟一看，票面發票人臺北住址最下印出“Republic of Taiwan”字樣（申請時，只寫Taipei, TAIWAN，卻被銀行自動加上Republic of）。曾經至銀行詢問，對方答曰可幫我換一批新印者，思考了一下，決定留住意外的「臺灣共和國」。

兩年來，凡來到美國，有機會就開支票消費，收票人小小看了一下，大都微笑地自然收訖。有兩次商家看到住址，驚曰，「哇！外國地址，真酷！」以及「臺灣？嗯，好國家！」

印有「ROT」的支票，在美國能通行無阻，的確有趣而耐人尋味。當臺灣有人還在對新國名恨得牙癢，並開始為老舊國名血淚交加之際，我已無意中率先享有使用新名的喜悅。支持臺灣，並不表示一定要以島嶼國族主義情緒為動力。自然地擁有這個國家，是福爾摩沙人民的權利，美國民間、銀行、學校、甚至一般官方，早就表現了尊重這項權利的行為（如我個人支票被行方主動正名ROT國號，同時各項開收往來的信用，也早已被百分百認可）。當然，我們所要努力尋求者，是在意義上超乎筆者此一個人「無意」經驗許多之「有意」的正式與正常國家。只是，臺灣國人務應以前文所提之「愉快與瀟灑」態度，看待新國家的未來史，如此，才能政治健健康康。

寫於西雅圖餵雞屋 二〇〇三年十月二十二日 3:15pm

——本文原刊於《臺灣日報》二〇〇三年十二月二十四日。

輯八

《西雅圖夏令營手記——一位父親的親子時間》序

一九九八年夏初，維安兄和我結束了哈佛燕京學社 (Harvard-Yenching Institute) 一年的訪問（按：歷史悠久的哈燕社，每年均邀請數十名亞洲領袖大學和研究機構的人文社會學科「未來領袖學者」前往訪問，臺灣按例有兩個名額），準備離開方才對她初播情種的麻州康橋 (Cambridge, Massachusetts)。送走維安一家大小四口所乘的機場專載巴士，雖然知道不久大家即會在平常又愛又嘆的福爾摩沙家鄉碰面，但仍有深深惆悵之感。原因無他，只是和維安兄可愛的全家在短短三百多天內，已結下相知相惜的不解之緣。

誠如維安兄在書中不只一次提及的，我們兩個都是一九五五年六月七日出生的（不過，他好像沒有把確切的年月日寫出來嘛！）。當在哈佛偶然間得知到這項大消息之後，我即拿自己與維安的學問相比，比來比去，發覺實在不如，因此，就向他表示，「八成是哈佛先決定邀請你，爾後因我在出生年月日方面混到了好處，才使直性子的美國人糊里糊塗地把謝世忠也放入了名單」。維安當然客氣地說，應是反過來才對。不過，自此，我們就開始善加利用同年同月同日生的神秘巧合，廣為宣揚，果然一九九八年六月七日，兩人終於賺到多位好友為我們舉辦的熱情壽宴。

維安兄長期研究韋伯 (Max Weber)，對理性本身的分析一向精闢，但他在生活上卻是一心思細膩，並對萬物充滿感情的人。我們在哈佛一行多人，曾於一九九七年十月五日前往新罕布夏州 (New Hampshire) 的白瀑山 (White Mountain) 欣賞楓紅。多數同行者會在初見紅黃金橙百葉齊現的奇景之際，大嘆美妙，但後來即興奮褪去，換上旅疲。唯獨維安兄一人，自早晨七點三十分發現第一片變色小葉開始，一路喃讚造物之神，直到晚上十點送回他們家，仍不曾稍停。現在，他把豐富的情感移往與康橋和波士頓（按，康橋為波士頓邊的中型城市）東西遙對的華盛頓州西雅圖 (Seattle)，寫出了這本輕鬆而又深刻的精緻小書，作為他的同年，真是又嫉又羨。唯一可以證明的，就是前述我對哈佛當初選拔情事的愈加可信。

我曾於一九八三至一九八九年在華盛頓大學 (University of Washington, Seattle) 人類學系就讀。之後，即到臺大人類學系服務，但自一九九〇年起，仍保持每年夏天（一九九六年因囊空如洗除外）回到西雅圖小待兩個月，憶憶舊，看看人，順便寫寫小書小文。由於對西雅圖的熟悉，在康橋時，我就不時對同於哈佛訪問的多位臺灣學者（包括維安書中提到的靜雯、竹師簡教授、潘英海兄全家等）吹牛。到後來，大家商議一九九九年夏天一起在西雅圖團圓。結果，維安和靜雯真的帶著家人去了，英海一家也到了距西雅圖不遠的加拿大溫哥華 (Vancouver, B. C.)「待命」，而我則黃了牛（理由是不小心當上了系主任，無法分身），只好在偶與簡教授的通話裡，表達內心小小的不安。

有不少人說，到美國的第一站，絕對不要選西雅圖，因為，看了西雅圖，其他的地方都會變得很遜。這話容有誇張，不過，和東部波康兩城比起來，西雅圖市的觀察視野，或平常可接觸到的範圍內，即有山（終年白雪蓋帽者＋住屋邊的連綿丘陵）有水（太平洋＋後院可及的大小內陸湖），而前者則只有單調而遙遠的大西洋水。然而，即使如此，各地實則仍有自己獨特的美麗之處。例如，新英格蘭（New England，指美國包括麻薩諸塞州在內的東北部六州廣大區域）四季分明的壯麗景觀（除了秋楓，夏天所見之青綠茂密的大小樹種，幾乎全數在春天均開有各種淡雅清香的花朵，美的不得了！），在西雅圖就看不到。而西雅圖所在的西華盛頓州雖美，但為洛磯山脈北伸大山所分隔而出的東華盛頓州，卻是內子與我共認北美北線州際公路（即Interstate 90）沿岸風景最「不能看」的一區（按：我們年已不小的小倆口，於一九九七年八月十五日從西雅圖出發開車穿越美國，二十四日到康橋；又於一九九八年七月十三日從康橋開回西雅圖，抵達時已是二十三日了）。從愛達荷州（Idaho）進入華盛頓州，大約三小時的車程範圍內，因大洋水汽為高山所阻，所以只見一片雜亂乾草，該區既無同是渺無人煙之蒙大拿（Montana）、懷俄明（Wyoming）及南塔科塔（South Dakota）諸州那等冷峻峽谷或遠煙樓蜃的神秘傳奇，也不見如愛荷華（Iowa）和紐約州鄉間的富庶農村。很公平，最好的和最不怎麼樣的，都在同一州。

維安帶著兩個孩子在西雅圖度過了一個令人感動的夏天。這份感動來自於孩子們對水、對陽光、對雷閃交加、對圖書、對直排輪、對動物、對老師、對同學、對好吃的餐點、及對父親的心疼等的天真反應；也來自於張教授對Sue和Max的無盡之愛、對自然界的心怡、對妻子的深情、對好友的真誠、對背痛的焦慮、對電腦的信任、對教育的觀察、對資源的珍惜、對文化的批判、對城市的感情、對社會的期許、對科技的分析，以及最重要的——對圓自己和孩子們之夢的永不放棄。

維安對自己的家鄉（包括出生地苗栗、工作地新竹，及廣泛的臺灣全島）有濃濃的情，對她愛之深，渴望越大。從書中，可以清楚地感受到，他對許多當今國人仍無法做到如西雅圖居民或甚至大多數美國人（按：張教授除了有康橋和西雅圖經驗之外，也曾在加州大學Davis分校待過一年），均早已成為無意識行動的一些基本為人處事方式，或平等與民主的內在修養，所表達的深切憂心。既是雙子座同年又同月日，兩人總有靈通之處吧！我於一九八五年六月四日在華大東亞圖書館內決定下月要返臺探親之一刻，曾以類同心情寫下一首小詩，

「在鄉怨鄉
離鄉念鄉
近鄉情怯
入鄉悔矣」

我們都希望自己的國家很好，但又很怕看到太多令人心傷的事實。不過，讀維安的書，

不會讓人有沮喪的感覺，反而，小孩子的活潑與快樂，直接注入了許多希望的活力。在臺灣生活，我們不便氣餒！

去年十一月中旬，維安告知他的書要出版，希望我能為之寫一篇約一千字的序。我回信曰，「若你不擔心大作因我的序而滯銷，那本大主任很樂意寫幾個字。」他立刻回電，「若拙作賣不出去，你請客就對了！」哈哈大笑之後，我小聲地說，「才一千字嗎？我好想寫個兩萬字！」維安以自己是過來人（按：張教授於一九九五至一九九七年任國立清華大學社會人類學研究所所長），知道我一定公務繁忙，所以很仁慈地只要求兩張五百字的稿紙。誰知道謝世忠是一個深怕人不知己的人，一路從康橋寫到西雅圖，好像還很不知足。記得在哈佛之時，我告訴維安自己把每天去慢跑的鮮水塘(Fresh Pond)（約與伴著張教授一家兩個月的綠湖〔Green Lake〕圓周三哩的規模相當）分成十二段，並各給與一個名字。他立即建議我將之寫成敘事體發表。現在《西雅圖夏令營手記——一位父親的親子時間》先行出版，對我是很好的激勵。踏著同年兄長的步伐，下回我的書也要維安寫一篇「一千字以內」的序。

末了，必須一提的是，原先答應十一月底要交稿，卻拖到今天，相當自責。現在唯有祈求書本能三白金大賣，而我剛剛一方面回憶著康橋維安家中享用過無數次華鑾大嫂所招待之水餃大餐的美味，另一方面也悄悄算了一算序文的字數，一共二千九百八十四字，不多不少！末了之後還有最後，最後祈盼臺灣各大小地區儘早成立「兒童圖書館」；也望「維安舊物捐售中心」來日能在本人鼓掌之下設立，董事長是張維安，總經理為謝世忠。同年的兩人，夢總是一起織的。

寫於臺北芝山岩 二〇〇〇年元月二日 當天陽光終日吻灑寶島，不捨暮臨。

——本文原係《西雅圖夏令營手記——一位父親的親子時間》序言。2000 張維安著。頁 1–7。臺北：生智。

她的人類學

人類學是一門令人難解的學問，而這份「難解」的源頭就在於研究範圍與對象，和研究者所認知之知識範圍間的矛盾。換句話說，人類學家深知人類多樣地域文化 (local culture)、歷史文化 (historical culture)、社區文化 (community culture)、甚至國家文化 (national culture) 的存在，也多主張應多方欣賞這些不同單元範疇的文化體；然而，人類學界中卻始終有一股反動力量，一直在方法理論上教條化自己，繼而全盤盲視他人。這個現象在臺灣也頗為明顯。

總之，人類多樣文化的存在，似乎並沒有給予這些教條理論家們多少有意義的啟示。他們效忠單一進入人類學知識世界的管道，崇拜單一版本的民族誌文本系列，甚至營造出單一唸書的感覺。這些顯然與「多樣」背道而馳的「單一」，共同生成了一種「神聖化」學人類學的絕對態度。對教條理論家而言，永遠就只有他們認定的單一或唯我人類學。這個真理性化的 Only Anthropology，阻止了學子們喜悅感的出現，不讓大家愉快地 enjoy 知識，也緊繃了不少人憤恨的神經，甚至導致永遠的沮喪。

不過，雖然如此，堅持與文化多樣性相呼應，從而廣納各種形式之人類學存在的研究者，也不在少數，我們以為應繼續給予他們最大的鼓勵。最理想的情況就是，妳（你）的 (your kind)、我的 (my kind)、及她（他）的 (her or his kind) 人類學 (of anthropology)，永續地進行多樣對話，大家一起拒絕接受教條理論家的苦瓜臉生活。我為這本書寫序不因它是一精美大書，也不因係身為作者丈夫的自然義務，最主要的就是期盼與讀者們共同來欣賞一種獨特的人類學——李莎莉的人類學：她的原住民服飾人類學。

我們都會上街選購衣服，而潛意識亦即會於此時發揮作用，指導自己依所屬階級、工作、性別、年齡或需求情境來進行擇選。換句話說，衣飾的表現具有完全的文化意涵，也常成為各個次文化的分野指標之一。客觀而言，今日臺灣的服飾穿用，早已幾近全盤的美國式西化或東洋式的西化，但它終究是一種人們日常生活中自然而普遍的行為，因此也充分展現了當代臺灣的衣飾文化意義。然而，這種類似「本土化了的」西式服飾選用慣習，由於與國際的瞬時流行趨勢過於緊密呼應，它的全球文化特性因之往往壓過地域文化的表現，所以要系統性地指出現代臺灣人具代表性或顯現族群性的衣飾文化，並不容易。相對地，同樣在福爾摩沙，相較於主體社會，原住民於流行服飾文化之外，多數仍繼續擁有深具傳統意涵之衣飾製作、使用和保存的生活，而這個生活範疇就是族人與祖先常續對話的最重要象徵。李莎莉的書將原住民的傳統服飾作了大規模的分類整理，讓我們充分感受到祖先的資產在此，文化的心血與榮耀也結晶於此。

書中所蒐列介紹的每一項衣飾用品，均為各族部落的成員，於不同時空中，為了各種目的所製作。有的代表一個個人自以為傲的社會角色，有的述說著一份家族綿延的故事，有的展現出族群歷史中的適應智慧，而有的則足以使人立即建構出豐富的文化史想像。從色彩、圖案、線條、大小、到形制，在在顯示族人們對身體外型解剖學上的敏銳性關照。換句話說，琳琅滿目的衣飾，事實上即代表著原住民對人類之身軀各部分的細心瞭解。從頭部、上額、臉龐、兩頰、耳朵、頸部、肩膀、上身、胸部、腹部、腰部、下身、臀部、上腿、下腿、一直到足部，族人們幾都會為它們分別創造局部性的衣裝飾物，然後再予以整合而成一套套祭典、出獵、結婚、送葬或日常使用的全衣。李莎莉觀察入微的工夫，正好非常適於對細緻如靡的原住民衣飾文化進行探索。我們從數百幅大小圖片和無數的尺量說明之中，看到她的超人耐力，也藉此驚豔到了原住民服飾藝術美學和文化的深厚。單是在這個意涵上，本書的貢獻已是相當卓越了。

李莎莉的原住民服飾文化人類學，就是建立在欣賞、享受、讚嘆、乃至於心疼於族群傳統技藝的基點上，透過這些感覺，使我們能緩緩進入瞭解原住民的境地。前文提過，人類學的「種類」是無限數量的，相對於多數學院學者（最典型者例如被認為是「族群」研究專家的謝世忠）日理與政治角力、經濟剝削、人際衝突、性別層化、階級沙文主義、族群憎恨或意識型態暴力等相關的議題，李莎莉的人類學顯然是溫柔、包容、美麗、和平、真誠、及母性的。「她的人類學」(her kind of anthropology) 有如生硬而劍拔弩張之學術語言世界外的一股潤滑力量，我們心喜這本色彩繽紛的大書應時出版，也常會發現自己在來回翻閱之時，總是輕輕細細地；畢竟好辯的學人學生們，在裡頭就是找不到激起攻擊性的源頭。

認識李莎莉三十年了，和她成為夫妻也已十二年了，但很慚愧地，一直要到四年前她開始著手於本書的撰寫工作不久，我才在某天早晨突然頓悟式地發現，多年來全心負責管理家務的妻子，對於原住民的服飾，竟是那麼地熟悉。這是一個一向習慣於自我的男性，不曾開眼認真認識女性的小小「悲劇」。慶幸的是，妻子總是大人胸襟，而我也清醒得時，始終未再多浪費一分一秒得以佩服「在家女人」之學術專業的時間。兩年多前，莎莉開始任職於臺灣民俗北投文物館，家裡也愈來愈多如下的電話：「喂，謝教授嗎？您好！對不起，我找李館長。」心頭酸酸的大男生，終得要學習誠懇地向「傳統小女人」的多樣能力致敬。妳（你）現在問我最喜歡做什麼？告訴妳（你），我最愛當漂亮館長的接線生。

寫這篇序文之時，依是十分沒有安全感，想不通的是，外行人哪來為內行寫序的資格？只是妻子既有這麼一個「大大出名」的機會，我沾點邊高興一下，好像也不錯！

寫於遠離人聲入天之 Harvard Square 外的 Fresh Pond 邊邊車聲震人的
小小寓所內 Cambridge, Massachusetts 一九九八年一月二十日

——本文原係《臺灣原住民衣飾文化——傳統、意義、圖說》序言。李莎莉著。頁 10-12。臺北：南天書局。

人類學家的淚——《臺灣原住民的族群變遷》原序

研究臺灣原住民的族群意識和社會運動，迄今二年又七個月，方才，第一次灑下壓抑了九百三十天的淚。原本，我還不讓它流下，然而，欲蹦裂的胸膛，激盪著泛紅的雙頰，終於，它泉湧而出，濕了衣襟，濕了稿紙，也濕了正在處理的照片。頓然，如同通上了電，從華盛頓大學靜寂的研究室到沸騰的臺灣，我見到那群屹立不搖的鬥士們神采如昔，壯志依悉。至此，我明白了這些具豐富感情之令人尊敬的原住民朋友，終將會有把人性藏於冰窖而板著學院面孔的我「征服」的一天。今天，他們成功了。

一九八四年秋季，透過了所修的一門課，我決定把族群意識、族群關係等相關課題，當作在華盛頓大學人類學系學習的主要對象。原因一則係臺灣人類學仍缺乏該類的研究，再一就只是興趣與好奇了。就在這個時候，從零星的資料上，傳出臺灣原住民創造了「原住民」這個名稱，同時結成社團進行活動的訊息。馬上，我的腦中閃出了一個念頭——是否我學到的理論，可以從臺灣原住民的例子上得到驗證？於是，著手擬訂研究計畫，幾個月後，我分別取得了華大人類學系和行政院文化建設委員會的經費補助，同時，也獲准以訪問學員身分在中央研究院民族學研究所研究。一九八五年七月中旬，我返抵臺灣。

從進行研究的第一天始起，我就決定作一個冷酷的人。因為，臺灣原住民的族群狀況，對我來說，只是一個例子(case)，我要完全超然於他們的活動之外。我計畫以探測這個社會實驗室的結果，來檢討人類學的族群理論。換言之，學術發明是我唯一的目的。

造成這樣的決定，當然其來有自。首先，我不滿於我一些老師們和學長們的作法。他們以「社會醫生」自居，他們認為自己已透過人類學的知識，完全掌握了臺灣的社會。他們要醫治它們。因此，對於近十幾年來之原住民，這些學者們就專注於他們遷移到都市的調適情形及所產生的社會問題。

在遷移的關鍵點上，討論從未超出「推力」與「拉力」比例多寡之爭。調適情形的重點，也僅在於以職業、居住、人口等之有關數字的統計與描述。至於所謂的「社會問題」，則更是象徵著學術生命的結束。換句話說，他們揭發了問題，接著向政府做了點建議，然後結束。

上述的這種研究，實用性目的味道很濃，缺乏學術價值的一方面先暫且不提，它們對於原住民是否產生了有效的幫助，也頗值得懷疑。因為，學者們好似隔著牆，在肯定牆那頭的事物。他們從未真正地去瞭解原住民個人與整個族群，在心理上如何詮釋這個社會，以及自己與該社會的關係；另外，他們也沒有去思考現在原住民的意識或認同系統，到底真相如何。因此，這些過去忽略的，也就變成我研究的主要範疇。但是，我不是要當一個「社會醫生」，因為，我一直相信那會扼殺學術。研究的所得，在我單純的意志裡，只為給予大膽的詮釋，從而創造出新的假設或理論。

我假想，臺灣的社會科學家，再不發揮浪漫式的勇氣，激發起與典型中國文化所制約的思維途徑相反的想像力，那將永遠做不出足與西方問鼎的學問來。

據此，我有自圓其說的理論基礎，更有成為一名先鋒者的使命感。為了宣揚我「純學術」的執著，曾經多次和同學們激辯。幾乎沒有一個人同意我，大家都贊成到頭來一定要回到我們這個社會。愈是如此，我愈覺得自己的「可貴」，信心也愈形堅定。我心裡想：這些人拿到高級學位，當了教授，下一步就等待仕宦之門。若不成，求其次，當當社會醫生，至少也有著意淫式的滿足。你們不想發達學術，我單獨來。於是，我開始往返奔波於「臺灣原住民權利促進會」、都市原住民社區、山地管制區、「玉山神學院」、以及「中研院民族所」。兩個半月後，攜著滿囊一手資料返回美國。

一九八六年五月，我大致完成了研究論文的大部，並得到教授們共同的肯定。正巧時間上的吻合，我報名了芝加哥大學主辦且即將召開的第二次「臺灣研究國際研討會」。七月七日下午，我成功的以英語宣讀了這篇題名為「族群接觸、污名化的認同、及泛原住民運動──臺灣原住民族群變遷的研究」的論文摘要。到了九月底，該論文的中文版打字裝訂完妥，在分別寄送一份給文建會和民族所之後，整個過程告一段落。

基本上，研究的結果與我在研究前為自己立下的決心全然一致，我頗為自己的堅守原則感到驕傲。至少，我從完全客觀的立場，以兩個在臺灣未曾出現過的概念──「污名化的認同」

(stigmatized identity)和「泛原住民運動」(pan-aboriginalism)貫穿全文，並藉此檢討了族群意識和族群關係理論的一些問題。我的一位指導教授告訴我，這篇論文不僅對中國研究提供了一新的方向，同時，也對社會科學的族群理論注入新血。換句話說，在純學術的範疇上，它是有相當貢獻的。

完成了一件貫徹原則的事，雖使自己信心大增，但是，我並不快樂。這些日子來，天天伴著我的，除了大批記錄卡、問卷、文件、及書籍之外，就是一張嚴肅的面孔。拿起鏡子，反映出的是個千頭萬緒的問號。我知道這位鏡中人早已在心底掘了深深的窟，而這裡頭三十幾個月以來，已裝著層層滿滿用鋼鏈牢鎖的結。這片結網驅策著我不得不捏凝出一個不明朗的臉，因為，結的本身就是以無數的痛苦、嘆息、無奈、憂愁、傷感、及夢魘等共同混成的。這種種的生成，就只因我認識了今天臺灣原住民們最坎坷的一面。

在決定只為學問而學問之時，我忽略了一件事，那就是與傳統人類學研究臺灣「高山族」的物質文化、社會制度、宗教信仰、神話、音樂舞蹈、或語言等，可以完全把之當成一客觀而距我遙遠，並與我無關之異文化的處理方式大不相同的，我必須進入到原住民們的心理和意識深處，我必須感受到他們是和我同處一個社會，我必須承認他們有太多太多我永遠不會遭受的痛苦，我也必須接受一個原是這個島上的主人族群，而現在竟處於存亡邊緣的殘酷事實。後來，太多的震撼與頑固原則之間的衝突與矛盾，幾乎使我在完成寫作前，就全盤崩潰。

按原訂計畫，撰文時，我盡量用完全中立的文字來敘述。恥為「山地人」的現象、山地雛妓與童工的氾濫、海難與被扣船員的乏人關切、土地喪失的求訴無門、及遷徙都市者的淒涼等，都被我強力地壓往純粹只是建立理論的分析現象。據此，我證明了山地人把「山地人」的認同，視為是一種污名，論文也得以完成。

不過，如我在前面提到的，在寫作過程中，心底已慢慢形成許多痛苦的結。而第一次讓我驀然驚醒的，是在多次與華大人類學系教授討論這篇文章之後，我發覺他們是如此的冷，他們只對研究方法、材料、及理論感興趣。文內所描述之種種臺灣原住民的遭遇，沒有使我看出他們有任何同情的表示。我在想，那不是與我自己所呈現出的表面完全一樣嗎？對啊！臺灣原住民離他們遠遠的。他們就和我當初在閱讀一些如 **Lapps** 人在挪威，印地安人在美國，或 **Bajau** 人在菲律賓 **Sulu** 群島上等居於劣勢族群地位之相關資料時，只有興趣與好奇的反應一樣，是產生不出激盪情緒的，因為學者與該劣勢民族之間，並無血脈或感情的瓜葛。但是，我能繼續和他們一樣嗎？我親眼看到臺灣原住民的情形，也仔細地處理過所有資料；尤其，他們都已成為我的朋友，更是與我、與所有國民一樣，具有當這個島之主人的完全權利。我能就此結束嗎？從此，椎心的衝擊，常常在午夜夢迴中出現，痛責自己冷漠的內疚也時而浮現。

今年三月間，經和自立晚報出版部洽商，準備以專書出版我的這篇論文，最後的工作是要整理出一些照片隨附書中。「臺灣原住民權利促進會」前任會長路索拉門．阿勒先生很慷慨的提供數十張珍貴照片，並由內子李莎莉女士複印一份從臺灣轉寄給我，以便在照片下作些說明，然後再寄回排印。信於四月二十四日寄達，我計劃於一天內完成工作。然就在翻閱照片後不久，我感受了更強烈的第二次警醒。這次，不再是只有懷疑、自責或把憂愁隱藏起來，我決定以行動表示了。

原來，這批照片一共三十二張，我一張一張的作說明。然而，它們所反映出的原住民們失去親人或家園之後的悲痛，處於生存邊緣所發揮出來的勇氣，以及「原權會」的先生女士們為自己同胞竭盡心力的赤誠，一一給了我電擊般的震撼。到第八張時，再也無法繼續工作。我發現我急需宣洩，我要平衡那達到學術研究目的之後仍然空虛的心。

奪眶而出的淚，竟不知停止。多少反省就在這個時候深刻的出現。從西雅圖碼頭乾繭密佈而禮貌周到的老印地安人，想到無神地望著秀朗溪乾涸河床單純而善良的原住民移民；從在田野時，不止一次地聽到原住民朋友與奮地告訴我：「我們最喜歡人類學家了，因為你們會替我們說話。謝先生，謝謝你關心我們原住民」，想到有一位來自蘭嶼的花蓮玉山神學院同學向我說：「謝先生，麻煩你回臺北後，請劉斌雄所長（中研院民族所）要他們將那些核能廢料馬上撤離蘭嶼」；也從原住民嘹亮的歌聲想到他們的悲歌；我想，我應該為我的朋友做點事了。

調整了筆鋒，先一口氣完成這篇文章，接著，我準備用和正文完全不同的文字敘述概念，來說明這些照片裡的故事。我要把原住民們的血淚和疾苦寫出，我期望全臺灣的人共同覺醒。

李壽全的歌聲又起，他為一位守在殘缺角落的藝人寫了曲子，不知道他有沒有想到，有一整個被與他們生活在同一空間的人，擠到更陰暗黑洞的族群，也期待有人為他們唱出生命？走筆至此，望著我在「海山煤礦災變本坑洞口」該張照片下所寫的，「怎樣當一個『人』，在二十世紀即將結束的今天，許多生活在這個島上的，仍然茫茫無知，更遑論如何去愛護自己的國民和同胞了」，一個夢想明顯具形。它是包括馬丁路德．金恩在內的千千萬萬有良心的人都有過的夢。那為什麼我們不能使夢成真呢？如果你要問我應該怎樣做，我可以告訴你，並不難，只要我們共同全力去幫助那些失去尊嚴權利的朋友，使他們得回他們所應擁有的。

寫於西雅圖一九八七年四月二十六日凌晨

（按：本文原擬作為《認同的污名——臺灣原住民的族群變遷》乙書自序，後因故以另文代之）

山海十年　大川五十

一九八〇年與一九九〇年之交，正值臺灣原住民過去近半個世紀被動地被政權規劃生活改進，以及靜靜地在家接受人類學訪問的時代，已然迅速褪去。當時有兩類新款專業者，無時不以其敏銳的目光，搜尋可能的契機，試圖握之竄出，進而積極開闢認識原住民的新模式。第一類來自於原住民社會，第二類則多具人類學者身分。兩類社會歷史文化高感應度者，當然也在苗茅初起，夥伴待覓之際，互尋對方。英雄惜英雄，想像中，大家應是站在同一邊作戰。就這樣，第一類人士孫大川和第二類族人謝世忠於一九九一年巧遇了。

認識之時，兩人熱情握手，眼光曖昧，注定要相知久久。果然，不一會兒的幾次見面，誠意注入益深，愛護和支持對方自不在話下。

大川為臺東縣卑南鄉下賓朗村的卑南族人，獲得臺大和輔大中國文學與哲學學士、碩士學位後，前赴比利時魯汶大學漢學系深造。原可順利完成博士學位，然基於原住民在臺灣已臨存亡關鍵，不得不犧牲在歐陸伴有美麗傳說或莊嚴宗教故事之峻冷森林中的靜思享受，課程修畢，即束裝返國，投入文言筆論的工作，直到今天。

東吳哲學系眼光獨到，聘任大川為專任講師。外雙溪的十年，提供了孫老師團隊建成的基礎。學問紮實淵博，從老莊魏晉一直到傳統儒學與新儒學的交融體驗，孫氏哲論折服了青年。尤其再加上原住民「黃昏」大著上頁的潺潺細膩，突躍下頁的澎湃濤湧，小詩交響，笑笑淚淚，動人肝弦，學生學友及族人同胞於是齊力向心。

《山海文化》雙月刊，自然順勢，水到渠成，一九九三年正式誕生。事實上，原住民自己的平面媒體，早在八〇年代已有如《原住民》、《山外山》、《原報》等數種的問世，在新聞性、批判性和社會公義議題上，報刊上直接的文字，扮演著時時提醒人們的角色。不過，除此之外，孫老師認為，族群文化歷史的生命必須恆續燃亮，哪怕光源心蕊時而晦閃焦躇。文學創作、文學評論、文化分析、口語傳統、長者哲思、我們的歷史、以及人類學批判等的作品場域，自是必須園地充沛穩固。終於，孫老師團隊大大小小，酒酒唱唱，興奮而希望無窮地在向內政部登記的「中華民國臺灣原住民族文化發展協會」名下，創辦了《山海》。

《山海》以彩變封面、主題導引、多樣內容、文字精練、資料完備、紀年詳實、不輕不重、大小適中、及熱力四射兼寂孤藏深為其特色。發行了數十期，這份充滿母性包容和祖靈庇祐的刊物，成了臺灣原住民現代史的經典，人人必讀，天天都有爭相購藏者。筆者身為她的讀者兼作者，貢獻不是太多，卻亟想同享光榮。

去年孫老師順利升等為副教授，並在充滿好人好事的東吳大學哲學系同仁祝福下，不捨地離開了臺北，受聘擔任國立東華大學原住民民族學院民族語言與傳播學系系主任兼民族發展研究所所長。前赴花蓮前夕，孫所長不只一次和筆者談起對原住民學者、學生、以及民族學院發展前景的期許和憂心。顯然，他係以重責在身的使命，接下新任務。筆者的個人立場，自然是為民族學院和學生們有了孫所長的加入而慶幸，雖然自己深知工作勢必艱難，人也會跟著領受折磨。好在孫謝兩人老大不小，早已不在乎體態容顏，臉皮厚厚之時，想像著仍有辦法以知識魅力吸引小朋友，滿足就寫在臉上了！

《山海》曾在孫所長一九九七至二○○○年到行政院原住民（族）委員會擔任副主任委員之時，第一次經驗了必須在創辦人不能常常在旁之時繼續運作。如今孫所長的任職東華，應是《山海》第二次大人不在的獨立時間。幸運的是，孫老師團隊長期以來工作績效良好，人數不多，卻都能默契體諒，因此，任何兵水困難，均能以將士之勢完善應對。這一、二年來，《山海》財務一直吃緊，但理念理想永不抹滅的團隊，在大家的大哥老師兼所長主任的鼓勵下，鬥志仍然高昂。此時，筆者突然又次生成尋貼「同享光榮」響牌之大欲，畢竟，即使只會口語說說，精神總是與他同在。

當年大川信誓《山海》一定要撐過七年，而今年已滿十年，真是大喜賀喜。而我們的大哥一九五三年十二月十八日出生，到今年的同月日，正是五十大壽，姐妹兄弟們等著在「認同的污名」早已自原住民身上遠飄無影之時，用力同聲「久久酒一次」！那一天，多元的臺灣杯杯流情，大家期待《山海》的繼續引領，也祝福壽星大川教授長長久久如奇萊之俊，如都蘭之帥，如大霸尖之壯。

恭喜原住民！

寫於二〇〇二年十二月十四日

邵人飄零——日月潭畔的情怨與生死

楔子

去年九月甫自西雅圖渡暑返臺，準備臺大開學，即接到一張來自日月潭的訃聞。印象中，這應是近二、三年不知第幾次收到德化社（即南投縣魚池鄉日月村）邵族原住民友人的死訊了。匆匆前去，八十幾歲的長者，過去曾給予筆者在田野中多方的指導協助，如今在極度衰弱了十數月後，溘然長逝。禮數盡畢，族人見著，多是笑容拉手，喧談問暖，甚是感動。待了兩夜，中午時分北返前，走訪了仙逝老先生的女兒。言談中，她的「謝教授，這兩年村莊很不平靜。你走後，我們邵族也跟著走了大概十個。我們這一族原來就沒幾個人，現在又消失這麼快，你說，邵族會變成怎樣？常回來多關心我們嘛！」一語，觸動之深之痛，久久難以撫平。

日月情誼

一九九〇年筆者臺灣南北走，主要係為研究原住民地區的觀光文化進行田野調查。到了日月潭，短暫的幾天，對邵人渴望發展觀光和自然地已稱為「番仔」(huan-na)兩事，留下了深刻的印象。當時告訴自己，日後一定要專題來瞭解邵族。五年後終於有了機會，行政院國家科學委員會核定的一項多年期委託計畫，讓筆者自一九九五年起得以長期參與德化社居民的生活情境。不消多時，臺大研究團隊幾乎認識了全族的二、三百人（筆者認為，並不必要去爭辯邵族確定人數到底有多少，畢竟，在血統、文化、及行政等不同準算方式下，數目會有不大不小的差異）。大家共處愉快，一陣子沒來日月潭，在臺北的人類學師生會感到不安，彼地的族人也相對地常表思念。又見之時，大人小孩，真情歡愉，湖水深誼總是盎然。

浪起色變

雙方關係的紅燈，亮起於筆者第一篇邵族研究論文在會議上發表後不久。一九九七年夏初，宣讀完該篇部分論及國家派出機關或多或少經費補助邵族重要祭典，所引發的依賴性文化體質問題和社區金錢猜忌危機的文字（該文即謝世忠與蘇裕玲合著，1998，〈傳統、出演、與外資：日月潭德化社邵族豐年節慶的社會文化複象〉，《考古人類學刊》53:145-172）之後，筆者即赴美國哈佛大學哈佛燕京學社訪問研究一年，直至一九九八年九月。回國之時，正值邵族農曆八月豐年節前夕，立即趕往探望老友。未料先是見著數位眼神怪異，不久，一位女士長篇數落筆者「不應說我們壞話，我們邵族也有好事啊，譬如風景優美，人很漂亮」。莫明驚覺之際，另一位先生幾乎起了拳頭相向的動作。事後，一位年輕的族人朋友告知，有地方文史工作者拿筆者的文章在庄內四處轉述，極盡負面指控，並要長老們不要再接受「外人」的採訪。走調之際，一名先生媽（女性巫師）甚至質問筆者，是否亂寫「邵族有姓毛的，是因頭上無毛；有姓袁的，是因看的很遠；有姓石的，是因頭硬得像石頭？」略經調查，發現這些謬說，正是一位文史工作者嚮導觀光客時的戲謔誇詞，且亦已被收錄至地方報導手冊中。只是不知為何在口傳中，它們都成了筆者的「創作」。

田野倫理

臺灣人類學界對研究倫理一直沒有積極性的重視。換句話說，絕少看到學者在學術會議中專論之，也不常見刊物論文述及相關議題，更遑論聽聞專著出版。在鳳毛麟爪中，筆者不避宣揚，計曾發表過三文（即 1987，〈民族誌道德與人類學家的困境：臺灣原住民運動研究的例子〉，《當代》20: 20-30，1991，〈學術觀光與人類學田野倫理〉，《臺灣史田野研究通訊》21:78-85，1997，〈完人，超人與護權：人類學的倫理迷思〉，《當代》124:96-105），也多次在課堂上告知學生，不把研究倫理（尤其是在田野中）當一回事的人，根本不適合也沒資格作人類學研究。如今，很諷刺地，「人類學倫理專家」於所進行的邵族研究中，顯然已在該場域徹底失敗。失望的心情，導致了自己對邵族熱忱的相對冷卻。

撤退並不表示自己承認在研究過程中「真的錯了」。在族人面前，筆者未曾有任何辯解。己身的沉默與對方的全力渲洩，成了強烈對比。後者的激動之勢，有如水沙連原住民數百年委屈的傾巢而出。不少族群成員在物質上雖貧雖弱，卻於爭得「我們邵族」整體門面的思維中，展現了認同的韌性。筆者始終不認為，老是唯美式地真理性化「傳統」，或賣命的以影視文字留下「傳統」，就是對臺灣原住民或邊陲地方社區唯一的功德能事。虛構性（如前述誇張姓氏來源）、浪漫性（如風花雪月的介紹文化）、或人造性（按：筆者曾親自目睹兩位南投地方人士，合力安排身穿「神愛世人」背心之邵族長老患有精神疾病的兒子，站立於祭典特建之祖靈屋前，以供其攝製舊新信仰對比的鏡頭），均非真實，所以當然不是人類學者應該做的。看到社會問題（如村中的金錢猜忌）和文化危機（如祭儀的行政依賴性年愈嚴重），研究者不可能視而不見。在已盡到保護關係人的匿名示情前提下，將之寫出來，求的是一種真實生活的瞭解。它不僅提醒你我，警示族人，更積極地反省政策。族人不悅可以理解，但若永遠掩飾在文史狂熱之虛構、浪漫與人造的罩頂下，邵人恐怕更難見前景。

兩年絢爛

九二一大地震對邵人而言，似是一大契機。南投是重災區，邵族作為人數最少的超迷你族群，其命運自是倍受關注。雖然全族並未聽聞有傷重者，但緣於災後的各項客觀環境，邵族成了原住民世界中最受囑目者。各級政、學、教界負責人陸續前往慰問，而邵人社團領袖也適時提出重回祖先居地、恢復傳統地名、以及建造具文化特色的原住民專有組合屋區等要求。媒體的多日報導，加上焦點性的關注，奠下了邵族三年後被政府正名接受的基礎。

一九九一至二〇〇一年是邵族的絢爛期。不僅輿論的全面支持，一批批各式工作團隊進駐協助社區運作組織、進行文史調查研究或慰勞打氣。筆者除了一次滿載蔬果大米專車親送德化社之外，兩年間其實與族人們並未有太多聯絡。螢幕報刊上多次見到熟悉的面孔在邵族議題上出現，心起潮落，觸感難形。惟已然撤退研究的我，大抵也只能寄與深切祝福。

人物殞落

邵族的災後社會顯性，似已帶動了潭畔原住民未來生存發展的偌大契機。然而，誠如前文提及，這幾年多位族人的相繼逝世，引起不少人憂心忡忡。這些永別了的朋友中，包括：曾於特產行前攜酒演出「番仔」狀，以合外來人印象的BS，曾是眾先生媽之首的AM，曾是努力扮演好「副頭目」角色的TB，曾是主持去穢儀式的LS，曾是「毛王爺」家嗣的成功企業家KH，曾是創意十足卻沉酒不起的年輕新任先生媽BC，曾是平地人商街中少數邵人小小行號主人的KH，曾將筆者助理灌哭的酒罈勇士JH，曾是湖邊主要藝品店經營者的SH，曾任祭典兩大主唱家族之一的SL，以及不幸疑遭毒害致死的SL之女等。

二、三百個人的群體，能堪得住如此的成員消失速度嗎？而絢爛的兩年，美觀的竹木編組合屋，以及光彩的正名等等美好之事，落實族人最終目的了嗎？有人過世的當年，按例不能在八月農曆過年時推舉爐主擴大慶祝。沒有爐主，就使外族（如布農族）嫁進邵人社會的女性，失去了可能經由儀式被祖先認可的機會。幾年下來，由於喪事不斷，在成年人世界中，文化規範（而非血統算計）下的邵人人口數只減不增，再加上世代間儀式技能銜接緩慢，母語對年輕人又難上加難（按：祭儀過程中必須使用母語，方能有效與祖靈溝通），你我自認關心邵族的人，難道會不著急嗎？

結束語

二〇〇一年之後，藉由至清境農場進行滇緬多族群移民社區田野研究之便，多次中途彎進德化社探訪老友。大家熱烈依舊，過去怨情早已拋忘。談及幾年的「消失」，族人們莫不表示遺憾，更明白希望能常看到筆者的造訪。建立友誼不易，摧毀它卻輕如反掌。自己造的，就要自己面對。族人的寬大，是拉我回籠的主要力量，其中幾位知心者，亦已充分明白，凡與外溝通，「文化」本身和族人生活狀態，務求不被虛構，或不過度浪漫的重要性。時間飛逝，絢爛期的眾工作隊或已陸續離去，留下者，仍是邵族自己。

族人的協會組織必須在媒體焦點不再之時，繼續面對現實的困難。這些困難或許是九二一之前已存在的，也可能是轉回平淡之後的副產品。惟大家經由過去幾年的紮實洗禮，經驗已然豐富。人員凋落或是一大問題，但也不必一定會造成絕境，只要堅定自我認同的目標明確，飄零之際，依能強固重整。至於我呢？他們是我朋友，日月金蘭映潭深，因此，理應結束「研究撤退」的沮喪心情，多多回去探望，多寫作，寫什麼呢？當然是寫真實的邵族故事！

——本文原刊於《原住民教育季刊》2003/31:121-124。

考古版「石頭夢」——卑南、臺大與史前館

近些日子，卑南史前文化遺址主要發掘研究者、臺大人類學系、臺大本身、以及整體臺灣人類學界，分別受到來自各方不同程度的批判。主要理由是，人類學系長期「霸佔」臺東卑南遺址出土物，不願「歸還」給臺灣史前文化博物館。二十多年前因東線鐵路施工，藏地數千年的遺址現世，臺大考古人類學系（按：一九八二年改名人類學系）師生，在當時文化資產觀念模糊，怪手天天升火搶工程進度，再加上盜獵文物者四佈，以及經費極其有限的惡劣景況下，密集地進行十數次搶救發掘。終於，護住了百餘箱出土物，其他來不及抓入工作人員手中者，包括千百具石棺在內，全數滾入烈陽，化為砂土。當下指控臺大「竊佔」祖靈的地方人士可知否，祖靈斷魂的時空，正是一九八〇年代初始的臺東新站建地工事，而護住殘續祖靈，並且一護二十餘載的人，不是別人，就是現在被眾人口誅筆伐，外加馬上要被舉條抗議的臺大當年原發掘者和人類學系？

臺大保管這批從萬難之中搶救而出的卑南出土物，二十年來從未間斷研究。原發掘人轉為主要研究者，發表了許多極具貢獻的論文、報告和專書。有興趣者，稍稍翻閱書目引得或上網搜尋，就可飽覽資訊。出土物本身僅是一項項物品。人類學者或考古學家關心的是文化脈絡與社會過程，為獲取文化史的答案或社會結構的謎團，研究者必須非常謹慎地分析包括

出土物在內的種種發掘訊息。若缺乏社群生活和文化面貌的解釋，出土物再怎麼「精美」，都只是堆棧，根本不可能有任何考古學者會據之以為用。朋友們不是很關心祖靈安在？請放心，祖靈不僅以物的形式寧靜地安養於臺大，更於研究者戮力與其對話的景況下，二十多年來，一篇篇一本本專著問世，文字中但見祂們活力生命的重現。我們也因此一步步認識了卑南平原曾有過的偉大文明。

位於臺東的史前館規模宏大，設備優良。卑南是為東南亞太平洋地區最大史前文化遺址，而史前館或許也是同等地區最具實力的史前文化博物館。我們驕傲於卑南文化，也期盼史前館事業蒸蒸日上。一個成功的博物館必須研究與展示，典藏與推廣等等兼具。像卑南這種超級規模遺址的出土物，若能善存於史前館此類具完善硬體的地方，當然我們都樂觀其成。只是，大型硬體規模並非絕對可靠的保證。四、五年前史前館曾發生大火，燒掉不少珍貴文物。試想，為了讓出土物說話，多年來孜孜不倦，一方面照顧資料，另一方面不斷發表研究報告的學者，真的放心就讓歷史文化珍貴材料，移轉到那曾出現無法挽回之疏失記錄的地點？史前館又如何向全國人民擔保「永不再犯」？

此外，卑南文化是為國際學術界非常注目的研究領域，過去臺大的教授盡心盡力研究，成績深獲肯定。此時，階段性任務尚未完功，就面臨全數材料真空於身邊的困境。不了解情況者只渴望得有「物」，或極其在乎「在地尊嚴」，於是撻伐不遺餘力。了解景況者，則對將來進階卑南文化知識的生產創造憂心忡忡。按，史前館是一年輕的學術單位，其中的考古研究人員多是深具潛力的優秀新生代學者。不過，就是太過年輕（除了從中央研究院借調過去的館長之外，所有研究同仁均為僅具碩士學位的助理研究級或研究助理級），對處理諸如卑南文化必須以大宏觀取向進行研究規劃的議題，恐怕難以獲得臺大或中研院資深研究者（具博士學位或副研究員級以上）的信任。當然，這或許是杞人憂天，但可預見的是，出土物材料移轉過去後，史前館與奮之餘，接踵而來的壓力勢必大如洪潮。

過去在國外曾出現過或可稱之為「博物館尋祖運動」的事件浪潮。亦即，地方或特定群體前往博物館尋找祖先，並要求「物歸原主」。問題是，物歸回去後，由於沒任何配套準備，脆弱的東西，立即以百倍速度衰敗。今天史前館本身當然擁有良好的大型配套設施，出土物放入，沒大問題。不過，該館是全國性乃至世界級的機構，而非臺東地方文史館。若以臺東地方主體性或出外尋祖的思維考量，應是確定自己的祖先為誰，今流落何處，才行動尋找。卑南遺址的主人在臺灣有無留下後代，至今仍無法證明。與出土地點最接近的卑南族和阿美族現生南島系原住民族人，在追溯祖源時，均未拉上與卑南文化人的關係。所以，今天比較理性的說法應是，卑南遺址是二、三千年前臺灣重要史前文化人的活躍地點，他們構成島嶼文化史上燦爛的一環，在考古學學理上和人民生活史的探索上，均有其高度的價值。

自舊、新石器時代考古遺址所發掘出來之最大宗文物，一般就是石器石材。二十多年前，搶救考古隊師生箱箱包裝搬回臺大。十多年前開始有物存何處的爭議，今天則在諸多罵聲中，可能即將運至史前館。在過去的八千個日子裡，教授們從石堆中理出科學，建置人文。而同一時間，史前館亦如火之燄積極興蓋，充滿期待地準備存置同一批石堆。石頭堆出的文化史生命，三千年之後，突然光芒迷人，大家爭得有它有學術，有它有祖靈，或者有它有尊嚴的好夢。考古版「石頭夢」演出了現代臺灣學術史的一段故事，來日大家當有一長串悲喜回憶。寫就本文，一來向遺址原發掘人與主要研究者宋文薰教授和連照美教授致上最高敬意，二來對史前館給與最大鼓勵和祝福，最後則期盼人不再「戀物」，讓會說話的祖靈與文化生命，同時溫暖臺東臺北，我們一起以共同擁有臺灣史前史為傲，考古石頭夢因之也真正好夢。

寫於二〇〇五年三月十三日

——本文原刊於《自由時報》二〇〇五年三月十五日。

再見了，卑南！

今天（二〇〇五年十二月三十日）下午，臺大人類學系依校長指示，辦理先前教育部、臺大與立法院所簽訂之卑南遺址出土文物移轉協定的第二、三批點交作業。包括簡單儀式與發掘資料移交工作在內，全程兩個鐘頭完成。作為系主任，負責執行任務。密集的兩個小時，熱鬧忙碌，人類學系系館上上下下，人來人去，大家都在注視著臺大人類學系努力研究二十五年的卑南遺址出土學術資料，如何從新媽媽這邊回到老媽媽那邊。

人類學系為何是「新」「娘親」？因為從發掘、搬運、維護、研究、出版、教學及陳列，全是該系宋文薰和連照美兩位老師及其所率領之工作團隊的長期心血，所以，其功勞苦勞有如母親。又，如何說是「新」？畢竟，標本來自三千年前的臺東，對它們而言，臺北自是新經驗。三百三十件石陶玉玦器物，高規格包裝運上氣墊車，開往國立臺灣史前文化博物館。目的地是臺東。臺東是老母親住地，回到那兒，帶來新媽媽的祝福與問候，期盼每件標本長久平安。

兩個多月前，我陪著連教授巡看人類學系考古學標本陳列室，想到東牆八大櫃卑南標本，不久即將空盪，聽著老師述說數十年學術歲月，望著她緩步身影，心底著實不忍。方才，四點半過後，櫃子真的全空了。移轉日下午，老師全程未現身，我不能想像她看見掏空後之標本室的景況，因為，連我自己也幾乎因傷感而難以自己。佛家說不貪不癡不嗔。我們不是對標本貪癡嗔，而是一種對它們以及卑南文化人因深度認識而養就的真摯感情。它們離開，我會想念，當然，就定新家後，我們也會與所有關心的朋友一樣，誠心希望透過人與物的親切互動，考古學學術光芒仍繼續照耀。

清理了思緒，再次回到標本陳列室，卻好似已想不起在此曾有一批珍貴卑南遺址出土學術資料，長期嘉惠國內外參訪者，更曾以母親之姿，孕育了一批批新生代考古學者。標本搬走前與搬走後的人類學系系主任，都同樣必須擔負解決教學困境的重任。標本完整充沛，教學順暢，反之，則步步為艱。換句話說，自此，國內唯一培養考古學專業人才的機構，開始進入艱難期。至少，日後，系主任就難以回答同學問及標本室獨缺東臺灣的疑惑。當然，如前所提，新媽媽老媽媽都是親。終歸走向老母親，我們也樂見。只是，新媽媽這邊的難題，望著空曠標本室的系主任，直至臺東縣警局警車開道的標本裝運車隊行至大武山雲深之間，依是茫然不知措。唯有喃喃：「再見了，卑南！」

——本文原刊於《自由時報》二〇〇五年十二月三十一日。

豪勳先生英豪勳業，人類學謝家班起立敬禮！

認識林豪勳先生二十五年，也足足看他躺過一百個春夏秋冬。每回到臺東，就想去探望，但總是不忍見到磨難，因此，等久久，等到說不過自己了，才要求志與先生帶我造訪。傷感步怯怯地進房，一見景幕，豪勳先生可忙得很哩！轉頭望我，禮貌的招呼寒喧，還是繼續忙碌工作。鍵盤敲進力量，手指發電火花，精神奕奕，真如大師創作，傳統與現代樂符完美融合，一旁的我早已呆望佩服到不行。「磨難」在超級卑南英豪毅力勇氣衝擊下，潰不成軍，反而直接造就了今日臺灣東南角落一個文化動業典範。

我有一群學術兼遊樂玩耍子弟兵，除了上課研究田野寫作，豪勳先生的志業，是我言談教育青年學生經常例舉的要角之一。從人生無從測，苦難煎熬日日啃蝕，到生命變成偉大，人類學當然必須看到這個動人層次，復應靜靜聆聽，感知幸福，並學會謙卑之理。

未來到臺東機會仍多，即使不再見著豪勳先生於小工作坊點作音樂，我都會鮮明憶起兩人同看窗外，稻田園圃遠處東線列車輕聲點過。聲輕巧妙，將原本轟隆隆車走，轉成眺望的美麗寧靜，彷佛豪勳先生打字，也是輕輕帶點脆音，然卻浩瀚壯碩，引領大部火車樂迷，走往溫馨回家路。

寫就短文一篇，代表我的思念，也是內子和所有謝家班人類學慈悲少年的心情。我會繼續甘飴豪勳先生好音樂，豪勳先生英豪勳業，必會長遠嘉惠原住民子弟，也能點醒臺灣，人人禮讚生命，以愛來作學問，更用愛來擁抱自己。

起立敬禮！豪勳先生仙雲遊飛，我們有你為傲！

寫於二〇〇六年四月二十二日

輯九

自己觀

休克、中心與想像

一九八三年赴美求學，自西雅圖下了機，友人來接，一路愉快。往後的幾年，亦是心情順暢，有如住在夢幻天堂的家。按理，第一次出國，從臺灣到美利堅的環境轉置，英語又還說不出半口，人類學術語中的「文化休克」（cultural shock，即指難以適應新文化情境），很容易出現。但我一切如常。只是，到了一九九七年，就在回國至臺大任教八年之後，筆者受邀擔任哈佛大學哈佛燕京學社訪問學人。同樣是美國（按：八年內幾乎年年因公因私，短暫來去美國），一到波士頓，車行沿途卻眉尖深鎖，難以相信自己的眼睛。不悅之感持續了三、二個月。這應該就是「文化休克」，它讓人心境不靜，慌張驚懼。

場景拉回臺灣。在臺北住了近四十年，幼時有機會到外縣市，就是去遊玩，大人在旁，全無負擔。及長，自己獨立行動了，四處去，卻也產出舒坦與不安兩種極端感覺。在主修人類學之後，常常前往原住民部落，那怕蚊蠅飛天，內外找不到便所，或是路遙吃力，心情總是好。但偶有機會到了與自己操用同樣福佬系臺灣話的南部鄉鎮（如西螺、斗南、北港、鹿港），反而左右盼顧，心底焦躁，快快想離去。同在臺灣，山地未對我造成「文化休克」，而平地非都會區，卻給了個正著。

小時，戒嚴臺灣生活單調，電視美國小品影集「小英雄」、「靈犬萊西」、「我愛露西」、

「妙叔叔」、「神仙家庭」、及「太空仙女戀」等，成了不少人的最愛，我好像正是集集必看，功課也因此天天糊塗。這些片子塑造了美國與美國人乾淨整潔、生活富裕、環境優美、洋房典緻、秩序講理、和氣幽默、禮節週到等的類天堂景象。脫離青少年後的十五年，踏上了多次被選為北美最宜人居的西雅圖，她有山有水，慢條斯理，笑容可掬，百分百就是幼夢成真之地。換句話說，想像中的美國即為如此，完美至極，舒適感克服了語文比手劃腳可能的適應挫敗。

波士頓有如阿扁整頓前的臺北，擁擠老城，但見行人紅燈大方穿越，車子併排無罪（按：西雅圖只在華埠看得到），駕駛人喇叭不斷，友善少了很多。問及西雅圖朋友，提到「波士頓人」(Bostonians)，多數人搖頭。波城人驕傲於自己為成功移民並建立民主自由強盛美國的總代表，再加上又有幾所長春藤世界第一學府（如哈佛、麻省理工學院、衛斯理學院、達特茅茲學院等）在旁，狂氣十足，人車直闖，旁的均次。「我的」美國實不應如此，難怪嘟嘴賭氣近百天。

當一個臺北人，潛意識或就是波士頓人一般，中心主義或想像上的文明代表思維特強，難怪對中南部鄉鎮場景有非我家園的不安全感。至於原住民部落的模樣，剛剛好又符合人類學民族誌閱讀成習後的田野想像，進到裡面，一點也不見怪。

回看文章，一笑自己。西雅圖是「想像成真」，那裏是臺北中心外的另一新中心。波士頓是「想像幻滅」，那裏是新中心的心毀之處。南臺灣經驗反諷了當事人中心主義的嚴重失禮，而部落之旅，更狠狠修理了學術的浪漫無情。原來，「休克」、「中心」，與「想像」，接續出現於作為分析者的人類學家身上，果真一點都不含糊。

寫於西雅圖餵雞屋　二〇〇三年九月六日　12:35 pm

——本文原刊於《臺灣日報》二〇〇三年十月二十四日。

土銀心・臺博情——童年與恐龍

國立臺灣博物館土銀展示館二月十一日正式開始營運。筆者以雙重心情前往，第一心情，找童年，尋父蹤；第二心情，敬臺博，賀土銀。家父自勸業銀行時代起，服務臺灣土地銀行四十餘載，直至辭世。一九六〇年代中葉，他擔任放款科長，就在今展示館內上班。由於母親早逝，筆者和姊弟三人，時而現跡行內，以便父親就近照顧。因此，對於宏偉建築體內外，印象大致深刻。其中，記憶最為鮮明者，就是內部的開闊、高挑、潔淨明朗。另外，在父親安排協助下，土銀兩部交通車，曾出勤載送筆者就讀之中山國校三年級學童年度遠足。所以，大輛車子的英姿，亦甚崇仰。七〇年代初，科長升任經理，開始外派，自此，筆者就未再踏入總行。

四十年陌生，等到了展幕當晚。近鄉情怯，寫在紊亂的步伐之上。走到捷運二二八公園出口，竟胡繞園內數圈，久久尋不到臺博對街上的土銀。進入展示場，開幕儀式正啟，巨大恐龍矗立廳堂中央，各式古生物化石佈滿周遭，半百教授頓然呆立，全然不識昔日玩時國度，嗅不著父親印象，童年笑語記象，更是處處摸空抓失。四周湧來了學界友親，意識方才提醒，「請全新認識臺博的新土銀古蹟空間！」

近數年的臺博，令人激賞。現代臺灣博物館運動發凡於國立自然科學博物館的興建，之後全國大小館春筍般設立，及至近千總數。進入新的世紀，臺博有如第二波博運先導，率先慷慨地出借所有真跡珍品，無遠弗屆，山地鄉許多地方文物館因而神采奕奕。絕佳的表現紀錄，當然會有更大空間的需求，於是，土銀舊總行撥交臺博，大家喝采。恭喜博物館，也感謝銀行。

臺博的自然史博物館屬性，展出恐龍，主題古生物，當可理解。不過，若能在園內主館附近新建館舍，延續自然史課題，想必更為適合。「臺灣土地銀行」斗大字體仍在外牆，內部卻突兀地站著億年歷史大龍骨架，然後，銀行行史卻被擠在小角落，只留引人遐想的金庫。金庫與恐龍貼身一起，此等畫面，一時也難以說清。也許「筆者的童年與父親的土銀」，促使自己有點「私心」，試想，若果得以原封保留土銀內部，甚至包括舊舊交通車，再稍加設計，成就一綜合銀行博物館，是不是更有歷史文化意義？如今，輕輕掠過土銀紀錄的年輕父母，帶著尋奇的孩子，跑來看看恐龍，全場歡樂。但是，垂垂老年的「土銀心」行員，卻找不著自己的痕跡，傷感可能徒增，筆者作為家屬，外加兒時經驗，此刻光臨，對博物館還是深具「臺博情」的祝福，但，轉向身子，不由淌下滴淚。

——本文原以〈金庫裡的恐龍讓我感傷〉為題，
刊於《中國時報》二〇一〇年三月四日。

西雅圖餵雞屋

前數年，臺灣人類學界幾位熟識的同仁笑傳：「謝世忠只要去了一趟西雅圖，回來就出一本書。」口語誇張自是可解，但箇中意涵仍值細說。

一九八九年甫自西雅圖華盛頓大學取得人類學博士學位，回國與在國外發展之間，曾甚徬徨，後因父親仙逝，只能選擇返家一途。臺北的第一年，妻子與我思念西城甚烈，次年，藉於華大舉行的該校與臺大合辦之學術會議，一個星期內，會開了，也買下了一棟在城內卻緊鄰小溪谷的樹林木屋。「小」（應是「老」）倆口講定每年暑假回來小住，房子就成了我們的「第二家屋」(second home)。

果然，自一九九〇年迄今的十三年中，我總計在此待過十一個暑期，每次兩個月上下。每年元旦一過，思及西雅圖之日即至，心情頓開，工作加力，好不愉快！通關後，走出機場，北溫帶的夏日涼意飄面，彷若另世，舒適無語形容。在臺北期待西雅圖，在西雅圖享受西雅圖，整年整日都是喜悅。

西雅圖真如此好？今年度（二〇〇三年九月至二〇〇四年八月）獲美國富爾博萊特基金會和國科會雙重獎助來華大訪問研究一年。九月一日抵達，到寫就本文的今天才八日，扣掉安頓的時間，我一天完成一篇文章，效率高到自己也不敢相信。想想前述的謝世忠西雅圖夏日完書之「謠」，似乎也不是完全無據。畢竟，好的所在，方可能讓人的潛力發揮極致。

西雅圖有什麼？我的第二家屋有什麼？答案是「寧靜」。寧靜在臺灣不僅是奢侈，更有如久遠消失在島上的土地記憶。我常想，誰給臺灣找回寧靜，誰就是福爾摩沙哲王。住屋地區名為Wedgwood，我就譯之為「餵雞屋」。以前還有學生問及「老師真的在美國養雞喔!?」餵雞屋的寧靜不易形容，簡單地說，就是一片落葉著地，對聽者而言，都像一聲巨響。望著溪谷院落，數出二十八種植物，它們靜和安逸，我隨著觀看，不由之間一本書就跑出來了。

人情事故是臺灣的最大叨擾，而機車竄跑刺耳麻木，公寓鐵檻吵聲相聞，再加上電視傳媒配以政治癮客呼喊看官，總是哄鬧一片。我不知有多少苦悶人，正在喧翻世界中，尋求寧靜的道路，但可確定的是，自己即為其中的長期要員。為此，不惜搭車開車天母公館遠途跑，也要住在芝山岩臨山有水之隅；也為了此，全數收入留不住，就是要年年飛向大洋那岸西雅圖。花上所有積蓄，只為買份最簡單的寧靜。

在餵雞屋站著、坐著、躺著，在西雅圖街上逛著、跑著、溜著，空氣一直清新，陽光小雨都美。說不出的好滋味，全都化在一句句文字上，只是，想及臺北，多年前的一首小品，又現眼前。

在鄉怨鄉，

離鄉念鄉；
近鄉情怯，
入鄉悔矣。

寫於西雅圖餵雞屋 二〇〇三年九月八日 12:20 pm

——本文原發表於《臺灣日報》二〇〇三年十一月二十一日。

阿里山傷痕

臺灣的重要地標象徵中，代表自然景緻者，除了日月潭之外，大概就屬阿里山。她的聲名，海內外高張，甚至連統戰成習的對岸笑臉人，為了拉近你，亦會常常驕傲於自己對寶島的認識而出言：「臺灣阿里山特美麗，是吧！」

幼時出遠門次數不是太多，但唯一留下較深刻印象者，就是四十年前正值國校一年級時，隨家人迢迢上阿里山。一九六〇年代初期，那是一趟長旅程，記憶鮮明的地方有：看日出，凍的雙頰暈紅，配以哭紅的雙眼；當地人家笑看觀光，熱情的招呼熱湯；以及回程時，車停於途，一列運材下山火車翻覆，前行不得，旅人們只得寒夜蹭過山洞，全身黑炭坐軌待援。

神奇有趣的經驗，隨著考試不止的日子塵封，直到二十多年後，為了準備當一名假設上應熟知原住民的人類學者，阿里山才又重入生活，只是好像都轉成了煩惱。煩什麼呢？煩槍決了一九四〇年代的高一生（因主張山地自治而涉嫌叛亂）和一九八〇年代的湯英伸（因飽受歧視而憤殺雇主，涉嫌殺人）之後，留在鄒族原住民的有形傷痕；煩吳鳳與類吳鳳人物（如八〇年代極力反黨外運動，並自比為吳鳳的政論打手丁中江；又如傳說中因拯救山地小孩，不慎溺斃的輔大山服楊港安同學）繼續存在、隨時復辟或蠢蠢湧現，對在地所造成的無形傷痕。

煩人之事，還在不斷。木材列車的翻倒，並不表示從此不再發車載木。砍了哪些，禿了多少，不是專業，難以斷言。但，可以確信的是，毀林之事，始終未歇，政府民間都有份。現在上阿里山，公路四週檳榔壅塞，環山直繞，繞不出悶悶心沉的土地傷痕。不久前，奮起湖源的八掌溪水流西，生命在鏡頭前滾洪而去；驚尚未定，森林火車又帶來死神。山水嗚咽，顯然不是我四十年前的浪漫山脈。

當然，熟知阿里山的在地朋友一定會跑來指正，「我們有人人稱讚的達娜伊谷生態保護區！」還有「我們最具原住民自治的規模」。各類媒體對山美村復育鯝魚成功，以及全體村民維護達娜伊谷之決心，報導從未間斷。參觀者一批批走訪，看魚餵魚，眼見了臺灣河川生物枯萎的奇蹟外一章。今天，阿里山內山外各地，比照此例辦理的理想家，正如春筍般地冒竄而出。

族人的努力是事實，總統也趕去恭喜，畢竟它也是民間力量，尤其是原住民自主意識展現的一環，所承續者正是八〇年代以降的反醬缸體制精神。不過，這些都是「人」的部分，「魚」的部分可不會自動配合以養動物主位。那裡是萬魚鑽動，魚身與魚身鱗擦，原本只在錦鯉虛山假水靜塘中看得到的翻泳搶食景象，如今現於山野。傳統的鯝魚不會是這樣的。原住民是政經社文教的弱勢，如今他們護養的魚類也變成弱種魚類，牠們在溪中並未完成適應原生生態的機制，反而早早地習慣了人的供養。水旁村民天天盛裝展演，文化正賣力輸出，而水裡萬魚亮閃鰭背，亦正出演水族與人們親近的舞目。檳榔破壞生態，鯝魚復育則永續生態，至少一般都如此認為。惟從傷痕觀點來看，樹的問題早已是全國性的斑斑點點，土石流幾年前就告知了我們答案。而魚呢？正欣喜封溪有成的鄉鎮村子，會不會很快也建出一個個圈圍河段的魚族觀賞園呢？我的焦慮從未停止。

避開檳榔，走出魚谷，阿里山還是有片片原始林。無料，已然儲備了自治基礎的信心，在達邦頭目強力制止外人入林採蜜而可能觸法一事中，功虧一簣。原來，檳榔別人種，鯝魚外人賞，如今，原始林區資源也證實與我族無緣。那麼，阿里山對鄒人還有何意義？自治又會再一次傷痕泡影？前次在臺北遇著達邦和特富野兩社頭目，出事的一位落寞在旁，另一位則依然熱絡，充當力量，族群希望空間即使如隙之小，也不放棄用力。

揮別山上遞予熱食的笑容，下山路上望見鐵道邊倒地的材料車廂，那是小男生鴻瞀的經歷。數十載飛逝，阿里山發生的幾多事，傷痕四在。槍決了高前輩，也中斷了歷史——原住民的自決史；槍決了湯青年，則道出族群之辱，仍須在法律之前強忍的殘酷事實。吳鳳的「恩慈」可能再次抬演，而部落之外的事故亡魂，鄒人山神也無奈。目前最憂之事，更在生態之悲的檳榔，與不知喜否的水淺魚擠，再加上頭目與蜂蜜的自治反諷。阿里山紛紛擾擾，痛痛淚淚，怎一個「傷」字了得！

寫於長榮班機往 Amsterdam 途中　二〇〇三年七月六日 1:55pm (Taipei time)

——本文原刊於《臺灣日報》二〇〇三年八月十五日。

教授模樣

一九九一年筆者至南投九族文化村蒐集山地文化觀光的田野材料，裏頭專事樂舞表演的文化工作隊原住民青年們，一知來人是大學老師，簇擁來瞧，剎時目瞪。他們表示「教授怎會如此年輕？我們都認為教授一定是外省人，而且老老的！」在我服務的大學，連續好幾屆的學生，在熱絡之後，紛紛坦白，課堂上大家分工，有人算計我的領帶條數，有人四借手腳指頭數襯衫，有人專注吊帶，有人看西裝款式。兩位同學連袂來說，「若在公車上看見老師，一定會多望一眼，因為打扮與人不同」。與人不同的結果，就是多次步入每年臺大碩士班閱卷區前，總是被校警攔下查證件，而緊於前後入場的同仁，卻均無障地直接進出。的確，入內看見批改考卷的教授們，男老師清一色淡白襯衫，鐵灰長褲，樸實簡約。我花花綠綠的一身，尷尬坐入其中，頗有一點紅，比較瞧得清楚之勢。

教授應該像什麼？老成又單調外加兩袖清風苦哈哈，大概是傳統留下的印象。不過，至少我一定不作如此扮演。我要懂得生活，享受每一天。不僅閱讀、寫作、教書、討論、田野等，我心喜悅，購物、買菜、觀光、呆坐、煙斗、慢跑、釣魚、腳球、賞心異色、冰冰尚青的兩杯，以及年赴美國渡暑時的 topless 與 casino 體驗，也都歡樂自在。打破了一個形象，自然不是因於舊形象的不妙，而建立起了另一新形象，也絕非表示新的一定佳作，只是，作一個像自己的人，好像比較有趣。

十幾年過了，「年輕的」謝教授已然飄遠，原住民小年輕話中的「老老的」教授，正天天在身上刻鑄記明。花俏外型裹不住腫嘟嘟的體重，車上不再有人正視斜瞄，校園裡也早已習慣這麼一位馬尾於後，稀疏於前的同事，前赴改卷，手握教師證，卻已不有派上用場之機。多元的今日，樸實與華麗併在，前者主流先進如習，後者代表如我，亦已「正常化」，大家接受，熟悉淡然。

至此，教授模樣當已解放又被解構。「解放者」或許我是其中之一。解放過程中，的確芳身特立，週遭茶飯餘後添足了話題。十數年濡化，當解放之人被「見怪不怪」的後現代世界所解構之時，他也正臨身材樣異與年齡資深之際，順勢轉型，相互適應，喜悅歡樂依然。換句話說，理論上，我還是「玩」自己的學術與生活，有沒有觀眾都好，人生一趟，滿意孜孜總在身。

整理了形象，輕咳一聲，又將踏上講台演說。夢迴晝醒，「到底還有沒有吸引力？」現出腦海，突然冷汗驚覺！回看我身，現實招呼，一切仍須前進。「教授模樣」最終只能全數交付評斷。真的，即使老老逼近（一九九七和二〇〇三年兩次在美，均有商家小妹妹問及我是否為 senior citizen〔高齡公民〕，可以打折。驚愕之餘，有次竟回以 "I may be your grandpapa!〔我或許就是妳阿公！〕"），還是應該趕快寫下隨時「滿意自己」的答案，縱使舊照片老是拿來翻，而那追憶時光中的年輕花身，亦三天兩頭上來心頭搗蛋。

寫於西雅圖餵雞屋 二〇〇三年九月七日 1:38 pm

——本文原刊於《臺灣日報》二〇〇三年十一月七日。

學習孤單

人類學知識生產的最主要來源，就是田野工作。田野是什麼？當初臺大考古人類學系（今稱人類學系）創辦人李濟教授將"field"中譯成「田野」，的確深中字義內在。「田野」一詞又田又野，直接想及的，就是沒有人煙的景象。人類學者進行社區調查，當然是和人接觸，而且可能是天天與新認識的人對話不斷。那，為什麼「又田又野，沒有人煙」會冒上意識？原來這段文字正確的說法應為，「又田又野，沒有『自己人』的人煙」。

簡單地說，一個人類學者隻身住在一陌生環境中（也許距家萬里，也許語言不通，也許氣候不適，或也許物質條件落差甚巨），即使當地人熱情有勁，全力歡迎，它畢竟仍是異地，不是自己的家。因此，寂寞之感很容易湧現。只是，處理孤單的策略，不僅因個人人格特質有別，更是大比例取決於文化。

西方民間文化強調個人。個人從小即學習將「自我的權益、意見必須被完全尊重」置為首位。父母長輩相對尊重的結果，造成個人亦必須自己扛下所有的成就、失敗或挑戰。亦即，大家既尊重你的獨立權，你已享有百分百自我地位，因此，遇到了事，你也要自行設法解決。無形中，西方人知道如何自己獨立行事，也有辦法在孤獨中生存。相反地，東亞漢人／華人——儒家文化傳統，強調家庭。家庭男性主人為妻兒、為傳宗接代的成功、為確保身後有人祭祀，竭拼老命。成長於此的小孩，不是必須順從於為其長期「犧牲」的父母，就是永遠在他們傘翼下依賴成習。出了家門，漢／華人子弟不願孤單，更不知如何一個人討生活。大小事未盡努力，即匆匆跑回家尋求庇護幫助。以俗語套之，漢／華人需要熱鬧。家中人多就是熱鬧，熱鬧才安全，才有藏躲之處。因此，問及為何移往北美洲的漢／華人，有九成簇擠熱鬧的兩岸，答案就在於此。

西方人類學者身上帶有知道如何孤獨的文化變壓器，因此，可無所牽掛地前赴世界各地，在「又田又野」的陌生國度，轉換壓數，喜受孤零零。反過來說，臺灣的人類學者，無法否認地，均身受「不願孤獨，不知獨處之道」漢人／華人文化的深刻指揮，九成以上留在臺灣田野。然臺灣何處有「又田又野」之人類學理想中的異文化空間？於是山地原住民地區和農村鄉民社區，就成了最佳選擇之處。將原住民文化視為一種「異文化」，成了學者自我圓說的依據，雖然在部落中，國語全通，又隨時可驅車返回臺北。一個比較性的實例是，芝加哥大學人類學系館牆板上的世界大地圖，以小旗子標示出該系師生曾進行的田野之地，結果全球插滿滿。今若以同一方法標示臺大人類學系或中研院民族學研究所，則確定只見一個臺灣山地插滿滿。

為了尋得更大的安全可能，選擇移民外國的漢人／華人，幾乎全數在熱鬧城市安頓。也為了尋求安全，漢人／華人人類學者不願（或不敢）離家太遠，他們的研究就在鄰近百公里處。只能熱鬧與只求近呎，均是害怕或不知如何孤獨生活的內在反映，如此以往，此一長久遠離孤單之文化群體的成員，就注定無緣於對豐富多元大世界的認識（如一般移民的日常接觸）與瞭解（如人類學者的深度田野）。若然，文化或許真的需要批判或甚至革命，畢竟質變了之後的新文化，方能帶動出勇氣十足的嶄新方向。

我們應學得孤獨之道；只是「學習孤單」形似簡單，實質上卻可能是如妳（你）我之臺灣進步人士的下一場自我批判與革命。

寫於芝山岩家中 二〇〇三年七月二十日 12:55pm

——本文原刊於《臺灣日報》二〇〇三年九月二十六日。

國家圖書館出版品預行編目資料

餵雞屋人類學——迷妳論述101 / 謝世忠著.
初版. -- 新北市永和區：Airiti Press, 2011.01
面；　公分

ISBN 978-986-6286-28-5（平裝）
1. 文化人類學　2.文集

541.307　　99019862

餵雞屋人類學——迷妳論述101

作者／謝世忠
總編輯／張芸
責任編輯／古曉凌
版面構成／吳雅瑜
封面設計／吳雅瑜
校對／李孟珊
呂嘉耘
諮議／工鵬惠
楊鈴慧
劉瑞超
張惠琴

出 版 者／Airiti Press Inc.
新北市永和區成功路一段80號18樓
電話：（02）2926-6006　傳真：（02）2231-7711
服務信箱：press@airiti.com
帳戶：華藝數位股份有限公司
銀行：國泰世華銀行　中和分行
帳號：045039022102
法律顧問／立暘法律事務所 歐宇倫律師
ISBN／978-986-6286-28-5
出版日期／2011年1月初版
定　價／新台幣 NT$550元